Página 1: Bonecas. (Foto: Alexandre Mota.)

Página 2: Eneida aos 4 anos na coroação de Nossa Senhora no mês de maio. Matriz de São Lourenço, Manhuaçu (MG). (Foto: Bolivar.)

Página 3: Eneida aos 12 anos no jardim de sua casa na Villa Sylvia, em Manhuaçu (MG). (Foto: Bolivar.)

Página 4: Eneida na cidade de Brescia, na Itália, terra natal de seus bisavós Ângelo e Thereza Piselli, em março de 2019. (Foto: Cibele Souza.)

Página 5: Eneida, Silviano Santiago e Wander Melo Miranda em Diamantina (MG), 2005. (Foto: ufmg.br.)

Página 7: Eneida em seu escritório na Rua Benvinda de Carvalho, em Belo Horizonte. (Foto: Foca Lisboa.)

Páginas 8 e 9: Capas de livros escritos por Eneida.

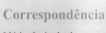

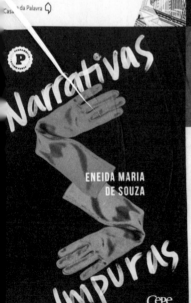

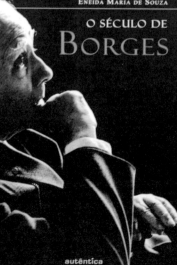

Página 10: Eneida recebe o título de Professora Emérita da UFMG, pelas mãos da reitora Ana Lúcia Gazolla, em 2002. (Foto: Foca Lisboa.)

Página 11: Eneida recebe o Prêmio Jabuti em 2011 em São Paulo pelo *Correspondência: Mário de Andrade & Henriqueta Lisboa* (Edusp e Peirópolis). Da esquerda para a direita: Karine Pansa (presidente da CBL), Plínio Martins (diretor da Edusp), Renata Borges (diretora da Editora Peirópolis), José Luiz Golfarb (curador do Prêmio Jabuti) e Eneida Maria de Souza. (Foto: Lis Ribeiro.)

Páginas 12 e 13: Eneida na cidade de Brescia, Itália, em março 2019. (Foto: Cibele Souza.)

Página 15: Lançamento do livro *Narrativas impuras* (Editora Cepe) na Livraria Quixote, em Belo Horizonte, em 6 de novembro 2021. (Foto: Cibele Souza.)

Página 16: Eneida discursa na após receber o título de Professora Emérita da UFMG, em 2002. (Foto: Foca Lisboa.)

Roberto Said
Wander Melo Miranda

ORGANIZADORES

Uma crítica cult

Em memória de Eneida Maria de Souza

autêntica

Copyright © 2023 Roberto Said e Wander Melo Miranda
Copyright © 2023 Autêntica Editora

Todos os direitos reservados pela Autêntica Editora Ltda. Nenhuma parte desta publicação poderá ser reproduzida, seja por meios mecânicos, eletrônicos, seja via cópia xerográfica, sem a autorização prévia da Editora.

EDITORAS RESPONSÁVEIS
Rejane Dias
Cecília Martins

REVISÃO
Aline Sobreira

CAPA
Diogo Droschi
(sobre foto de Foca Lisboa)

DIAGRAMAÇÃO
Guilherme Fagundes

Dados Internacionais de Catalogação na Publicação (CIP)
(Câmara Brasileira do Livro, SP, Brasil)

Uma crítica cult : em memória de Eneida Maria de Souza / organização Roberto Said, Wander Melo Miranda. -- Belo Horizonte : Autêntica, 2023.

Bibliografia
ISBN 978-65-5928-303-3

1. Souza, Eneida Maria de (1943-2022) 2. Educação - Brasil 3. Homenagem 4. Professoras - Biografia I. Said, Roberto. II. Miranda, Wander Melo.

23-159026   CDD-371.10092

Índice para catálogo sistemático:
1. Professoras : Vida e obra   371.10092

Eliane de Freitas Leite - Bibliotecária - CRB 8/841

Belo Horizonte
Rua Carlos Turner, 420
Silveira . 31140-520
Belo Horizonte . MG
Tel.: (55 31) 3465 4500

São Paulo
Av. Paulista, 2.073 . Conjunto Nacional
Horsa I . Sala 309 . Bela Vista
01311-940 . São Paulo . SP
Tel.: (55 11) 3034 4468

www.grupoautentica.com.br
SAC: atendimentoleitor@grupoautentica.com.br

APRESENTAÇÃO ... 23

Eneida, desdobrável ... 25
Sandra Regina Goulart Almeida

Uma crítica cult ... 28
Roberto Said
Wander Melo Miranda

ENDEREÇAMENTOS ... 37

Dedicado a você ... 39
Ana Chiara

Eneida, sempre ... 40
Ana Lúcia Almeida Gazzola

Última carta ... 42
Eliane Marta

"Era, outra vez em quando, a Alegria": a leitura e seu devir ... 47
Márcia Marques de Morais

Eneida: a pedra mágica do discurso crítico ... 65
Vera Casa Nova

Eneida ... 69
Rafael Lovisi Prado

■ PAINÉIS CRÍTICOS ... 71

À mestra, com carinho ... 73
Wander Melo Miranda

Eneida Souza, intérprete do Brasil ... 77
Eneida Leal Cunha

O *quodlibet* de Eneida Maria de Souza ... 88
Rachel Esteves Lima

Teoria e prática indisciplinadas ... 94
Reinaldo Marques

■ CRÍTICA BIOGRÁFICA ... 111

Panorama visto da ponte ... 113
Myriam Ávila

Mulheres no modernismo: exercício de crítica biográfica ... 131
Marília Rothier Cardoso

Vidas imaginárias: a crítica biográfica em questão ... 159
Nádia Battella Gotlib

"Era um pintassilgo!": metáfora e ficção na crítica biográfica contemporânea ... 178
Marcelino Rodrigues da Silva

Linhas de força de uma crítica epistolográfica ... 193
Marcos Antonio de Moraes

MÁRIO DE ANDRADE 207

Eneida: épica pétrea 209
Raul Antelo

Uma crítica literária no *Banquete* musical de Mário de Andrade 224
Roniere Menezes

"O passado é uma lição para se meditar", ou estes retalhos do arlequim de *Pauliceia desvairada* 247
Telê Ancona Lopez

DEDICATÓRIAS 267

A paixão segundo Pedro Nava 269
André Botelho

Com quantos paus se faz uma canoa? 290
Silviano Santiago

Colaboradores deste volume 301

APRESENTAÇÃO

Eneida, desdobrável

Sandra Regina Goulart Almeida

> *Mas você – eu não posso e nem quero explicar, eu agradeço.*
> Clarice Lispector

> *Eu sou aquela mulher*
> *A quem o tempo muito ensinou.*
> *Ensinou a amar a vida.*
> *Não desistir da luta.*
> *Recomeçar na derrota.*
> Cora Coralina

Este livro deixa claro o que todos nós sabíamos: que jamais nos esqueceremos de Eneida e de seu legado. Digo isso não apenas por Eneida ter sido uma professora e pesquisadora de destaque, Professora Emérita da Faculdade de Letras da Universidade Federal de Minas Gerais (FALE-UFMG), uma das fundadoras do Doutorado em Literatura Comparada dessa instituição, nos idos anos 1980, e do Acervo de Escritores Mineiros, e também um dos grandes expoentes da teoria literária, da literatura comparada e dos estudos culturais, tendo deixado uma herança inestimável por meio de livros, artigos e entrevistas e de toda uma geração de alunos e alunas que formou, mas porque Eneida é, de fato, uma pessoa inesquecível e desdobrável.

Eneida teve um papel instrumental em escolhas importantes na minha vida, ainda no início de minha carreira, mesmo que de maneira indireta, assim como influenciou (um termo que ela frequentemente criticava no âmbito dos estudos literários) o caminho de tantas outras pessoas que passaram pela FALE. Não fui sua aluna, mas sempre a acompanhei, durante toda a minha graduação, por meio de seus textos críticos, inovadores e impactantes. Mesmo à distância, quando eu estava fazendo mestrado e doutorado no exterior, Eneida foi uma voz presente em meu fazer literário e em meu percurso acadêmico. Tive o privilégio e a honra de me juntar, anos depois, à Eneida como colega na docência, quando passamos a compartilhar os esforços no projeto coletivo de construção de uma instituição de excelência, em especial na pós-graduação, e de referência para a nossa sociedade. Não fomos simplesmente colegas na área de Estudos Literários da FALE. Eneida sempre foi uma referência para mim e para os colegas no campo da literatura, na UFMG, no país e no exterior, presente nos mais sensíveis e relevantes momentos da minha trajetória acadêmica. Posso dizer, de certa forma, que fui formada pela Eneida. Sem nunca ter sido oficialmente sua aluna, posso com convicção afirmar que fui sua discípula por meio dos meus alunos e alunas que faziam seus cursos, sob minha sugestão, e me retornavam os ensinamentos, sempre fascinados com reflexões mais recentes da teoria literária e da literatura contemporânea.

À sua maneira, foi uma presença marcante em minha vida. Guerreira intrépida e visionária, mestra brilhante e inspiradora, ensinou-me com seu exemplo a coragem dos caminhos "menos trilhados" e mais ousados. Sempre foi conhecida como professora exigente e instigante, generosa para compartilhar os conhecimentos e assim motivar os muitos discípulos que, como eu, acompanhavam com grande interesse suas reflexões e seus escritos. Dela carrego comigo a inspiração persistente para pensar o campo da literatura ampliado pelos estudos culturais, indo além da literatura para abordar questões do cinema, da música, das artes plásticas, e a curiosidade, a sensibilidade e a criatividade indispensáveis para o trabalho acadêmico criterioso, reflexivo e transformador da prática crítica. E, principalmente, o exemplo da professora arguta, perspicaz, atenta às muitas inovações do campo literário e à avidez dos estudantes e colegas por novidades e novos rumos, sempre com a mirada crítica, afiada e com a fina ironia que lhe era peculiar, impaciente por vezes com análises simplistas e pouco originais. Rompeu barreiras em todas as áreas nas quais atuou, fomentando a transdisciplinaridade, a inter-relação entre ficção, teoria e biografia, e o enfoque pioneiro na literatura contemporânea.

Eneida foi, sem dúvida, uma crítica, nas palavras de Stuart Hall, um dos principais nomes dos estudos culturais, que se empenhou na tarefa dos pensadores contemporâneos: a de fazer uma intervenção crítica nos rumos de uma reflexão, como uma forma de interrupção ou deslocamento. Eneida fez esse papel com brilhantismo, qualquer que fosse o tema ou o material crítico sobre o qual se debruçava, sempre atenta à autonomia do pensamento crítico brasileiro e veementemente contra qualquer forma de subserviência a modelos estrangeiros.

Eneida, como demonstra na entrevista na revista *Diversa*, da UFMG,[1] tinha "a preocupação com a causa social, a ascensão de uma classe menos favorecida, a questão das cotas", assuntos nem sempre abordados pelos intelectuais e pela imprensa, na sua visão. Para Eneida, a literatura nos coloca diante da alteridade e do outro, por isso sua preocupação com o contexto social e com os rumos de nosso país.

Embora não tenha se adentrado pelos rumos da crítica feminista, Eneida foi uma mulher que quebrou paradigmas e teve papel proeminente na cena literária do país, com ressaltada atuação internacional. Como muitas mulheres de fibra que ousaram ocupar espaços públicos e ter voz, Eneida "cumpriu a sina, inaugurou linhagens, fundou reinos". Uma mulher, de fato, "desdobrável", como aquela do renomado poema de Adélia Prado, "Com licença poética".

Com essa brava mulher, seguindo a inspiração de Cecília Meireles: "Aprendi com as primaveras a deixar-me cortar e a voltar sempre inteira". E, por isso, só posso agradecê-la eternamente. Este livro se propõe, pois, a reverenciar a memória de um dos grandes nomes da crítica literária e da crítica da cultura no país, pois "o que a memória ama fica eterno", como nos lembra Adélia Prado.

---

[1] Entrevista disponível em: https://bit.ly/3qhFS2b.

Uma crítica cult

Roberto Said
Wander Melo Miranda

> *Nós somos feitos de afetos. Os afetos não são simples efeitos, não se reduzem a expressões passageiras de certos estados de espírito que surgiriam na superfície de nossa pele, de nossas pálpebras, de nossos músculos zigomáticos ou até mesmo fazendo uma ondulação em todo o nosso corpo. [...] Não apenas somos feitos de afeto, como os afetos são fatos, de pleno direito; os afetos nos fundam.*
> Georges Didi-Huberman

"*Faits d'affects*", o sintagma utilizado pelo crítico de arte Georges Didi-Huberman, parece ter sido criado sob medida para designar o projeto deste livro, que reúne artigos, ensaios, poemas e depoimentos em homenagem a Eneida Maria de Souza (1943-2022). Fatos, atos, feitos, acontecimentos, de um lado, afetos, afecções, sentimentos, emoções, de outro lado, toda a polissemia encerrada na combinação desses termos alude a uma tradição do pensamento segundo a qual os afetos não se encerram no âmbito particular da intimidade. São, antes, intensidades de natureza transitiva, gestos ativos com potencial político, na medida em que dizem respeito à capacidade de afetar e de ser afetado. São, por isso, fundadores, como sugere o pensador francês.

Eneida sempre esteve ligada às formas sensíveis do mundo e se valeu da crítica literária e cultural para abordá-las, em arranjos singulares, no exercício de reflexão que cultivou com rigor em sua extensa e reconhecida trajetória intelectual. Participante ativa de uma geração de críticos com formação acadêmica efetuada na passagem do estruturalismo para o pós-estruturalismo, incluindo imersão não menos decisiva na psicanálise, ela transitou entre saberes e disciplinas, tendo sido umas das protagonistas entre nós da polêmica virada que abre o campo de pesquisa dos objetos literários para os culturais. Da leitura estrutural à intertextualidade, do prazer do texto ao biografismo e aos arquivos literários, da análise sociológica à desconstrução, de Mário de Andrade ao audiovisual contemporâneo, as sobreposições e os deslocamentos teóricos realizados em seu percurso cifram inquietudes e querelas constitutivas do meio literário nas últimas cinco décadas no Brasil. Revelam um investimento analítico concentrado em uma temporalidade disjuntiva que, incerta em seus marcos e cambiante espacialmente, condensa os complexos processos de esgotamento dos parâmetros modernos, até então ordenadores dos campos políticos e culturais no Ocidente.

Atenta a esse regime de mutações, sobre o qual traça sucessivos e complementares painéis, a crítica mineira se propôs desde a primeira hora a investigar configurações e embates manifestos com: a) a perda de prestígio da palavra escrita e do objeto literário, tradicionalmente tomado como objeto autônomo e portador de uma nacionalidade transcendente; b) o questionamento do cânone universal; c) a ascensão da cultura popular e da sociedade de consumo; d) as ondas migratórias das multidões pós-coloniais para as metrópoles europeias, e) as reivindicações minoritárias e subalternas no centro e nas margens do capitalismo, f) a crise ecológica deflagrada pelos saberes modernos; enfim, g) a emergência do discurso crítico contemporâneo.

A diversidade de objetos e de perspectivas teóricas mobilizadas, bem como a amplitude conceitual e a natureza nômade do pensamento de Eneida, nunca se confundem com apologia ou valorização pós-vanguardista de novas teorias, do novo-em-si. Tampouco se trata de reproduzir conhecimentos sob a chave do argumento de autoridade. Por meio da dicção experimental e inacabada do gênero ensaio, o que ela realiza são capturas – sem dúvida, a partir da assimilação de processos artísticos de seu mestre, Mário de Andrade –, fazendo convergir termos e conceitos provenientes de diferentes tradições e matrizes conceituais, criando zonas de vizinhança que lhe permitem as associações mais variadas.

O que se tem é uma espécie de trânsito dialógico que se coloca como estratégia para lidar com conflitos entre diferentes culturas, hegemônicas e periféricas, formas canônicas e formas marginalizadas, mas também para identificar sobrevivências e resíduos de culturas e tradições menores. Trata-se antes de tudo de um modo desestabilizador da controvérsia vazia, que permite a Eneida propor aproximações entre obras e autores com base em afinidades eletivas, ainda que entre eles não se verifiquem diálogos explícitos ou mesmo que eles pertençam a registros aparentemente inconciliáveis.

É justamente essa a proposição da autora, em sua análise da acusação de plágio em *Macunaíma*: "torna-se necessária a prática exercida com materiais existentes na cultura, com o objetivo de inseri-los em outros arranjos, em distintas produções criativas".[1] Ou ainda o que se lê em suas considerações originais sobre a crítica biográfica: "O contato literário entre escritores distanciados no tempo e participantes da mesma confraria fornece subsídios para que sejam feitas aproximações entre os seus textos, estabelecendo-se feixes de relações que independem de causas factuais, mas que se explicam por semelhantes ou diferentes poéticas de vida e de arte".[2]

O rigor no tratamento de cada um dos registros teóricos, mantendo os respectivos traços de historicidade, assegura e legitima as articulações inusitadas. Decorre ainda dessa mirada, com seu apreço pela interlocução, que age como uma espécie de vértice reflexivo sobre o qual giram diferentes problemas formulados pela ensaísta, o empenho na revisitação dos conceitos.

Há, nessa via, a construção de um posicionamento ético, por assim dizer, pautado pela insistência da crítica mineira em se contrapor a posicionamentos elitistas que condenam teoricamente a cultura popular e demonizam a cultura de massa, pois, se, como sugere Walter Benjamin, "todo documento de cultura é também um documento de barbárie", não menos profícua seria a observação de Jesús Martín-Barbero, para quem documentos de barbárie estariam em uso como

---

[1] SOUZA, Eneida Maria de. Narrativas impuras. Recife: Cepe, 2021. p. 88.

[2] SOUZA, Eneida Maria de. *Crítica cult*, 2007, p. 118.

documentos de cultura. Interessa a Eneida, em sua guerra de guerrilha contra discursos conservadores e elitistas avessos às aproximações entre o artístico e o cultural e contra as diversas formas de pureza, examinar repertórios menores, marginalizados (conduzida por lição de Silviano Santiago, segundo mestre aqui citado), transitar por limiares entre textos teóricos e textos ficcionais, explorar a confluência de objetos de estudos entre disciplinas. Mas sobretudo entender como se processa a recepção de culturas e teorias hegemônicas no contexto das nações periféricas, ou seja, avaliar as novas condições de enunciação e historicidade que se definem nas interações de saberes, artes e linguagens, que se revelam, a despeito da simultaneidade global, desiguais.

Obstinada com o trabalho acadêmico e com a atualização teórica, ela desenvolveu habilidades indispensáveis para coordenar empreendimentos coletivos, sob condições variáveis, e soube transformar espaços e colegas a seu redor, primeiramente, no âmbito local, no Programa de Pós-Graduação em Estudos Literários da UFMG e no Acervo de Escritores Mineiros, e, num terreno mais amplo, na Associação Brasileira de Literatura Comparada (Abralic), da qual foi presidente e uma de suas idealizadoras, e mais recentemente no "Minas-Mundo", projeto de pesquisa que reúne mais de 60 professores das humanidades, de diferentes universidades brasileiras. Os colaboradores desta coletânea foram, em diferentes circunstâncias, tocados por essa potência afetiva de agir e refletir de Eneida. Com ela trabalharam, com ela discutiram, com ela se comoveram. Não seriam as comoções, no sentido etimológico do termo, uma forma de se emocionar-com-o-outro, de afetar e ser afetado?

Os textos-depoimentos de Ana Lúcia Almeida Gazzola, Márcia Marques de Morais, Vera Casa Nova e Eliane Marta, bem como os poemas de Ana Chiara e Rafael Lovisi Prado, aludem em diferentes tons a essas forças desestabilizadoras que Eneida sabia acionar, com firmeza e generosidade, dentro e fora do tempo. Constroem, em suas considerações e análises, imagens de encontros, partilhas, sobrevivências e projeções – fundamentais à vida intelectual, tanto a individual quanto a coletiva. Dão-lhes testemunho e *forma*.

"À mestra, com carinho", de Wander Melo Miranda, "Eneida Souza, intérprete do Brasil", de Eneida Leal Cunha, "O *quodlibet* de

Eneida Maria de Souza", de Rachel Esteves Lima, e "Teoria e prática indisciplinadas", de Reinaldo Marques, apresentam quadros da notável trajetória da pesquisadora mineira, de modo a ressaltarem traços permanentes de seu pensamento. O primeiro, tramado sob o signo da parceria, aponta o comparativismo como uma espécie de dispositivo capaz de amarrar as diferentes etapas experimentadas por Eneida e os problemas de natureza teórica a desencadear cada uma delas. Já o segundo, autodenominado "lições de amigas", recorta as leituras de Eneida sobre a identidade cultural brasileira empreendidas como que por um caleidoscópio, cujos giros atavam e desatavam imagens e conceitos – os quais não eram tratados como antípodas – para lidar com os paradoxos entre nacionalidade e cosmopolitismo, em sua "gaia inquietude" interpretativa. Lima, por sua vez, ressalta o modo como Eneida enfrentava os impasses teóricos que lhe coube experimentar na virada do século XX para o XXI, abrindo-se para um repertório de objetos fragmentado e múltiplo, mas sempre abordado no sentido de desconstruir, por meio de ensaios a um só tempo densos e fluentes, os esquemas dicotômicos (arte erudita x arte popular, dependência x desenvolvimento, centro x periferia, conceito x metáfora etc.) sobre os quais se erigiu a tradição dominante do pensamento estético e social brasileiro. Não, por acaso, a figura de Carmen Miranda, pouco considerada nos meios letrados, e os operadores de entre-lugar, antropofagia e sobrevivência, discutidos longamente por Eneida, são referidos nesses três artigos como formas de lidar com os paradoxos formadores de nossa modernidade cultural. Marques, por seu turno, demonstra como a in-disciplina e o apreço pela noção de espaço alinham a prática docente à teórica na crítica de Eneida aos limites do conhecimento moderno sobre a literatura. Já não se trata de considerar unidade e totalidade como marcos definidores nem do objeto nem da metodologia de seu estudo, mas de ressaltar a impureza das narrativas artísticas e críticas, bem como a potência da metáfora e da ficção para o pensamento teórico.

O conjunto de textos formado por "Panorama visto da ponte", de Myriam Ávila; "Mulheres no modernismo: exercício de crítica biográfica", de Marília Rothier Cardoso; "Vidas imaginárias: a crítica biográfica em questão", de Nádia Battella Gotlib; "'Era um pintassilgo!':

metáfora e ficção na crítica biográfica contemporânea", de Marcelino Rodrigues da Silva; e "Linhas de força de uma crítica epistolográfica", de Marcos Antonio de Moraes, concentra-se na crítica biográfica, universo renovado de pesquisas para o qual as contribuições de Eneida são incontornáveis. Ávila rastreia, com apontamentos certeiros e preciosos que remontam a textos do decênio de 1980 e a seu convívio intelectual com a homenageada, a gênese da crítica biográfica no pensamento de Eneida. Demonstra, ainda, como essas formulações ousadas, que deslocam o biografismo, lançando-o em searas contemporâneas, amarram-se coerentemente ao modo como ela concebia a literatura comparada. Ligando os dois eixos de pesquisa, instaura-se um movimento teórico que, atento à potência da metáfora, corrói as dicotomias entre texto crítico e texto literário, objeto literário e objeto cultural, vida e obra. Igualmente atenta aos fundamentos da crítica biográfica, Marília Rothier toma como ponto de partida de seu estudo a correspondência entre Mário de Andrade e Henriqueta Lisboa, mas com o propósito de entrecruzar as trajetórias artísticas de outras três mulheres decisivas para o modernismo: Tarsila do Amaral, Anita Malfatti e Oneyda Alvarenga. Inspirada pelo olhar crítico de Eneida que, na apresentação das missivas entre o paulista e a mineira, desloca o perfil de Henriqueta, retirando-o das molduras conservadoras a que estava encerrado, Rothier também maneja a matéria biográfica, comportamental e crítica à luz de perspectivas culturais contemporâneas, para desmontar clichês e estereótipos consolidados a respeito dos perfis femininos em jogo, em uma "história" predominantemente masculina. Gotlib, por sua vez, identifica a herança combinada de Freud, Barthes e Lyotard na montagem do procedimento analítico de Eneida, o qual, atento ao sujeito da enunciação (tanto dos discursos artísticos quanto dos críticos), rasura a distância entre sujeito e objeto para se deter no campo aberto da cultura, especialmente em suas formas atreladas às experiências cotidianas. Rodrigues retoma a empresa da Bem-Te-Vi Filmes, criada por Fernando Sabino e David Neves no decênio de 1970, com o intuito de discutir as novas condições da análise biográfica e suas articulações com as formas narrativas e ficcionais. Trata-se de uma concepção de ficção que não a considera como o contrário da realidade, mas como uma operação de mediação, em alguma medida necessária a qualquer forma de apreensão humana do mundo e da experiência vital. Também atento às "pontes metafóricas entre o fato e a ficção", para nos valermos de expressão de Eneida, Moraes, em "Linhas de força de uma crítica epistolográfica", avalia a contribuição da crítica mineira para os estudos de correspondências e arquivos de escritores. O artigo demonstra com acuidade como a operação crítica postulada por ela, ao considerar toda sorte de matéria documental (fragmentada e lacunar) como suplemento da produção tomada como literária, exige procedimentos analíticos interdisciplinares, além de novas formas de expressão e escrita ensaística com as quais o analista se deixa entrever, como presença espectral, no andamento de seu discurso.

Na seção dedicada aos estudos sobre Mário de Andrade, Raul Antelo empreende um movimento arqueológico de leitura de *Macunaíma*, ao cruzar em movimento abissal as referências teóricas e literárias utilizadas tanto por Mário de Andrade quanto por Eneida. A começar pela figura de Robert Lehmann-Nitsche, lido por Lévi-Strauss, um dos fundamentos da tese defendida pela crítica mineira, em 1984, e igualmente objeto de leitura do poeta da Pauliceia. A combinação dessas fontes e iluminações, com vistas a analisar a constelação da Ursa Maior, obsessão do herói sem caráter, bem como a imagem da pedra, decisiva para o estudo de Eneida, fazem-no passar por Guillaume Postel, Roland Barthes, Roger Caillois, Flávio de Carvalho e Jacques Derrida. Daí resultam a concepção da pedra como objeto-vestígio e o legado de um pensamento atuante em *A pedra mágica do discurso*. Em "Uma crítica literária no *Banquete* musical de Mário de Andrade", Roniere Menezes também aborda os trabalhos de Eneida sobre o escritor paulista, mas se concentra no pouco conhecido *Le Banquet de Mário de Andrade: la deglutition d'une culture* (1979), dissertação apresentada por ela para a obtenção do título de Diplôme d'Études Approfondies na Universidade Paris VII. Nesse estudo, o livro inacabado de Mário, elaborado a partir de crônicas musicais publicadas na *Folha da Manhã*, é tomado como uma fuga musical, na medida em que o "argumento posto é sempre colocado em causa por um outro". Telê Ancona Lopez, a seu modo, esquadrinha a biblioteca e a correspondência do escritor paulista, a fim de analisar a rede dialógica, no âmbito da crítica genética, que se instaura na criação de

Pauliceia desvairada. Interessam-lhe sobretudo os textos fragmentados que, como retalhos da criação arlequinal, trazem indícios da escritura e do pensamento do jovem Mário.

Na última seção desta coletânea, temos dois ensaios dedicados a Eneida. A André Botelho, autor do primeiro deles, "A paixão segundo Pedro Nava", interessa toda a engrenagem (meta)narrativa, anacrônica e reflexiva, colocada em curso nas memórias de Nava, autor a quem a pesquisadora mineira dedicou alguns estudos, incluindo-se a ainda inédita edição crítica de *Beira-mar*. Trata-se de investigar as estratégias empregadas no jogo "esquecer para lembrar", bem como suas implicações no plano estético e no histórico-social, com as quais o memorialista pode se valer da ficção "para restaurar a realidade", suscitando discordâncias sobre a autenticidade do relato. "Lembrança, esquecimento e amnésia" são também operadores de "Com quantos paus se faz uma canoa?", de Silviano Santiago. Com debate que era sabidamente caro à homenageada, o ensaio aborda a criação literária e os andaimes que lhe dão sustentação durante o processo de escrita, mas que precisam desaparecer para que a obra exista. Revisita concepções de escritores, críticos e filósofos, entre as quais a calcada no jogo entre gênio e talento proposta por Paul Valéry, compara as metáforas mecanicistas e organicistas construídas para tratar da escrita até, por fim, cogitar sobre o desaparecimento dos rastros da obra literária redigida no computador na contemporaneidade.

Tomados em conjunto, os textos dedicados a Eneida, aqui reunidos, buscam inventariar sua contribuição crítica e seus desdobramentos, seu legado acadêmico e institucional, as *lições cult* que ela nos deixou. Não obstante a divisão proposta, entendemos que os textos das diferentes seções se comunicam, suplementam-se, vencendo a dispersão comum às coletâneas e oferecendo ao leitor não apenas um gesto de louvor a uma trajetória intelectual notável, mas também, como era do feitio da homenageada, de problematização. Esperamos que o leitor, de diferentes gerações, possa sentir ainda a atmosfera afetiva que o motivou… "que emoção! Que emoção?", para voltar a palavra ao crítico de arte francês.

ENDEREÇAMENTOS

Dedicado a você

Ana Chiara

Nossos passeios nossas risadas
na cidade grande
pão de queijo, óculos escuros
que o rio preto seja uma caminha
onde deitar
nossas lembranças
nosso sotaque d'alma
você, uma rainha
eu, bastarda
apesar do nome oculto
do grande geólogo
minha mãe em Inhapim
menina vivendo da bondade alheia
você, a grande dama,
gosto de pensar neste rio
quando a tristeza ataca
vamos passear
descalças, o pé na areia
do rio mineiro,
agora,
meninas com sede
de um inverno passado,
na água geladinha.
fora do tempo.

Eneida, sempre

Ana Lúcia Almeida Gazzola

Nunca fui aluna da Eneida, mas sempre serei.

Eneida me marcou desde que a conheci. Eu, começando o curso de Letras, ela, jovem professora no início da carreira. Depois, quando retornei de meu doutorado nos Estados Unidos, passamos a atuar juntas para implantar os estudos de literatura comparada na FALE.

Na gestão de Ruth Silviano Brandão como coordenadora do Programa de Pós-Graduação em Estudos Literários, fomos indicadas para compor, com outras colegas, a comissão que elaborou o projeto de doutorado. Implantado o curso, fui sua primeira coordenadora, por sugestão da Eneida. Organizamos juntas os seminários que apresentaram o novo curso ao país, e que iniciaram amplo programa de cooperação interinstitucional.

Pela mão da Eneida, conheci Silviano Santiago, e reconheço em ambos as maiores influências em minha trajetória acadêmica. Destaco também a parceria com Wander Melo Miranda, que se consolidou, junto à de Eneida e Silviano, ao longo do tempo.

Eneida foi minha principal referência, mas seu impacto era contraditório. Ela me dava segurança, pois eu sempre recorria a ela para avaliar projetos e ações. Mas ela era, igualmente, uma força produtivamente desestabilizadora, que nos levava a pensar grande. Sua visão, lucidez e capacidade de inovação nos moviam, sempre revestidas de uma leve ironia com a qual ela provocava a mudança. Ela sempre me tirou da zona de conforto, a mim e a todo o grupo.

O rigor intelectual de Eneida não lhe permitia compactuar com a mesmice e a mediocridade, por isso sua crítica era sempre exigente e algo avassaladora. Mas era igualmente generosa na sua enorme capacidade de motivar e de promover a transformação.

Por outro lado, nenhuma condescendência. Havia até certa aspereza e alguma impaciência, que se manifestavam quando o ritmo das respostas ficava aquém de suas expectativas. Mas Eneida era sempre movimento, agregação, impulso.

Eneida dava o melhor de si e queria o melhor. Eu sabia disso e buscava estar à altura, porque sempre confiei nela.

Olhando retrospectivamente, percebo que nossa relação era marcada de maneira profunda pela questão institucional. Não me lembro de conversar com ela sobre assuntos pessoais externos à vida acadêmica, mas nem por isso faltou afetividade. Havia entre nós um tipo de intimidade, aquela decorrente de metas comuns e da confiança.

A Pós-Graduação em Estudos Literários da UFMG deve muito a ela. Não só por sua bela produção, pelas também inúmeras orientações formais e informais, pela construção da Abralic, pelas articulações nacionais e internacionais. Mas, fundamentalmente, porque tudo isso construiu uma liderança tão legítima que permaneceu após sua aposentadoria. Ao contrário de tantos e tantas que saíram de cena, Eneida continuou a ser uma presença necessária e esperada. Ela simbolizava nosso pertencimento a um grande projeto, e seu lugar era inquestionável e permanente.

Por tudo isso, o vazio de sua ausência será sempre preenchido pela dimensão de seu legado.

Última carta

Eliane Marta

Belo Horizonte, setembro, 2022.

Querida Eneida,
 Acabo de sair de uma colação de grau de um curso da Fafich no Auditório Sônia Viegas, que está no prédio das Letras. Fizeram bem em deixar os dois prédios trançando um com o outro. Hoje, mais que antes, uma área não vive sem a outra, e sem outras. Uma pena que a educação tenha ficado tão longe. Você teria gostado da cerimônia. Em meio a tantas dificuldades pelas quais passa a universidade, ver um diretor que segura o ritual, professores, professoras, alunos e alunas que fazem discursos bem articulados, políticos sem ser panfletários, uma plateia de pais, mães, amigos e amigas orgulhosos de terem todos conseguido fazer sua parte para a chegada ali. Havia um clima sério, sereno e feliz naquele auditório. Fiquei cheia de emoção. A UFMG viva!
 Estamos perto de novas eleições para presidente e vice, senador, deputado federal; governador e vice e deputado estadual. Tudo está tão difícil, minha amiga! Passamos tempos de muito isolamento social e fraternal e isso fez com que o país e seus habitantes ficassem muito deprimidos. Eu mesma ainda trago comigo a má disposição para sair à noite (nem tenho ido aos concertos, acredita?), e certos maus hábitos se instalaram, esperando alguma reviravolta. Quem sabe se nosso candidato ganhar estaremos mais dispostas e confiantes? Não sei. Mas acho que nem posso reclamar. Leio e penso. Sinto sua falta para o exercício do espírito crítico. Do seu olhar e seus ouvidos atentos que atiçavam os meus.

Minha lembrança mais remota de nossa convivência foi quando Rejane (acho que foi você que me apresentou), com sua nova editora Autêntica – provedora de ideias –, lançou o livro da Cidinha, de quem você havia sido orientadora. Ou não? Depois, no meu concurso para professora titular, em 1991. Você estava lá! E eu me perguntava assombrada, por quê? Que foi que eu fiz para merecer? Ao longo do tempo encontrei a resposta: você nunca deixou uma amiga ou um amigo passar qualquer perrengue sozinho.

Acho que o maior perrengue que passamos juntas foi naquele concurso para professor titular da UFRJ. Não me lembro de detalhes, mesmo que por muito tempo tenha guardado recortes de jornais, revista *Veja*, as atas e tudo que dizia respeito àquela cerimônia momentosa. Na política, era tempo dos "anões do orçamento" – aquele grupo do congresso que, no final dos anos 1980 e início dos anos 1990, envolveu-se em fraudes com muita grana até ser descoberto e investigado, em 1993, perante uma CPI de grande repercussão. A nós, chamaram-nos de anões da Heloisa. Fora a Maria Odila da Silva Leite, não me lembro de outros componentes da banca. E agora, nem dos concorrentes dela. Mas foi um jogo muito duro e pesado. Para dar mais institucionalidade (seriedade não precisava, éramos uma banca séria), o próprio reitor esteve na solenidade de abertura do concurso. Acreditavam que iria haver um golpe – qual! este país adora um golpe. Lembro-me de conversarmos um pouco depois do concurso em um restaurante (acho que fomos ao Guimas) e estávamos bastante seguras das razões pelas quais as notas que demos a todos colocaram-na em primeiro lugar.

Heloisa conta aqui e ali as pressões e perseguições: "Alô, é do bordel da professora Helô?", perguntou alguém pelo telefone à secretária do centro interdisciplinar que ela coordenava na época. "Fui atacada de formas tão violentas e baixas que não podia desistir do concurso. Ganhei a vaga, mas não consegui engolir a situação. Passei a dar aula para os alunos da ECO em outro edifício." Na verdade, o nome para o que todas nós sofremos nas mãos da mídia e dos homens que eram das torcidas era assédio, mas não tínhamos esse nome para as palavras e os gestos violentos. Dessa época, quando às vezes íamos aos seminários do CIEC, Centro Interdisciplinar de Estudos Contemporâneos, tenho o seu texto "Grafias do desejo: relíquias da casa; a bela indiferença histórica". "Relíquias da casa" é dedicado a Telê e Marília, e a primeira frase é "O importante não é ficar, é viver". Pois é.

Seus livros, muitos livros você escreveu, e eu nem li todos. Nem tudo. Desculpa. Mas a culpa, de certo modo, era mesmo sua. Esbarrava em frases que te deslocavam do lugar de autora e te remetiam para o lugar de coautora de uma ideia minha que você mesma sugeria. Desde *A pedra mágica do discurso*, de 1988. "Macunaíma é um homem como outro e, nesse sentido, é desprovido de uma fala heroica, que seja individualizada. É um herói sem fala própria, sua fala articula a de todos e de nenhum." Mário nos diz "eu copiei o Brasil". Lá fui eu depois de 20 anos procurar *Macunaíma* e me lembrar de Samir Sihirial, que havia me emprestado o livro junto com o *Paixão segundo G. H.* Querido Samir, querida Letícia Mallard, que apostaram em meu gosto pela literatura... Sua dedicatória nesse livro mostra que ainda estávamos não amigas. "Eliane: vamos fazer mais pedrinhas destas. (1988)."

Borges, *O século de Borges*, jogou-me longe. Com ele ou a partir dele ou só com esse sobrenome na capa de livros, então desconhecidos para mim, escrevi vários textos e descobri a memória do esquecimento, com Funes. "À Eliane este pequeno retrato de Borges. BH 18/8/99)." Que presente!

Pedro Nava, esse memorialista irônico, de quem sonhei roubar informações para escrever um romance sobre uma professora que era sua conhecida e vizinha, te deu *O risco da memória*. Na quarta capa você escreve que o Brasil estava em pleno clima de abertura política quando o memorialista decide que por aqui estava tudo ruim e decide partir. Faltava um tempinho, nessas horas agônicas do regime militar, nosso eterno fantasma. Nesse livro, em 2004 você me escreveu: "À Eliane Marta, com a minha amizade e admiração. E. BH, 10/08/04".

Não sei se foi em 2010 que as correspondências e os arquivos te fisgaram de vez – foi desde sempre –, mas a *Correspondência: Mário de Andrade & Henriqueta Lisboa* provocou *frisson*. É lindo o que diz Wander Melo Miranda nas orelhas: "De 1939 a 1945, um período crucial para o país num mundo em guerra, os dois escritores se entregam a um exercício de subjetivação através da palavra compartilhada".

Essas cartas falam da poesia, da literatura e da vida. O tempo, naqueles tempos, parecia escorrer mais lentamente, e havia tempo para muitas cartas a muitos. Você escreveu, no livro, para mim: "À querida Eliane, com admiração e amizade. E. BH, 03/2/11". Éramos, já, amigas.

No mesmo 2011 – que autora prolífica! – *Janelas indiscretas: ensaios de crítica biográfica*. Talvez seja esse livro minha próxima companhia quando estiver escrevendo e pesquisando a vida do pai de Constança Guimarães. Quem sabe? Nesse livro encontrei a frase da minha vida: "A verdade está na rua Erê", do "desdobrável Cyro dos Anjos" (como pode escrever isso? O desdobrável...). É sempre lá que há de estar a verdade.

Na segunda edição de *Tempo de pós-crítica: ensaios*", você nada escreveu, em dedicatória, mas eu, sim, como costumo fazer respondendo aos títulos ou aos autores, "Tempo da amizade".

Confesso que de *Modernidades alternativas na América Latina* nada li. Mas livros são também companhias e suas palavras, Reinaldo e seu abraço amigo estarão ainda por algum tempo em minha estante. De você, Eneida, guardei o "querida, o carinho e a amizade! E. BH, 02/07/09". Com esse título que é a sua cara, você escreveu *Modernidade toda prosa*. No lançamento na Quixote, onde tantas vezes nos encontramos, conheci sua grande amiga, Marília, de quem você me falou algumas vezes. Foi em Belo Horizonte, 18 de outubro de 2014. Você me alertava: "À querida Eliane, este livro que trata não só do modernismo no Rio e São Paulo, mas também de Minas".

O último livro a que fui ao lançamento te dar um abraço e ganhar uma assinatura sua, *Narrativas impuras*, foi o que mais mexeu comigo, e trocamos zap sobre ele. Isso foi no dia 7 de novembro de 2021. "À queridíssima Eliane, com amizade e admiração. E."

"Poética do inacabado" me trouxe Schubert; "Autoficção e vida" me levou a Sylvia Molloy. "Mário de Andrade, o empalhador de passarinho" vai me enovelando e são muitas as marcas que há no texto, até que há o encontro com padre Jesuíno e as palavras de Mário, "Eu sei muito bem que a Vida, do padre Jesuíno do Monte Carmelo, foi concebida quase como um 'conto' biográfico. Interpretei biograficamente". Nesse dia 7, você me envia duas fotos que Cibele tirou no dia do lançamento. Quando as fotos me chegam, te escrevo assim:

E – Que coincidência! Estou "te" lendo!! […] o recuperar o ritual da leitura, silêncios… preserva-se a prática da lentidão na aquisição do conhecimento […] Que Beleza!!!!

Estou em pé ao seu lado e você descreve as fotos assim:

E – Com a mão no peito e outra no ombro! Merci! E obrigada

E – Ia eu feliz lendo o primeiro ensaio do seu livro quando padre Jesuíno, via Mário de Andrade, me roubou de você.

E – Ele é maravilhoso. É o lado mulato do Mário que me agrada.

E – A subjetividade contra (mas a favor também) o iluminismo acadêmico – é você quem diz. Acho que vou aprender muito com esse trabalho sobre o padre Jesuíno.

E – Ele se projetava no padre e achava que estava escrevendo um conto e não uma biografia.

E – Isso me fascina. E a pesquisa é fabulosa.

Dois meses antes, você estava no lançamento do meu livro, *Cartas: Constança Guimarães*, para o qual você fez a orelha. Fiquei honrada (raramente uso essa palavra), mas não houve tempo para tomar nosso uísque e falar das gentes, como gostávamos de fazer. Meus aniversários rendiam muita conversa e alegria com os jovens amigos do Rodrigo e os mais velhos que foram nossos companheiros de copo e de cruz.

Hoje é dia 6 de setembro. Veremos por quanto tempo a independência terá paciência em nos esperar. Por enquanto, pendências e mortes.

Obrigada pelos textos do Silviano Santiago, pelas canções do Chico.

Tu me manques,
Eliane

"Era, outra vez em quando, a Alegria"[1]: a leitura e seu devir

Márcia Marques de Morais

Pretendo fazer deste texto uma conversa com minha ex-professora, colega e, acima de tudo, Amiga Eneida, que tentará entrelaçar questões acadêmicas caras à instigante crítica literária exercida por ela, teóricos do seu coração, escritores de sua afinidade e momentos partilhados no convívio social e acadêmico.

Sei que a proposta soa híbrida, mas também me valho de ânimo, de alma, na empreitada, pois sei que hibridismos, diversidades, o "mundo misturado", as "puras misturas", apropriando-me de sintagmas rosianos, sempre foram muito caros à Amiga.

Assim, começo buscando, em ensaios da Eneida, trechos que muito me marcaram numa primeira leitura e que, agora, nessa releitura em que a elejo interlocutora virtual e real, ressoam em mim, ecoando o viés acadêmico em que foram produzidos e recontextualizando-se, neste momento, de saudades – muitas! – e afeto. Li, em 2014, no livro *Sobrevivência e devir da leitura*, coorganizado pela Eneida, "Ficções impuras", ensaio cujas beleza e estranheza do título já me chamaram bastante atenção. A epígrafe de Derrida que dá o *start* da fala da Eneida, relida hoje, no aqui e agora das leituras do eu, consegue fazer ainda mais sentido, naquela pauta também defendida na crítica literária da Eneida, do devir da leitura. Derrida, escrito por Eneida, assim se manifesta:

---

[1] Aproprio-me de frase com que Guimarães Rosa encerra seu conto "As margens da alegria" (*Primeiras estórias*).

> A grande fantasia [...] é que todos esses papéis, livros ou textos já me sobrevivem. Já são testemunhas. Penso o tempo todo nisso, no que virá após a minha morte, quem viria, por exemplo, olhar esse livro que li em 1953 e se perguntará: "Por que ele assinalou isso, colocou uma flecha aqui?" Sou obcecado pela estrutura sobrevivente de cada um desses pedacinhos de papéis, desses traços.[2]

A epígrafe escolhida por Eneida enfatiza rastros de vida e obra, como recados de Derrida para falar da sobrevivência do leitor e do escritor em leituras do devir, revitalizadoras de escritas e traços de permanência. Essa epígrafe também será meu norte na escrita deste texto: buscarei "pedacinhos de papéis", traços marcados aqui e ali, títulos escolhidos com maestria para reencontrar Eneida e suas reticências que me fizeram e fazem pensar tanto o literário.

Relembro mesmo aquele jogo infantil de papeizinhos escritos e distribuídos entre parceiros e cujo desembrulhar, seguido de leitura, solicita uma performance desse leitor, que, desvelando e velando sentidos ali encontrados, pede à adivinha a decifração do enigma gestualizado, performado por outro jogador-leitor da "roda de leitura", participante do jogo. Busco pedacinhos de texto de ensaios de Eneida para atualizar potencialidades de reflexões críticas que, agora, "sobre-vividas", dizem o que quiseram dizer e permanecem dizendo de "um além da vida" e tatuando, em nós e na literatura, uma assinatura autoral.

Chego a delirar quanto a um discurso, um vaticínio premonitório, não fosse esse prenúncio o de qualquer homem humano em sua travessia. É que, ao pontuar o arquivo – uma paixão, sobrevida do documento, Eneida aponta, no raciocínio derridiano, a ruptura com as supostas antinomias, antes e depois, vida e morte e a constatação do anacronismo conferido às categorias de passado e futuro. No arquivo imaginário desses "pedacinhos de papéis" que esta leitora vasculha, ávida por reencontrar a Eneida que, também vasculhando escritores – vida e obra, decifrava enigmas, descobria pistas e traços,

---

[2] DERRIDA *apud* SOUZA; LISARDO-DIAS; BRAGANÇA (org.). *Sobrevivência e devir da leitura*, p. 111.

quero encontrar, por associações, outros planos, deslocados de um centro, de um eixo, para alcançar afinidades eletivas no diálogo entre literatura e vida.

Nesse diálogo, impossível escapar da Eneida e suas incursões na relação entre literatura e psicanálise, "máquinas produtoras de prazer, territórios discursivos que se enlaçam", "grifos no sujeito". As expressões aspeadas foram garimpadas no livro *Traço crítico* e figuram, aqui e agora, os tais pedacinhos de papéis, pretendendo sublinhar a permanência da crítica e suas incursões pelo saber psicanalítico, na leitura do texto literário.

Encontro tais expressões no ensaio "Na borda da alegria", na seção "Grifos no sujeito", comunicação proferida no Colóquio Psicanálise e Cultura, em 1988, publicado no *Suplemento Literário de Minas Gerais* e na revista *Tempo Brasileiro*. Entusiasma-me o texto, de início, por sua sutileza interpretativa e por achados estéticos que, para além de falarem muito próximos da minha concepção de leitura literária, operam em mim um *insight* que, certamente, sedimentava-se na leitura de Eneida, mas nela não se explicitou. Esse *insight* cai em mim, leitora, como uma luva, atuando no sentido de que o texto da Eneida me grife, decalque em mim um outro texto, operando o *continuum* da leitura, da literatura.

No ensaio em questão, Eneida aproxima Joyce e Freud, produzindo uma criativa "analogia dos significantes". A ensaísta contextualiza o encontro imaginário entre Joyce e Freud, numa vertente semiológica que incidiria para além de uma reflexão sobre os signos, mas "também numa postura diante da realidade lida no seu aspecto ficcional", ecoando Roland Barthes.

Assim, o encontro "que não houve", entre os dois escritores, passa a haver, imaginado e realizado, concretizado, na sensibilidade e acuidade da leitura da Eneida, que opera tanto com uma "condensação" dos nomes próprios do escritor e do psicanalista-escritor quanto com a "paixão" de ambos pela linguagem, no seu desvelar e velar, além dos interditos. As interdições, significante forjado para dizer também de dicções que se entrelaçam, são o modo de compor essa leitura criativa da Amiga. Eneida traz para sua escrita/escritura lembrança inesperada de Freud, ao redigir capítulos finais da *Interpretação dos sonhos*:

a atualização de uma cena passada em Paris, em que um suposto Jocelyn salva a vida de pessoa eminente. Por associação, Freud associa a cena a trecho do romance *Nabab*, de Alphonse Daudet. No entanto, tal associação é reconhecida, posteriormente, como um equívoco, quando Freud constata que o nome da personagem de Daudet não seria Jocelyn, mas Joyeuse.

Essa constatação leva o próprio Freud a se incluir na trama onomástica, alegando que "*joyeuse*" seria adjetivo francês, cujo substantivo abstrato de mesmo étimo, "*joye*", corresponde, em alemão, a "*Freude*", que, indubitavelmente, faz ler o nome próprio do psicanalista – Freud(*e*). Até esse ponto analítico, temos a leitura de Freud, incorporando-se a si mesmo na cena ficcional relembrada e seguindo operadores interpretativos presentes em sua *Interpretação dos sonhos*.

A partir dessas operações analíticas freudianas, o ensaio da Eneida incorpora outras associações significantes e traz à cena primeira, onde se encontraram a personagem de Daudet, *Joyeuse*, e o psicanalista Freud(*e*), o escritor dublinense Joyce. Esse achado analítico do ensaio de Eneida justifica-se não apenas porque *Joyce* está anagramaticamente presente em *Jocelyn* (equívoco do psicanalista?; ato falho?), mas, ainda, porque ecoa "*joye*", promovendo o encontro imaginário entre o fundador da psicanálise e o escritor dublinense.

Valendo-se, pois, de deslizamentos e condensações, recursos imprescindíveis às operações do inconsciente, Eneida acrescenta às constatações freudianas sua leitura interpretativa, criativa e convincente, trazendo para o trânsito onomástico o nome do escritor irlandês. Aceitemos o convite para acompanhar Eneida, cujo ponto de partida foram as ilações de Freud e cujo ponto de chegada – sempre provisório – só poderia estar na "borda da alegria", "alegria", signo verbal que, em nossa língua, é Alegria, tradução, pois, do que se encontra também nas bordas de significantes no inglês ("*joye*", carregando Joyce), no francês ("*joie*", "*joyeuse*") e no alemão ("*Freude*").

"Literatura é jogo", ensinou-me Eneida, nos idos de 1970, na primeira Teoria Literária que cursei na graduação da PUC Minas. A professora lia conosco Raul Castagnino, em *O que é literatura*, livrinho (o diminutivo se deve ao afeto) que nos oferecia reflexão sobre as três funções da literatura: literatura é catarse?; literatura é empenho?;

literatura é jogo?, reflexão conflituosa que me tem acompanhado e cobrado direções interpretativas no ensino da literatura. "Literatura é jogo" – essa é a opção que faço como leitora de Guimarães Rosa, sustentada pela estética da recepção e lembrando-me de Umberto Eco, para quem a literatura é o único jogo em que o escritor, proponente da atividade lúdica, prefere perder a jogada para o leitor.[3]

Literatura é jogo que jogou/joga Eneida, apontando tantas vezes o profícuo e prazeroso embate entre escrita/escritura e leitura, entre autor e leitor. Assim, quero ser parceira de Eneida para jogar com esse início pra lá de sedutor do ensaio "Na borda da alegria", cujo título, desde a minha leitura de 1994, incitou-me a tentar o diálogo com "As margens da alegria", de Guimarães Rosa, conto de *Primeiras estórias*.[4] Quem sabe o título do conto rosiano estivesse no horizonte de Eneida na aproximação de "margens" e "borda", sem esquecer o rendimento que o significante borda/bordas assume na psicanálise, sublinhadamente de viés lacaniano.

A conversa entre o ensaio da Amiga e minhas anotações de leitura do conto de Rosa, que, há muito, povoam minha imaginação e solicitam um registro, ainda que incipiente, começa também com o jogo do(s)significante(s) *Freude*/Freud, e assim se reafirma a máxima lacaniana, "inconsciente é estruturado como uma linguagem", enfatizando psicanálise e literatura como saberes interdisciplinares em diálogo sempre muito instigante.

A nomeação alemã do conto – "Die Ufer der Freude" – é explícita no conter "alegria" no significante alemão "*Freude*", substantivo abstrato que também alude ao nome próprio Freud, como se vem insistindo. As margens, as bordas, estão referidas pelo termo alemão "*Ufer*", contido também no nome da obra – *Das dritte Ufer des Flusses*, na tradução alemã, e que opta por um dos contos do livro, "A terceira margem do rio", para dar título ao livro. E, deixando-me seduzir pelo trabalho analítico-interpretativo de Eneida, ouso, quem sabe, a superinterpretação, de Eco, ao propor a leitura de "*Ufer*" (margens), como

---

[3] ECO. *Lector in fabula*, p. 39.
[4] ROSA. *Primeiras estórias*, p. 179.

também um anagrama de Freud, um Freud faltoso, a quem faltaria o "d"... – essa é suposição sem resposta e, por isso, suspende-se e ecoa.

"Margens" – significante recorrente nos escritos rosianos – e "alegria", ambos, na tradução para o alemão, apontando significantes presentes nas bordas do nome próprio Freud, parecem autorizar a psicanálise como vertente imprescindível de leitura desse conto que abre as *Primeiras estórias*, entre as muitas que se têm feito. Vale ainda lembrar que o conto "As margens da alegria", narrando a estória do Menino que viaja de avião para conhecer uma cidade nascente, poderia figurar como a primeira "margem" do livro, que terá sua segunda margem no último conto, "Os cimos", que faz retornarem o Menino, outra viagem aérea e a cidade.

A crítica já lera a estrutura da obra como se os contos inicial e final desenhassem parênteses, enfeixando os 19 contos do corpo do livro, em que o do meio, "O espelho", teria também a função de fazer espelhar e, logo, refratar os contos que o antecedem e o prosseguem. De fato, o Menino, levado por tio e tia, de avião, para "passar dias" em lugar onde se ergueria uma cidade, traz sugestões de que esse espaço possa ser aquele em que se ergueu Brasília, considerando-se o contexto da escrita (entre 1950 e 1960), a correspondência do autor (carta a "Mamãe, papai", enviada do Rio, contando suas idas ao canteiro de obras de Brasília, datada de 5 de julho de 1958, conforme o livro *Relembramentos*, de Vilma Guimarães Rosa[5]), a fortuna crítica do autor que se tem ocupado de leituras de viés histórico, político e ecológico, e, sobretudo, as figurações estéticas do texto – o Plano Piloto, condensado na alusão ao piloto e na visão do alto – "o chão plano em visão cartográfica"; "o azul de só ar"; a coloração da paisagem, fazendo ver sertão e cerrado – "a grande cidade apenas começava a fazer-se, num semi-ermo, no chapadão", para não correr o risco do excesso, como última citação, vale reler o trecho magistral de uma das descrições do peru avistado pelo Menino – "e ele, completo, torneado, redondoso, todo em esferas e planos", numa genial aproximação entre o peru e a cidade, fazendo o leitor

---

[5] ROSA. *Relembramentos. João Guimarães Rosa, meu pai*, p. 281-282.

enxergar, na disposição das penas do peru, uma miniaturização de formas que compõem a arquitetura da cidade em construção. Mas o Menino, aqui, neste texto, será lido pelo viés de subjetividade(s), também tão caras à Eneida, e, para tanto, a psicanálise será um prisma dessa leitura, autorizada pelas implicações freudianas, veladas e desveladas, como vimos insistindo.

Essa personagem, cuja dicção infantil se ouve claramente na voz do narrador do conto, pela maestria autoral ao lidar com o discurso indireto livre, aponta um hibridismo, tão ao gosto de Rosa, o que nos faz, leitores, vez por outra, apurar o ouvido e nos perguntar: quem está falando?; quem está em cena?; o narrador ou o Menino?, decidindo-me pelo "tudo-é-e-não-é", como insiste Riobaldo. Esse Menino, então, vai-se revelando, na polifonia das vozes, que, simultaneamente, ecoam os sujeitos ficcionais – autor, narrador, personagem, leitor, que, em coro, buscam a inscrição de suas subjetividades sempre faltosas e fraturadas, marginais e bordejantes, como é próprio da condição humana.

A viagem, "inventada no feliz", diz a voz do narrador, vai oferecendo à personagem-criança experiências que, na mediação estética da voz autoral, conduzem-nos, a nós, leitores, à escuta de um discurso do "eu-aqui-agora" da enunciação do texto e do "eu" fantasmático de um alhures, na peleja para se fazer valer, como sujeito. Deslocado de seu hábitat, para a viagem inventada, o narrador conta-nos que o Menino "fremia no acorçôo [...] confortavelzinho" e que "Mesmo no afivelar-lhe o cinto de segurança virava forte afago, de proteção [...]", o que faz-nos viver a experiência inédita da criança relativa a um "não sabido", pontuada pelo medo do desconhecido, recalcado pelo mundo adulto e suas muitas representações. Os paradoxos nos arranjos lexicais vão apontando esse conflito no interior do Menino: "[...] as coisas vinham docemente de repente, seguindo harmonia prévia, benfazeja, em movimentos concordantes [...]" que vai num crescendo e que se explica, estranhamente, depois de dois pontos em "as satisfações antes da consciência das necessidades".[6]

---

[6] ROSA. *Primeiras estórias*, p. 3.

O excesso torna perplexo o Menino; a visão do adulto empana a do menino que se inicia no experimentar o mundo, e, assim, o circuito do desejo do menino (assujeitado) sofre uma reversão: sua alegria deborda, ele vive a postiça alegria do outro. O narrador o confirma com travos de ironia: "Davam-lhe balas, chicles à escolha. [...] Entregavam-lhe revistas, de folhear, quantas quisesse, até um mapa, neles mostravam os pontos em que ora e ora se estava, por cima de onde. O Menino deixava-as, fartamente, sobre os joelhos, e espiava [...] – expiava?".[7]

O excesso se concretiza, esteticamente, no pleonástico "chão plano" que a criança vê do alto, "em visão cartográfica", repetindo também o mapa mostrado ao Menino, que traz ao texto vivências infantis da voz autoral e faz o leitor ouvir, em discurso indireto livre, o Menino, que no "lugar da janelinha, para o móvel mundo", constata, perplexo, o diminuto tamanho dos seres – humanos e não humanos – vistos do alto: "Se homens, meninos, cavalos e bois – assim insetos?".[8]

A criança vai percebendo um distanciamento e a miniaturização de realidades, antes tão próximas e de dimensões tão reais, como se a paisagem do sertão se diluísse naqueles ares do cerrado. E o lufa-lufa do momento vai também deixando para trás o tempo sem tempo do lugar de onde viera o Menino, que, dividido entre tantas novidades, consumido por tantas ofertas, nem se dá conta da fome, diante das muitas promessas do tio: "[...] que ia brincar e ver, e fazer e passear, tanto que chegassem"[9] – é a linguagem encenando o excesso, o acúmulo, pela reiteração da conjunção aditiva, arrematada pelo "tanto que".

Por isso, "O Menino tinha tudo de uma vez, e nada, ante a mente",[10] sintetiza a voz do narrador, que faz o menino aterrissar, cedinho, na "grande cidade", que, ainda erma, mal brotara do chão do chapadão. Ansioso, o Menino "respirava muito os diluídos ares" e "via, vislumbrava", "queria poder ver ainda mais vívido – as novas tantas coisas [...]", para serem experimentadas.

---

[7] ROSA. *Primeiras estórias*, p. 3.

[8] ROSA. *Primeiras estórias*, p. 3.

[9] ROSA. *Primeiras estórias*, p. 3.

[10] ROSA. *Primeiras estórias*, p. 4.

A mata, rasgada para a instalação do barracão da construtora, era agora o quintal da casa de madeira, e a imaginação do Menino pergunta: "Dali, podiam sair índios, a onça, leão, lobos, caçadores?".[11] Às percepções visuais do Menino, perscrutando as novidades e comparando-as com suas experiências pregressas, somam-se as auditivas, e o som dos pássaros, que "foi o que abriu seu coração",[12] diz o narrador. Tais pássaros, mediando quintal e casa, sertão e cidade, fazem-no transitar (um símile do objeto transicional?) entre a alegria genuína deixada para trás e a alegria suposta para aquela experiência nova.

O leitor, então, surpreende-se com pergunta inesperada do Menino, assustado, perplexo, vivendo, literalmente, o *Unheimliche* freudiano, ao operar com a familiaridade dos cantos dos passarinhos de sua terra e a estranheza de notar que ali, em outra terra, às aves se oferecia cachaça: "Aqueles passarinhos bebiam cachaça?".[13] Antecipação do aparecimento do peru e de sua morte, segundo costume conhecido e antigo de se embebedarem perus para deixá-los tontos antes de matá-los, a criança não entende o rito e se assusta com a "diversidade" no trato dos passarinhos. Não tinha a menor ideia de que aquele peru, no centro do terreiro, a se exibir para ele, "imperial", pairava como alegria que logo se dissiparia...

E, então, comparece a voz autoral, que busca, em outro poeta, uma exclamação dupla – "Belo, Belo!"[14] –, diante da perplexidade de uma alegria toldada, não se sabe ainda por quê. Se os psicanalistas sabem muito, e os poetas sabem tudo, como quiseram Freud e Lacan, uma prova irrefutável disso estaria na voz do poema de Manuel Bandeira, a condensar o aperto do coração do Menino, diante de uma ambígua alegria: "Belobelo minha bela/Tenho tudo que não quero/Não tenho nada que quero",[15] em que se lê, não por acaso, entre os

---

[11] ROSA. *Primeiras estórias*, p. 4.

[12] ROSA. *Primeiras estórias*, p. 4.

[13] ROSA. *Primeiras estórias*, p. 4.

[14] ROSA. *Primeiras estórias*, p. 4.

[15] BANDEIRA. *Estrela da vida inteira. Poesias reunidas*, p. 193.

quereres: a solidão dos pincaros, a água da fonte, a rosa, a primeira estrela, numa direta alusão ao que de natural nos oferece a vida.

Diante daquelas "satisfações antes da consciência das necessidades", de tudo que "fartamente" lhe era apresentado, ainda que seu desejo não o tivesse manifestado, o excesso de coisas, de informações, de falas adultas fazia o Menino viver a falta, a ausência de si, de suas escolhas, empanadas pelas contingências. Ausente de si, a criança encontra, na visão do peru, o elo que se perdeu no seu deslocamento. O peru assumiria a função de fazer a transição entre o perdido e o oferecido; objeto transicional, ele será a alegriazinha benfazeja, cuja visão preenche, sossega, ainda que em *fading*, recorrendo, analogicamente, a fragmento de Barthes, tratando do discurso amoroso.[16] Era, ainda uma vez, a Alegria: "O Menino riu com todo coração",[17] e, guardando em si a Alegria, adiou-a – só "bis-viu" o peru.

Indo excursionar com os tios de jipe e revendo paisagens caras a seu coração, "sustentava-se delas sua incessante alegria", sob espécie "sonhosa", pois "em sua memória ficavam, no perfeito puro, castelos já armados",[18] pensando no peru, quando voltassem. E o Menino volta; mas o faz, cuidadosamente, para não "gastar fora de hora o quente daquela lembrança, do mais importante, que estava guardado para ele, no terreirinho das árvores bravas".[19] Impossível ao leitor não associar a esse peru "marginal" o tucano de "Os cimos", que acaba substituindo o macaquinho, também objeto transicional que o liga ao antes, à mãe doente deixada para trás, perdido no avião e reencontrado no ressurgimento da Alegria com a volta para a mãe curada....

A Alegria, assim, nos dois contos que margeiam *Primeiras estórias*, representa-se pelas aves que aparecem, desaparecem, intermitentes, metaforizando o movimento errático, episódico daquilo que está nas margens, só espreitando o breve momento de acontecer. Descendo dos "cimos" para a cidade que se ergue em meio ao cerrado, espaços frequentados

---

[16] BARTHES. *Fragmentos de um discurso amoroso*, p. 107.
[17] ROSA. *Primeiras estórias*, p. 4-5.
[18] ROSA. *Primeiras estórias*, p. 4.
[19] ROSA. *Primeiras estórias*, p. 5.

pelo Menino-personagem, cuja voz é absolutamente audível, os devaneios povoam a mente da criança-criativa: haveria um peru em cada casa e para cada pessoa?; um peru apropriado, um peru particular, domesticado, diferentemente do peru da roça, do sertão, solto a seu bel-prazer?

Esse "mundo misturado" ocupa a cabecinha de nosso Menino, em meio àquela cidade que, em discurso indireto livre, "ia ser a mais levantada do mundo".[20] É o eco de uma voz adulta, projetando, em hipérbole, uma meta política, também exorbitante e excessiva. Aqui, bem pontualmente, torno a ouvir Eneida no projeto "O avesso da escrita: intelectuais a serviço de JK". A essa megalópole do imaginário adulto se superpõe a imagem do peru: "Ele abria leque, impante, explodido, se enfunava. Ah, o peru imperial..."[21] Mas a volta ao terreirinho, de chofre, traz à criança a perplexidade de enxergar "só umas penas, restos, no chão",[22] na mata feia. E a pergunta calada, que não soa, silenciada pelo choque, só adivinhada pela resposta – resposta, essa sim, em discurso direto, com travessão, negrito e tudo o que caracterizaria uma certa "imposição" e em tom tão natural, como se fosse um hábito: "– 'Ué, se matou. Amanhã não é o dia-de-anos do doutor?'".[23]

A alegria bordeja, marginaliza-se, sai de cena, no "grão nulo de um minuto", um grânulo de tempo pode sequestrar a alegria: "Tudo perdia a eternidade e a certeza: num lufo, num átimo, da gente as mais belas coisas se roubavam",[24] e a escrita do texto condensa o tom de uma criança sentida, na dicção do autor-narrador, elucubrando, em discurso erudito, sobre questões demasiadamente humanas. Tocado pelo "miligrama da morte", experimentando, pois, a condição humana, fechado em copas, o Menino, cansado, e renunciando o "passear com o pensamento", maquinalmente sai com os tios para ir "aonde a grande cidade vai ser".[25]

---

[20] ROSA. *Primeiras estórias*, p. 5.

[21] ROSA. *Primeiras estórias*, p. 5.

[22] ROSA. *Primeiras estórias*, p. 5.

[23] ROSA. *Primeiras estórias*, p. 5.

[24] ROSA. *Primeiras estórias*, p. 6.

[25] ROSA. *Primeiras estórias*, p. 6.

Em vão: o peru insiste em seu pensamento e reaparece, como culpa, deslizamento tão próprio da condição humana, forjada pelo mal-estar. O Menino vivia a "circunstristeza", outra face da "bordejante alegria" – teria ele o direito de continuar pensando no peru?; não estaria ele exagerando no sentir aquele desengano?...; mas, por outro lado, matá-lo "parecia-lhe obscuramente algum erro".[26] E as paisagens apontadas pelos companheiros daquela excursão ao "hostil espaço" eram experimentadas também de "modo maquinal"[27]: a natureza agredida; o cerrado, des-cerrado pela derrubadora com sua lâmina, estranha novidade substitutiva do familiar machado; a árvore trapeada, à maneira de um mastro batido pela vela, e que chorava no "marulho final de seus ramos", reiterando, na linguagem rosiana, a aproximação entre mar e sertão, e o choque, "o pulso da pancada". Tudo repetia a morte do peru e se guardava "dentro da pedra",[28] pedra de que se têm ocupado muitos leitores de "As margens da alegria".

A mim, aqui e agora, instiga-me outra direção de sentido. "Guardou dentro da pedra" – oração absoluta sem a explicitação do sujeito, que, claro, pode, sim, em linha direta, remeter ao Menino. Mas, obliquamente, possibilitaria outras "interpretações": teria o escritor, na voz do narrador, pretendido dizer que, diante de tantas perdas, faltas e vazios, só a palavra seria capaz de dar corpo ao "real" experimentado e perdido para sempre? Só o simbólico da linguagem seria capaz de guardar o imaginário que se dissipou? O que me autorizaria essas elucubrações, senão a própria Eneida, que, em sua dedicatória para mim, em 1988, no livro *A pedra mágica do discurso*,[29] escreve: "Márcia: uma pedra que a gente começou a ler na Av. Brasil"?[30]

Esse outro "papelzinho" da Eneida faz-me retornar à leitura que fez de *Macunaíma* e, na "borda da alegria", valer-me de sua

---

[26] ROSA. *Primeiras estórias*, p. 6.

[27] ROSA. *Primeiras estórias*, p. 6.

[28] ROSA. *Primeiras estórias*, p. 7.

[29] SOUZA. *A pedra mágica do discurso: jogo e linguagem em* Macunaíma, p. 135.

[30] Endereço naquele momento da Faculdade de Letras da Pontifícia Universidade Católica de Minas Gerais (PUC Minas).

interpretação, contida no capítulo que nomeia o livro, para com ela dialogar, tentando também o diálogo Mário de Andrade e Guimarães Rosa. Ainda que muito apressada, considerando que a leitura que Eneida faz da muiraquitã como pedra mágica do discurso solicitou-lhe debruçar-se, longa e vagarosamente, sobre o texto, ensaiando muitos e convincentes caminhos analíticos que, por ora, são apenas mencionados, instiga-me, a partir da leitura crítica da Amiga, pensar que, também no conto rosiano, à pedra dentro da qual "guardou-se", com sujeito e objeto não claramente explicitados, é possível associar o discurso literário, a própria escrita (inclusive, num viés metapoético, do conto em questão), interpretação tão bem urdida para a muiraquitã, quando, por exemplo, Eneida dá título a subcapítulos, tais como "A petrificação dos signos" e "A escrita lapidar".

Se a pedra é elemento onipresente em mitos e discursos primordiais (a pedra filosofal, a pedra angular, Sísifo, para ficar apenas em três), vale pensar a pedra como repositório do que se perdeu e que resta como palavra, discurso, linguagem – afinal, o signo verbal não atesta a morte da coisa? O "pensamentozinho" do Menino, ainda em "fase hieroglífica",[31] conta o narrador, faz voltar a pedra que guarda uma escrita – a mais antiga escrita hieroglífica foi encontrada na Pedra de Roseta e assume o nome do lugar em que se achou a placa de granito, em 1799, não porque se fazia uma escavação arqueológica; foi um achado casual, a partir de escavações, para se erigir uma construção feita às pressas. Vale perguntarmo-nos: a escrita do conto não se "grava"/grafa, a partir de uma construção também abrupta? Ou isso seria outro achado casual e até um "desvario" interpretativo?... (Mário, aqui, de novo, na *Pauliceia desvairada* e seu "Prefácio interessantíssimo"). Desvario ou não, não (me) importa, e não custa registrar essas associações, considerando a simultaneidade de percepções condensadas na escrita de Rosa.

Com o pensamentozinho hieroglífico, propondo enigmas para seu sentimento, a criança, no terreirinho, surpreende-se com o peru, agora menor, menos imponente, menos belo. "Belo, belo/tenho tudo

---

[31] ROSA. *Relembramentos. João Guimarães Rosa, meu pai*, p. 7.

que não quero", sussurra o eu lírico de Manuel Bandeira, pois o peru desse "vir da noite [...], sofrido assim, em toda parte",[32] não era o peru, banqueteado para o dia-de-anos do doutor; era outro que ali viera para, com ódio, bicar a cabeça do primeiro peru, do peru do amanhecer, degolada e jogada no lixo. "Trevava", diz o texto – escurecia tudo, diante da morte e da tortura do peru morto, "sem piedade nenhuma".

A alegria do encontro do peru imperial a lhe trazer a infância roubada, naquele passeio de adultos, dissipara-se, diante da constatação da morte e da violência; a alegria, por um átimo em cena, bordejara para os bastidores. No entanto, uma esperança cintila da mesma mata que abrigara a morte; é o piscar da luz verde do primeiro vagalume, que traz a vida – mesmo "tão pequenino, no ar, um instante só, no alto, distante, indo-se", "era, outra vez em quando, a Alegria"[33]– sempre nas bordas, nas margens, mas sempre acenando, para nós, meninos. Certamente, muitas outras direções de sentido, de viés psicanalítico, leriam esse conto rosiano, nas insinuações, por exemplo, de castração, figurada no peru morto, mas a opção por uma direção metapoética, conversando com a psicanálise, cumpriria, parece-me, um desejo da Amiga, para que, em outro papelzinho, ao término do ensaio "Na borda da alegria", ensina: "O encontro da Psicanálise com a Literatura [...] continuará acenando para a enunciação dessa alegria que se concretiza na permanente troca de linguagens".

***

Volto aqui ao início deste texto, quando retomei o encontro imaginário entre Joyce e Freud, propiciado pela Crítica no ensaio "Na borda da alegria", para sublinhar a "vertente semiológica" a que se referiu Eneida, ao propor sua condução de leitura. Essa alusão da Amiga à "vertente semiológica" faz lembrar minha estreia no curso

---

[32] ROSA. *Relembramentos. João Guimarães Rosa, meu pai*, p. 7.

[33] ROSA. *Relembramentos. João Guimarães Rosa, meu pai*, p. 7.

de doutorado na USP, em Teoria Literária e Literatura Comparada, quando, entrando em um auditório, para a primeira aula de Métodos e Técnicas de Análise e Interpretação da Abordagem da Obra Literária, escutei estas palavras de boas-vindas: "– Que bom! Chegou a semiótica de Belo Horizonte".

Quem me acolhia era o professor da disciplina, o crítico literário Davi Arrigucci Jr., a quem fora apresentada pela própria Eneida, em 1989, nos jardins do Museu de Arte Moderna, à beira da Lagoa da Pampulha, em noite memorável e cheirando a jasmim, em reunião festiva da Abralic, que a tinha, naquele momento (1989-1990), como presidente. Aquele encontro inaugurava uma bifurcação de caminhos e, de novo, vem-me Eneida, leitora de Borges. Fato é que, ali, a luzinha verde do vagalume do conto de Rosa acendeu-me a esperança. Naquela breve conversa entre mim, Eneida e Davi, eu, que representava o Programa de Pós-Graduação em Letras da PUC Minas no evento da Abralic, a pedido de D. Ângela Vaz Leão, mas me havia desviado do caminho e cursava o mestrado em Língua Portuguesa na UFMG, ouvi o sussurro de meu desejo, deixado de lado ao término da graduação.

Ouvira tanto a voz da literatura na pessoa da Eneida, minha professora de Teoria da Literatura na PUC, incentivando-me, orientando-me nos caminhos analítico-interpretativos da leitura dos textos literários... Com ela conheci Maria Luiza Ramos, a Marilu, e suas aulas magistrais, li *Fenomenologia da obra literária*, que me incentivou a apostar em intuições de sentido, em *insights* de leitura e a saber filtrá-los, com vistas a um tratamento mais sistemático, mais organizado do trabalho com a literatura, sem abrir mão dos desvios benfazejos da arte literária. Com Eneida, decidira por continuar aprendendo literatura na pós-graduação e vir a ser professora para ensinar literatura, mas me desviara da trilha.

Se os desvios, as transgressões, são condições da arte, também o são da vida – renunciar a desejos, a metas talvez implique apenas adiá-los, e é a psicanálise que reitera isso. Em "Escritores criativos e devaneios", Freud ensina: "[...] quem compreende a mente humana sabe que nada é tão difícil para o homem quanto abdicar de um prazer que já experimentou. Na realidade, nunca renunciamos a nada;

apenas trocamos uma coisa por outra. O que parece ser uma renúncia é, na verdade, a formação de um substituto ou sub-rogado".[34]

Assim, abdiquei, pois, da literatura, dando continuidade à minha formação no mestrado em Língua Portuguesa, mas sempre, nostálgica, valendo-me de textos literários para as minhas aulas... Vale lembrar que o contexto de ensino de língua e literatura naquele momento – quantas saudades – era francamente favorável à literatura: vivíamos os áureos tempos do *Português através de textos*, de Magda Soares. Enfim, aquele breve encontro em que pude conhecer o crítico uspiano, através da Amiga – reafirmo –, fez-me querer valer meu desejo inicial: eu faria meu doutorado em literatura. E o fiz. No entanto, a retomada da trilha desejada chegou também apresentando-me outra bifurcação de caminhos: cursar o doutorado em Estudos Literários na UFMG, onde, com certeza, eu também me reencontraria com Eneida, ou fazê-lo em Teoria Literária e Literatura Comparada, na USP, onde eu reveria o Davi? A vida, por razões muito pessoais, pedia que eu me afastasse de Belo Horizonte, e eu rumei para São Paulo.

Com certeza, essa decisão acaba, se não abalando meu convívio com Eneida, restringindo-o, sobretudo, durante minha ausência nos cinco anos do curso de doutorado. Encontrávamo-nos nos lançamentos de seus livros, cujas dedicatórias escritas para mim reavivavam o calor humano que havíamos experimentado, nas palestras em que eu revia seus ensinamentos, mas, de todo modo, era cobrada, sub-repticiamente, por certa infidelidade, até porque havia opções, julgadas então díspares, na condução do ensino da literatura, pela UFMG e pela USP, ecoadas mesmo naquela exclamação brincalhona do Davi, à minha entrada na sala de aula. Enquanto a instituição mineira estava sempre atenta a novas correntes de pensamento, teorias mais contemporâneas, e acolhia, com entusiasmo, os estudos estruturalistas, a USP pautava-se pelo mais canônico, por uma tradição mais arraigada. Aliás, no livro *Traço crítico*, há também outro capítulo, "Querelas da crítica", que, com muita propriedade,

---

[34] FREUD. Escritores criativos e devaneios (1908 [1907]), p. 158.

aponta os caminhos da crítica que então se bifurcavam, o que, para além de suscitar polêmicas construtivas, acrescenta outras reflexões aos saberes da literatura.

Não resisto a pinçar, no capítulo, outros "papeizinhos da Eneida" e trazê-los aqui: "Em meados dos anos 1970, [alguns críticos e escritores] manifestavam seu descontentamento pelos caminhos tortuosos da crítica literária, picada pelo veneno estruturalista", e "[...] as acusações eram pertinentes e hoje [1987] nós as recebemos com a maior serenidade", e, ainda, "[...] o emprego de uma nova metalinguagem [dava] a ilusão de se estar revelando um texto de caráter científico, [pois que] a crítica pretendia atingir o estatuto de Ciência". Quanto equilíbrio nas constatações: passadas três décadas das reflexões da Eneida, a crítica não continua a viver dilemas semelhantes? E a literatura, tantas vezes, não se vê manietada por uma metalinguagem que insiste no caráter "científico" de sua "arte"?

Eneida já pontuava isso e se batia por "uma escrita própria", por sua própria escrita, como se reitera nessas falas, expressões, sintagmas que, pinçados de uma escrita mais alentada, são papeizinhos-pistas, na recuperação de um trajeto de vida e de um trajeto acadêmico e cumprem seu papel mais importante – trazer-nos viva a querida Eneida.

Referências

BANDEIRA, Manuel. *Estrela da vida inteira. Poesias reunidas.* Rio de Janeiro: José Olympio, 1966.

BARTHES, Roland. *Fragmentos de um discurso amoroso.* Rio de Janeiro: Francisco Alves, 1989.

ECO, Umberto. *Lector in fabula.* São Paulo: Perspectiva, 2004.

FREUD, Sigmund. Escritores criativos e devaneios (1908 [1907].) *In*: *"Gradiva" de Jensen e outros trabalhos.* Tradução de Maria Aparecida Moraes Rego. Rio de Janeiro: Imago, 1976. p. 157-159.

ROSA, João Guimarães. *Primeiras estórias.* Rio de Janeiro: José Olympio, 1968.

ROSA, Vilma Guimarães. *Relembramentos. João Guimarães Rosa, meu pai*. Rio de Janeiro: Nova Fronteira, 2008.

SOUZA, Eneida Maria de. *A pedra mágica do discurso: jogo e linguagem em* Macunaíma. Belo Horizonte: Editora UFMG, 1988.

SOUZA, Eneida Maria de. *Traço crítico*. Belo Horizonte: Editora UFMG; Rio de Janeiro: Editora UFRJ, 1993.

SOUZA, Eneida Maria de; LISARDO-DIAS, Dylia; BRAGANÇA, Gustavo Moura. (org.). *Sobrevivência e devir da leitura*. Belo Horizonte: Autêntica, 2014.

Eneida:
a pedra mágica do discurso crítico

Vera Casa Nova

> *Há um Lado Oblíquo da Luz,*
> *Que no Inverno se vê mais –*
> *E que oprime como um peso*
> *De corais em Catedrais –*
>
> *A Dor Celeste, nos dá –*
> *Não se encontra a lesão,*
> *Só a diferença, interna –*
> *Onde os Sentidos estão –*
>
> *Ninguém ensina – Ninguém –*
> *É o Selo Desespero –*
> *Enviado pelos ares –*
> *Aflição imperial –*
>
> *Quando chega, a Paisagem ouve –*
> *Sombras – mal respiram –*
> *É a distância quando parte,*
> *No olhar da Morte –*
>
> Emily Dickinson

Escrever sobre Eneida Maria de Souza é uma tarefa difícil quando penso que ela não está mais entre nós.

Quando conheci Eneida, ela havia acabado seu doutorado. Foi um encontro rápido, no corredor do 4º andar da Faculdade de Filosofia e Ciências Humanas (Fafich), quando na Rua Carangola.

Foi tão rápido que na época não me dei conta da importância daquela professora que tinha defendido sua tese em Paris, na Universidade Paris VII, orientada pela famosa Julia Kristeva.

Foi um jogo de olhares. Mas seu olho crítico era também um olho físico. Eneida parecia sempre dizer alguma coisa em seu "Como vai?".

O que vou dizer aqui não passa de impressão. As impressões que ela me deixava quando nos encontrávamos. Alguma coisa de espiritual, do espírito de nosso tempo, de nossa geração – o espírito da utopia, como diria Michael Löwy.

Nunca me aproximei para participar com ela de alguma pesquisa do seu grupo. O que nos aproximava era o tipo de leitura que fazíamos em determinada época, sobretudo de alguns autores como Roland Barthes, Jacques Derrida, Gérard Genette, Lévi-Strauss. Era época do estruturalismo e da semiologia.

Vez por outra nos encontrávamos no café ou nas reuniões de departamento de Teoria da Literatura e Semiótica ou na Pós-Graduação da Faculdade de Letras, sobretudo na construção de projetos dos cursos da Pós-Graduação em Estudos Literários.

Suas obras críticas são referências de excelência. *A pedra mágica do discurso: jogo e linguagem em Macunaíma* é um livro de referência para os estudos de Mário de Andrade em *Macunaíma*. Acredito que a "pedra mágica" seja um grande salto qualitativo para a crítica literária, que, como aponta Silviano Santiago no prefácio, com relação à leitura descentrada e não mais morfológica, é um diálogo intertextual dentro da própria obra.

Por outro lado, os estudos de literatura comparada já se iniciavam no Programa de Pós-Graduação da Letras, encabeçados pelo professor Wander Melo Miranda. Aliás, a dupla Wander-Eneida foi uma das mais ricas, teoricamente falando. Os dois trabalharam juntos por muito tempo, acrescidos de Reinaldo Marques. Os três foram responsáveis em grande parte pelo sucesso da Abralic.

Em 2011, quando do lançamento do livro *Crítica e coleção*, organizado pela dupla, as duas dedicatórias feitas a mim diziam o seguinte: "À Vera com amizade teórica e bem grande" (Eneida) e "À Vera, amiga muito querida com meu afeto" (Wander). Esse livro, de suma importância para a pesquisa em literatura, trazia autores que eram pesquisadores de arquivos variados e apontava para o Acervo de Escritores Mineiros (AEM), responsável pela guarda dos arquivos de autores de Minas Gerais.

A invenção do arquivo literário, aqui em Minas, tem o dedo de Eneida. A partir de suas leituras de Derrida em *Mal de Arquivo: uma impressão freudiana*, expandiu-se a questão dos arquivos, aprofundando esses estudos depois das leituras de Warburg e Didi-Huberman.

O texto "Rosa residual" é indispensável para quem quer se dedicar ao trabalho de pesquisa e editoração. O exemplo vem das mãos de Eneida, Reinaldo Marques e Georg Otte, que estabeleceram o texto do *Diário de guerra*, de Guimarães Rosa. Nesse cenário, trabalhos com textos manuscritos parecem ser uma de suas paixões no campo literário.

Em *Narrativas impuras*, como afirma sua querida ex-aluna, Rachel Esteves Lima, da Universidade Federal da Bahia (UFBA), "apresenta-nos um rico painel do desenvolvimento dos estudos literários no Brasil desde os anos 1970 e evidencia o quanto a autora mantém-se atenta e atualizada em relação às transformações operadas nesse campo". Uma orelha de livro que vale um prefácio.

No discurso crítico efetuado por Eneida, chego a pensar em escritura (R. Barthes), tamanha a leveza com que trabalha os conceitos de criação e de articulação teóricas que levam o leitor ao gozo no processo de leitura.

Como não fui aluna da Faculdade de Letras da UFMG, não pude aquilatar o quão importante foi a herança de Maria Luiza Ramos, que Eneida homenageia em "50 anos de *Fenomenologia da obra literária*", no qual narra a história da teoria literária na Faculdade de Letras da UFMG, além de louvar o percurso da querida professora.

Ainda nesse livro, no capítulo "Narrar é glosar – viver é narrar", a homenagem à minha querida Dirce Côrtes Riedel, para sempre minha mestra, quando fui sua aluna na graduação da UEG (hoje UERJ), nos idos de 1960, quando analisava as obras de Guimarães Rosa e Machado de Assis, e discutíamos Roland Barthes, entre outros filósofos da época. Nesse livro, Eneida conta a história da teoria da literatura na Faculdade de Letras, passando por questões relevantes, como a disciplina que, no meio acadêmico, "continua como sempre esteve: paradoxal, combativa, visionária, vanguardista e alerta às transformações e mudanças históricas". Fica escrita, nesse percurso, sua vida. O capítulo "Teorizar é metaforizar" é indiscutivelmente muito importante para aqueles que a estudam, mas também para aqueles que não gostam de teoria da literatura.

Ler *Narrativas impuras* é fazer uma escolha de qualidade e um passo para mudanças da historiografia literária como também da crítica, além de mostrar como a pesquisa é a veia por onde passa o sangue do intelecto, e da universidade. Um livro-despedida.

Com a capacidade intuitiva, com sua sensibilidade maior, Eneida Maria de Souza pareceu saber o próximo caminho a trilhar fora desse nosso plano, para um universo não literário, mas extremamente espiritual.

Que ela sobreviva em nosso pensamento e nas estantes de nossa biblioteca. Memória, vida e morte.

Referências

SOUZA, Eneida Maria de. *Narrativas impuras*. Recife: Cepe, 2021.

SOUZA, Eneida Maria de. Rosa residual. *In*: SOUZA, Eneida Maria de; MIRANDA, Wander Melo (org.). *Crítica e coleção*. Belo Horizonte: Editora UFMG, 2011. p. 45-57.

Eneida

Rafael Lovisi Prado

> *Um dia nos libertaremos da morte sem deixar de morrer.*
> Jorge de Sena

A noite abriu uma janela indiscreta
não se pode fechar as bandas a bater
fora dentro forte pela fresta vê-se avançar
o cortejo oculto quase mudo arquivo
Minasmundo Pan-américas em moção
figurantes operários ambulantes
bonequeiros balangandãs junto
a Carmens & Mários & Navas &
tantos comuns na avenida
altiva toda prosa em Paris ou Belô
Ela dirige desfile alegorias impuras
retratos pintados à margem
acerta a Babel aos ponteiros
naquele relógio colorido
cabelos curtos colares
brincos e batom

Um turista nem tão aprendiz pergunta
onde vão tantas figuras do íntimo?
Era terça nem samba nem rumba
na nossa terra – desde quarta, só cinzas

Muiraquitã-Manhuaçu pedra mágica
sua fala ativa preguiça primordial

alegria antropofágica saber
o Brasil espaço em risco
errante exercício memorial
cuja vocação como palavra é
fábula fagulha falhar
tal tic-tac
estelar

Século de Borges que é seu corpo imóvel
real para o qual não há metáforas mesmo
após duas horas na Casa Rosada a morte
continua coisa imaginada mal de origem
pois não há fim de jogo fim das ilusões
nessa nossa conversa de compadres
sobre a mesa correspondências
sondar se afinal literatura
é vida verossímil
ou avesso

A noite abriu páginas no livro à cabeceira
lê-se: amor, cacto macerado pelas mãos
fio de fumo acima das paisagens de areia

Uma penúltima libação feita com Whisky
antes de aportar a barca dos homens
e ensurdecedoras soarem as asas dos Anjos:
a verdade está na Rua Benvinda de Carvalho.

PAINÉIS CRÍTICOS

À mestra, com carinho

Wander Melo Miranda

Conheci Eneida Maria de Souza no primeiro semestre de 1971, como aluno de graduação em Letras da UFMG. Jovem e brilhante professora, com uma vocação extraordinária para a teoria literária, fiz com ela várias disciplinas, na graduação e na pós-graduação. A primeira delas consistia no estudo da literatura a partir da fenomenologia do polonês Roman Ingarden, a quem Maria Luiza Ramos dedicara o seu *Fenomenologia da obra literária* (1969), o mais instigante livro sobre a leitura do texto literário à época. Mas os ventos estruturalistas franceses já sopravam por aqui, na esteira, principalmente, da análise propugnada pelo primeiro Rolando Barthes, e que consistia na desmontagem inicial do texto e na remontagem analítica que lhe buscava dar sentido. Exemplar dessa via é a leitura que Eneida faz de "Construção", de Chico Buarque, do álbum do mesmo nome, lançado em 1971. Já se anuncia aí, no texto que intitulou "Estragando o sábado", a analista minuciosa, a par dos pormenores da letra e do método capaz de lhe dar sentido crítico, bem como a abertura da leitura literária para outras manifestações de linguagem que não a literatura *tout court*. Quase ao mesmo tempo, publica no *Suplemento Literário do Minas Gerais* um texto iluminador sobre o humor nos quatro prefácios de *Tutameia*, de Guimarães Rosa, autor a quem doravante irá dedicar sua atenção de leitora refinada, principalmente dos chamados *Diários de guerra* do autor, ainda inéditos.

Logo depois, Eneida vai para a PUC-Rio fazer seu mestrado, do qual resultou a dissertação *A barca dos homens: a viagem e o rito* (1975), análise intrínseca do livro de Autran Dourado, na qual a analista se mostra em pleno domínio do instrumental estruturalista de linha lévi-straussiana, abrindo-se para as articulações intertextuais que compõem a obra do escritor mineiro.

De volta a Belo Horizonte, irá avançar na leitura intertextual, como no seu trabalho sobre o cordel, mais um passo em direção à abertura para outras manifestações de linguagem, com destaque para as populares, o que será uma das marcas diferenciais de seu trabalho. No doutorado em Paris, sob a orientação de Julia Kristeva, a papisa da semiótica, apurou e refinou o que trazia de seus trabalhos anteriores, em tese que resultou no livro *A pedra mágica do discurso* (1988). A leitura inovadora que aí faz de *Macunaíma*, de Mário de Andrade, já revela uma personalidade madura, com um domínio excepcional da linguagem literária e suas articulações com outros discursos, ampliando o raio de alcance da leitura.

Temos aí algumas características que irão fazer parte constante do trabalho de Eneida, em especial – talvez seu traço mais incisivo – a relação entre metáfora e conceito, ou melhor, a reelaboração da primeira e sua reformulação conceitual. Daí também seu interesse pela desconstrução da propriedade literária por meio da paródia, do pastiche, do plágio, da citação, que passam a ser decisivos para seu encaminhamento para o comparativismo literário, já agora tendo Borges como alvo de seu interesse, como mostra o livro *O século de Borges* (1999), em que já se vislumbra a direção que dará à sua produção posterior de crítica biográfica, como se pode ver claramente no texto que abre o volume, "Minha terra tem palmeiras".

Um comparativismo de fundo permeia todo o trabalho de Eneida a partir daí, dando a seus ensaios – escritos numa linguagem ímpar, de alto nível literário, poucas vezes alcançado pela crítica brasileira – uma dicção especial, na qual se vislumbra solidez teórica, sensibilidade interpretativa e constante busca de atualização. O livro *Crítica cult* (2002), que influenciou toda uma geração de pesquisadores, traz sua maneira muito imprópria/própria de filiação aos estudos culturais, sem abrir mão da perspectiva literária, fazendo dela um campo de observação especial das práticas sociais e artísticas entre nós.

Daí pode-se entender o interesse cada vez mais intenso de Eneida pelo trabalho com arquivos literários, que lhe oferecem documentação necessária para ir adiante, seja na crítica cultural, seja na biográfica. Como uma das criadoras do Acervo de Escritores Mineiros da UFMG, dedicou-se à tarefa, junto a um grupo de colegas, de tornar o trabalho com este e demais acervos uma ponta de lança dos estudos literários, no momento em que os meios digitais vão fazendo desaparecer manuscritos, cartas e material componente da vida e da obra de escritores e escritoras. Nesse sentido, é exemplar seu trabalho sobre a correspondência entre Henriqueta Lisboa e Mário de Andrade, publicado em 2010 e vencedor do Prêmio Jabuti, no qual constrói um painel elucidativo da amizade literária de ambos e dos movimentos mais gerais da arte e da cultura brasileira da época – "Ao sol carta é farol", ela gostava de citar Mário.

Ainda nessa área, dedicou-se ao estudo do memorialismo, como revela a edição que preparou para a Coleção Archives de *Beira-mar*, de Pedro Nava, à qual se dedicou nos últimos anos e que deverá ser brevemente publicada. Do memorialista compôs ainda um breve, mas original, perfil literário no livro *Pedro Nava* (2005), exemplo da crítica biográfica em que ela tanto investiu. Seu último livro, *Narrativas impuras* (2021), reunião de seus ensaios mais recentes, é, desde o título, uma afirmação da heterogeneidade literária e da interação entre várias manifestações discursivas, que vão da poesia ao romance, da fotografia ao cinema, da canção popular à teoria cultural. Neles se mostra uma intelectual consciente de seu papel social, que tem na teoria um ponto de observação privilegiado. Diz ela: "A trajetória teórica de todo intelectual que se preze não consiste na valorização exagerada do que foi experimentado no passado, nem na recusa em repensá-lo. Sonhadores somos aqueles que acreditamos na retomada infinita e crítica dos conceitos, na reelaboração contextual e na abertura ao constante questionamento". Aí está Eneida inteira, luminosa, abrindo caminhos.

Tive com Eneida uma convivência de mais de 50 anos, tendo sido seu aluno – sempre serei – e parceiro em inúmeros projetos e livros organizados conjuntamente. Sempre admirei sua determinação, sua paixão pelo estudo, seu gosto por tudo que era vivo e pulsava. Aprendi com ela muito do que sei, sempre a tive como um exemplo de dignidade e ética profissional incomuns. Discutíamos muito, gostava de provocá-la para ver como ela reagiria. Na última provocação, alguns meses antes de ela partir, falávamos, com Roniere Menezes, seu amigo de longa data. Roniere lembrou que eu tinha dito que nos filmes a que ela assistia – filmes de arte de países periféricos, sem muita tradição fílmica – eu já começava a dormir na fila de comprar ingressos. Ela, calma, mas não sem irritação, disse que esse era um discurso bolsonarista! Tinha horror, como todos nós, ao que estávamos e estamos vivendo, era petista de carteirinha. Saudade.

Seu último projeto apresentado ao Conselho Nacional de Desenvolvimento Científico e Tecnológico (CNPq) tratava de Mário de Andrade e da questão indígena, ampliando mais uma vez a leitura do trabalho do escritor e ancorando-o na leitura do presente, como sempre gostava de fazer. Uma forma de voltar ao início sem desprezar a atualidade de um pensamento ágil, provocativo, disseminador. Está fazendo muita falta.

Eneida Souza, intérprete do Brasil

Eneida Leal Cunha

> *Para a autora, o desaparecimento gradativo da imagem da amiga é substituído pelo gesto de sua escrita, pela palavra que é capaz de sobreviver ao acontecimento. Reconquistar essa imagem não significa atingir a dimensão da convivência anterior, mas recuperar uma relação fragmentária que se sustenta pela memória igualmente inventada da narradora.*
>
> Eneida Maria de Souza[1]

Recebi a notícia da morte de Eneida Souza[2] ao final da tarde de uma terça-feira sem Carnaval, poucos dias antes do Simpósio Intérpretes do Brasil, no 16º Congresso da BRASA, na Universidade de Georgetown (Washington, D.C.), no qual ela também deveria estar.

Para lidar com a tristeza e a perplexidade daquele súbito ausentar-se, abandonei Roger Bastide, previsto para a minha apresentação

---

[1] Estas são palavras de Eneida Maria de Souza em artigo sobre "Autoficção e sobrevivência". Referem-se ao intuito de Sylvia Molloy, em *Desarticulaciones*, de escrever sobre a amiga que está a "desaparecer" imersa na doença de Alzheimer, escrever como forma de reconquistar sua presença (SOUZA, Eneida Maria de. Autoficção e sobrevivência. *La Palabra*, Tunja, n. 30, enero-jun. 2017). O artigo discute o conceito de autoficção como pacto ambíguo entre a escrita e a vida, leitura e sobrevivência de resíduos de identidades.

[2] Gostaria de escrever ao longo deste artigo simplesmente "Eneida", como usávamos entre nós, reciprocamente, sem nenhum transtorno, mas não me é possível. Mantive o seu nome próprio abreviado – Eneida Souza –, como sempre me referi à xará entre amigos e alunos e por escrito.

no programa do evento, e dediquei aqueles 10 dias ao que melhor poderia ter feito por nós: reler muitas páginas suas e destinar minha fala à intérprete mais recente, trazendo um pouco da força singular de Eneida Souza e seus escritos para jovens e velhos brasilianistas, pesquisadores e professores nas áreas de ciências humanas que frequentam o simpósio a cada encontro da Brazilian Studies Association. Essa é a origem da minha escrita em homenagem a Eneida Souza. Lições de amigas.

Não fiz um perfil da obra ou da sua intervenção intelectual, tarefa incompatível com o tempo breve e conturbado entre a perda e o simpósio. Nem quis naquele momento compartilhar a rememoração da nossa longa convivência, de aprendizagens, trocas e embates, entre *whiskies*, viagens, congressos, publicações e, principalmente, da nossa militância aguerrida, desde o II Congresso da Abralic, de 1990, em Belo Horizonte, desdobrada em um livro conjunto,[3] muitos outros eventos e *fronts*, para o abalo da antiga ordem disciplinar nos estudos da literatura ou "nas Letras", entre nós.

Eneida Souza se impôs no debate intelectual, no cotidiano acadêmico e nas bibliografias de letras e ciências humanas nas últimas quatro décadas no Brasil (e de alguma forma também na Argentina) pela sua original postulação acerca das imbricações entre teoria, literatura comparada e crítica cultural; pela ousadia da sua crítica biográfica; por nos fazer ver e crer na urgência e na riqueza cultural, teórica e ficcional dos arquivos, especialmente os arquivos de escritores; pela sua transgressiva e ágil circulação entre linguagens artísticas, campos disciplinares, gerações, bibliotecas. Sobre tudo isso, a composição clara, mas nunca simples, de seus escritos, a sobriedade com que sustentou argumentos contundentes e a impertinência bem-humorada de títulos que escolheu. "Crítica e alta costura" é um deles, *Crítica cult* é o mais célebre.

Com o pano de fundo incontornável a todo debate cultural do ano em curso – do século de modernismo e da revisão da brasilidade –,

---

[3] CUNHA; SOUZA. *Literatura comparada: ensaios*. O livro está disponível em versão digitalizada integral em https://eneidacunha.com.br/.

vou recortar, na vasta obra ensaística de Eneida Souza,[4] a sua insistente e sempre bem remodelada reflexão sobre o país, sobre a "identidade cultural" e a "cultura brasileira", como escrevia. Penso que essa tem sido uma vertente menos destacada em sua obra, talvez pelo prestígio da abordagem teórica em sua instituição de origem, mais provavelmente porque, entre nós, ainda se guarda uma relação forte entre a crítica cultural, a interpretação do país e as assinaturas masculinas.

Ao longo de quatro décadas, Eneida Souza apreciou a cultura brasileira como num caleidoscópio que movia lentamente nas mãos, para apresentar ao leitor desenhos imprevistos, montados pela aproximação de textos e imagens díspares, reunidos na cena crítica sem obediência a qualquer hierarquia ou classificação discursiva. Interpretou o país com olhar astuto e exato, sensibilidade diferencial e a convicção – tematizada muitas vezes nos ensaios – de que estava lidando com algo inapreensível como totalidade e fixidez: o imaginário brasileiro.

Certamente vinha de Macunaíma e Mário de Andrade o gosto pela "astúcia", palavra assídua em seus textos. A contrapartida da exatidão foi performada em perspectiva próxima às "lições americanas" de Italo Calvino: decorre, em seus escritos, do desenho claro dos alvos de reflexão, do recurso a imagens nítidas, incisivas, e de uma escrita crítica que entretece pensamento e imaginação.[5]

O caleidoscópio é uma boa imagem da sua disposição para embaralhar fragmentos e oferecer ao leitor composições inusitadas de textos, imagens, arquivos, autores, seguindo heranças bem cultivadas. Uma delas foi a formação teórica e acadêmica rigorosa na virada

---

[4] Eneida Maria de Souza publicou oito livros autorais, 18 livros com sua organização, inúmeros artigos em periódicos nacionais e estrangeiros, além de mais de 20 capítulos de livros. Seus últimos títulos publicados são: *Crítica cult* (2002; 2007); *Pedro Nava, o risco da memória* (2004); *Tempo de pós-crítica* (2007; 2012); *O século de Borges* (1999; 2009); *Correspondência: Mário de Andrade & Henriqueta Lisboa* (organização, introdução e notas) (2010), vencedor do Prêmio Jabuti de 2011; *Janelas indiscretas: ensaios de crítica biográfica* (2011); *Modernidade toda prosa* (com Marília Rothier Cardoso, 2014); e *Ficções impuras* (2021).

[5] CALVINO. *Seis propostas para o próximo milênio: lições americanas.*

epistemológica estruturalista e pós-estruturalista dos anos de 1960 a 1980. Lévi-Strauss, Barthes, Derrida, Foucault e Deleuze formaram o seu interesse por renovadas aventuras interpretativas. O caleidoscópio gira com a confiança nietzscheana de que, para além do olho arguto e da habilidade argumentativa da intérprete, pouca verdade existe, ler é um modo de se entregar à "gaia inquietude da interpretação", como escreveu na apresentação de *Crítica cult*.

A outra e muito rica herança veio da convivência com Mário de Andrade, a intimidade conquistada, primeiro, com o estudo de *Macunaíma*, quando tomou gosto pela intertextualidade, a irreverência das traições da memória do repertório erudito, o valor dos resíduos textuais e um conturbado amor pelo Brasil.

O memorial para o concurso de professora titular da UFMG, em 1990, intitulado *Tempo de pós-crítica*, traz detalhes pouco conhecidos de seu percurso acadêmico: conta que chegou à França com um projeto de doutorado sobre literatura popular,[6] deslocado pela sedução – compreensível no contexto temporal e teórico francês – de uma abordagem semiológica de *Macunaíma*, orientada por Julia Kristeva.[7] Na arguição da tese, em 1982, Silviano Santiago, na banca, cobrou os limites interpretativos curtos, dada a imersão na análise descritiva da textualidade, e lhe sugeriu pensar melhor a dimensão cultural do acontecimento discursivo e o elo entre *Macunaíma* e o "nacionalismo pragmático" de Mário de Andrade.

Quando a tese foi publicada no Brasil, com o título de *A pedra mágica do discurso*, em 1988, conforme declara no prefácio, o foco havia se deslocado para a "questão da dependência cultural" e a "estratégia desconstrutora do processo de ocidentalização do Brasil".

Se o estudo de *Macunaíma* na perspectiva estruturalista desenvolveu o gosto, como diz, pelo "trabalho de artesania", pelas "costuras miúdas" de detalhes, marcas, cicatrizes, pormenores gráficos e, principalmente, o gosto e a lição da obra aberta, as leituras

---

[6] Publicado em SOUZA. *Cordel em desafio*.

[7] A tese, intitulada *Des mots, des langages et des jeux: une lecture de Macunaima*, foi defendida na Université Paris VII, na França, em 1982.

posteriores dos ensaios e das correspondências de Mário de Andrade impuseram outros focos temáticos, como o perfil do intelectual modernista e seus impasses, o desafio das memórias, os embates entre nacionalidade e cosmopolitismo.

A leitura extensiva de Mário estimulou também o combate ao apagamento da autoria crítica e ao recalque da subjetividade, bem como inovadoras formulações teórico-críticas, tais como a crítica biográfica e a atenção aos arquivos, postulando a abordagem do autor como um personagem, constituído tanto a partir da própria obra quanto nos papéis avulsos dos acervos.

Entre os muitos giros do caleidoscópio ou entre os muitos escritos de Eneida Souza que se dedicam explicitamente à interpretação do Brasil, elegi os que o fazem através de seus intérpretes musicais, que me parecem os menos referidos no conjunto da obra. Dentre eles, vou destacar nesta homenagem dois ensaios sobre Carmen Miranda, que surpreenderam e intrigaram a comunidade letrada e o cenário crítico brasileiro 20 anos atrás, talvez tanto quanto, na década de 1970, o estudo de José Miguel Wisnik sobre Roberto Carlos.[8]

O crescente interesse de pesquisadores e críticos literários pela canção a partir dos anos 1980 privilegiou duas vertentes: ou a nobilíssima tradição popular do samba, articulando-a aos propósitos de nacionalização cultural do Estado Novo, ou as criativas experimentações musicais a partir da bossa-nova e, mais intensamente, a partir dos anos 1960. Naquela década emergiu o espaço comum da vivência cultural da classe média universitária entre compositores, composições e público, seja em sintonia com a música negra norte-americana, seja em diálogo com vanguardas artísticas como o concretismo, ou ainda na insurreição contra o regime militar, nas canções de protesto político.

Essa efervescência criativa e sonora culminou no fulgor incontestete do tropicalismo, e – a propósito – foi explorada por Eneida Souza, em detalhes e com sensibilidade geracional apaixonada, em "Jeitos de

---

[8] Ver, a propósito, "Democratização no Brasil: crítica literária e crítica cultural" (1996), de Silviano Santiago, republicado pelo autor em *O cosmopolitismo do pobre*.

Brasil".⁹ "Nem samba nem rumba",¹⁰ de 2000, surpreendeu a todos nós que o recebemos em primeira mão, lido num congresso, porque se debruçava carinhosamente, mas com sabedoria crítica, sobre o que nos acostumáramos a considerar, no mínimo, irrelevante. Para a geração pós-bossa-nova, em especial no campo letrado, Carmen Miranda estava assinalada com o múltiplo estigma do mau gosto, do excesso e da alienação.

Eneida Souza, com dicção solidária, lê nos trejeitos desnaturalizados e, de certa forma, desculturalizados de Carmen Miranda, na abundância colorida de adereços e figurinos, na oscilação frenética dos ritmos e canções, na hiperexposição nas telas hollywoodianas e nos palcos, a expropriação da cultura musical brasileira pela indústria cultural e pelo imperialismo norte-americano, no contexto da Segunda Guerra e da política da boa vizinhança. Carmen Miranda encarnou a – cedeu seu corpo à – representação estilizada e estereotipada da América Latina, como símbolo do continente miserável, exótico e impulsivo, travestido em símbolo político e sexual pelo olhar concupiscente, ávido de hegemonia, da indústria cinematográfica e musical dos Estados Unidos.

Mas a crítica simultaneamente aponta, como contrapartida da mediação de Carmen Miranda, a contaminação musical da América Latina e da América do Norte "pelo ritmo dos pandeiros", a perigosa sedução da alteridade. O ensaio, como muitos outros textos de Eneida Souza, volta-se ao final, reflexivamente, para a sua própria circunstância crítica, diversa dos anos 1940 e 1950 de Carmen Miranda e diversa dos anos 1960-1970, de intenso debate sobre imperialismo e dependência cultural. A autora explica os filtros que possibilitaram o seu interesse pela artista: os ecos oswaldianos processados pelo tropicalismo, a onipresença da cultura de massa, o arrefecimento do

---

⁹ Também publicado em SOUZA. *Crítica cult*.

¹⁰ Publicado inicialmente em 2001, no *Caderno de Cultura Margens/Márgenes*; republicado em *Crítica cult*, de 2002; retomado e ampliado, em 2004, para publicação em CAVALCANTE; STARLING. *Decantando a República 2: retrato em branco e preto da nação brasileira*, com o título "Carmen Miranda: do kitsch ao cult", e também em *Janelas indiscretas: ensaios de crítica biográfica*.

Great Divide, que interditava o trânsito entre a crítica universitária – endereço incontornável de Eneida Souza –, a cultura popular massiva e as indústrias culturais. Por outro lado, a noção de entre-lugar, formulada por Silviano Santiago, estimula a compreensão da América Latina sem o amargor político da condição da dependência e, principalmente, em termos epistemológicos, avalizava o saber contingente, a circulação da autoria crítica entre dicção teórica, rigor da informação histórico-cultural e a memória da experiência juvenil da própria autora, tocada pelo fulgor de Carmen Miranda.

Em "O tic-tac do meu coração",[11] um dos seus mais belos ensaios, Eneida Souza se aproxima intensamente da comoção pública com a morte de Carmen Miranda – a morte da heroína popular e "embaixatriz do Brasil" –, em agosto de 1955, em Beverly Hills, nos Estados Unidos. A escrita incorpora registros jornalísticos e depoimentos da época, emocionados e superlativos, que nos envolvem na atmosfera dos rituais de consagração da bela morte, prematura, ativa, sacrificial, e nos movimentos da multidão que recebe o corpo de volta ao país com filas intermináveis para ver, pela última vez, a "pequena notável".

Como Carmen Miranda, a imagem estereotipada e exaurida do Brasil que mobilizava a comunidade imaginada desde o Estado Novo também sucumbiu em 1955, em sequência a outras mortes igualmente traumáticas, como a de Getúlio Vargas, no ano anterior. Têm início então as grandes mudanças na vida política e cultural do meio do século XX: por um lado, a eleição de Juscelino Kubitschek e as largas transformações no imaginário social do país, com o renascer da utopia modernizante da criação de Brasília; por outro, a chegada da televisão, a internacionalização do gosto das classes médias, o desprestígio do samba tradicional e do lirismo popular, a disseminação da bossa-nova, a vitalização geral das forças de oposição ao regime militar. Nessa paisagem múltipla e conturbada, esvai-se a imagem de Carmen Miranda.

O ensaio, depois da longa contextualização dos anos 1950 e depois de admitir o "fascínio atualíssimo" de Carmen Miranda, a

---

[11] Também de 2002, está publicado em *Janelas indiscretas: ensaios de crítica biográfica*, de 2011.

"mulher continente", e a sua passagem do *kitsch* ao *cult*, dedica-se a retomá-la e ressignificá-la "contra o fundamentalismo do nacional popular [...] como uma das mais representativas e complexas marcas identitárias"[12] do país.

Eneida Souza lê no mito Carmen Miranda o hibridismo musical, ético e político latino-americano, a resistência à hegemonia cultural, a potencialidade para reunir, na cena musical, ritmos migratórios e diaspóricos. O tom comovido inicial do ensaio retorna ao final, na revisão mais sensível da imagem de Carmen Miranda, para nos apresentar a artista consciente de seu travestimento identitário e de seu papel na cena hollywoodiana. Macunaimicamente, Eneida exalta em Carmen o valor do deboche e da paródia impregnados nos excessos da voz, dos gestos e do vestuário, a resistência literalmente incorporada "a seu jeito".

Mesmo sem qualquer referência a Stuart Hall, que não fez parte da sua biblioteca, Eneida Souza, com as aspas postas na expressão "a seu jeito", faz-nos lembrar a advertência do intelectual negro, de que nos repertórios minoritários o estilo não é invólucro, casca, aparência, mas a matéria do próprio acontecimento, que o corpo e a música encenam.[13]

Ainda há um ensaio que tematiza a montagem caleidoscópica peculiar a Eneida Souza, para o desfecho. "Paisagens pós-utópicas",[14] de 1992, abre-se com a cena final do filme grego *Paisagem na neblina* (1988), de Theo Angelopoulos, quando um grande fragmento da estatuária clássica, uma mão mutilada, é içada do mar diante de crianças que buscam inutilmente um pai migrante. A imagem é explorada no ensaio como uma composição emblemática do fim da utopia greco-latina e também da Europa como potência ocidental, ou como *caput*, a cabeça e a capital do mundo, como escreveu Derrida em *O outro cabo*.[15]

---

[12] SOUZA. *Janelas indiscretas: ensaios de crítica biográfica*, p. 224.

[13] Ver, a propósito, HALL. Que negro é este na cultura popular negra?

[14] Publicado em 1992 (*Revista Signótica*, Goiânia, v. 4, n. 1, p. 11-18, 1992), republicado em *Crítica cult*, de 2002.

[15] Ver DERRIDA. *O outro cabo*.

A cena evoca outra imagem, os dedos carcomidos que apontam para o céu no adro do Santuário de Bom Jesus do Matosinhos, em Congonhas, nos profetas esculpidos por Aleijadinho, para articular a utopia colonial da conquista e expansão ocidental à utopia da mestiçagem cultural de Mário de Andrade escrita em 1928,[16] para quem o escultor pobre e mulato "profetizava americanamente o Brasil", porque "desconstruía mestiçamente os modelos e paradigmas estéticos europeus". A corrosão das mãos também é lida por Eneida Souza, warburguianamente, como *sobrevivência*, amálgama residual de passado e presente, utopia e ruína que constituem a incessante busca de atualidade na história cultural brasileira.

A atualidade do país traz uma terceira imagem, de 1990, ao ensaio, a imensa bandeira nacional composta por caixões infantis coloridos, instalação de Siron Franco diante do Congresso Nacional, em Brasília, no Dia das Crianças. No coração da cidade-emblema da utopia moderna e do poder político do país, a mortalidade infantil encenada pelo artista plástico é lida como a corrosão do futuro e alegoria da morte da nação. A instalação de Siron Franco transforma em túmulo a euforia moderna da identidade nacional. O final do ensaio recorre ao repertório mais familiar da autora, ao conto "As margens da alegria", de Guimarães Rosa, para ler as experiências de descoberta e de perda vividas por uma criança em Brasília, em seu encontro fascinado com a intermitência da pequena luz dos vaga-lumes, que vai e volta. Guimarães Rosa e Eneida Souza entraram assim, antecipadamente, em comunidade com a emblemática viagem de Didi-Huberman pelos arquivos do cineasta italiano Pier Paolo Pasolini, publicada em *Sobrevivência dos vaga-lumes* anos mais tarde, um dos mais lidos ensaios contemporâneos sobre a exaustão do fulgor das utopias e a intermitência insistente de seus resíduos.

Eneida Souza se valeu da pequena margem da alegria, da criança e dos vaga-lumes para também sinalizar, delicadamente, que as imagens

---

[16] Segundo Telê Porto Ancona Lopez, em "Cronologia geral da obra de Mário de Andrade", o ensaio "O Aleijadinho" foi escrito em 1928, publicado pela primeira vez em 1935 e incluído posteriormente em *Aspectos das artes plásticas no Brasil*, volume XII das Obras Completas de Mário de Andrade, de 1965.

de corrosão das utopias modernas não devem ser lidas como distopias, mas como frestas, brevíssimas iluminações de futuro no lusco-fusco, acendem e apagam. Tudo acende e apaga.

O caleidoscópio, os vaga-lumes, as imagens, os sons e afetos ativados, os movimentos de recuperação, desconstrução e ressignificação nesses ensaios exemplares – penso que devamos considerá-los assim – decompõem a brasilidade conciliada que almejaram os intérpretes modernistas, ou ainda almejam os nossos contemporâneos ideologicamente modernos.

Eneida Maria de Souza fez, com erudição de *scholar*, mas com dicção, imaginação e delicadezas engendradas, um trabalho de perlaboração, de travessia, de rasura nos signos da memória brasileira, para prové-los de outras e revigoradas significações. Fez, como intérprete, a sua clínica contemporânea da cultura.

Referências

CALVINO, Italo. *Seis propostas para o próximo milênio: lições americanas*. São Paulo: Cia das Letras, 1997.

CAVALCANTE, Berenice; STARLING, Heloisa; EISENBERG, José. *Decantando a República 2: retrato em branco em preto da nação brasileira*. São Paulo: Editora Fundação Perseu Abramo, 2004.

CUNHA, Eneida Leal; SOUZA, Eneida Maria de. *Literatura comparada: ensaios*. Salvador: EDUFBA, 1996.

DERRIDA, Jacques. *O outro cabo*. Coimbra: Editora da Universidade de Coimbra, 1995.

DIDI-HUBERMAN, Georges. *Survivance des lucioles*. Paris: Minuit, 2009. [Ed. bras.: *Sobrevivência dos vaga-lumes*. Belo Horizonte: Editora UFMG, 2014.]

HALL, Stuart. Que negro é este na cultura popular negra? *Lugar Comum*, Rio de Janeiro n. 13-14, p. 147-159, 2001.

LOPEZ, Telê Porto Ancona. Cronologia geral da obra de Mário de Andrade. *Revista do Instituto de Estudos Brasileiros*, São Paulo, n. 7, 1969.

SANTIAGO, Silviano. Democratização no Brasil: crítica literária e crítica cultural. *In*: *O cosmopolitismo do pobre*. Belo Horizonte: Editora UFMG, 2004.

SOUZA, Eneida Maria de. *Crítica cult*. Belo Horizonte: Editora UFMG, 2002.

SOUZA, Eneida Maria de. *Janelas indiscretas: ensaios de crítica biográfica*. Belo Horizonte: Editora UFMG, 2011.

SOUZA, Eneida Maria de. *Narrativas impuras*. Recife: Cepe, 2021.

SOUZA, Eneida Maria de. *Pedro Nava, o risco da memória*. Juiz de Fora: Funalfa, 2004.

O *quodlibet* de Eneida Maria de Souza[1]

Rachel Esteves Lima

> O *quodlibet* possui algo do engenho
> do colecionador e do flâneur.
> Walter Benjamin

Como traçar um perfil intelectual objetivo de uma pessoa de quem se considera discípula e amiga há aproximadamente 40 anos? Como fazer jus ao exemplo que ela oferece ao analisar, de forma tão sensível, a relação entre arte e vida no tratamento dos autores que constituem o *corpus* de seu trabalho crítico? Sem respostas fáceis a essas perguntas, recorro à memória de quando nos conhecemos: ela, na condição de professora da turma do mestrado em Literatura Brasileira da UFMG, tarefa assumida assim que voltou de seu doutorado na Sorbonne; eu, na de uma aluna simultaneamente deslumbrada e amedrontada com o alto nível de sofisticação e embasamento teórico que via se descortinar à minha frente. As aulas eram dedicadas às leituras que fundamentaram a tese de doutorado sobre *Macunaíma*, publicada em 1988, com o título *A pedra mágica do discurso*. Munida de instrumental teórico que mesclava formalismo russo, estruturalismo e pós-estruturalismo, Eneida decodificava aos olhos de seus alunos a máquina textual construída por Mário de Andrade. Sim, pois,

---

[1] Texto originalmente publicado no número 188 do *Suplemento Pernambuco*, em outubro de 2021, por ocasião do lançamento do livro *Narrativas impuras*.

como ela mesma iria afirmar posteriormente, entre nós a recepção de teorias em grande medida divergentes se daria em modo sincrônico, o que não representaria um déficit para a crítica local, como alguns intérpretes do Brasil gostavam de afirmar. Ao contrário, consistia em oportunidade para, por meio da bricolagem, produzirem-se leituras inovadoras. Acredito que foi o primeiro contato dos alunos da turma com os textos de Lévi-Strauss, Julia Kristeva, Antoine Compagnon, Jacques Derrida, Gilles Deleuze, entre outros. Com essas leituras, articuladas à dos autores que constituíam a fortuna crítica marioandradina até aquela época, a professora, ainda que priorizasse a análise textual, já nos oferecia recursos para nos livrarmos do velho complexo de inferioridade implícito nos conceitos de plágio, cópia e influência, presentes nos estudos das culturas periféricas frente às matrizes europeias e com os quais se procurava atingir a obra de Mário de Andrade em seu tempo.

Para além da amplitude teórica que nos era oferecida nesse curso, algo mais se revelava nas aulas – o apreço da pesquisadora pela cultura popular e pelos saberes das pessoas comuns, ou a "sabença", como preferia o autor de *Macunaíma*. Posteriormente, vim a tomar conhecimento de que ela já havia manifestado antes o interesse pela literatura de cordel, tema de uma de suas primeiras publicações, o que explicaria a posterior opção por uma obra de resgate do rico folclore nacional, na produção da tese orientada por Julia Kristeva. Assim, operou-se em seu trabalho crítico, sem nenhum traço de elitismo e desejo de hierarquização, o casamento entre a cultura erudita e a popular, tão bem representado pela obra de Mário de Andrade. Mais tarde, quando já me tornara sua orientanda no doutorado em Literatura Comparada e, como amiga, passei a frequentar sua casa, encantava-me a beleza das peças de artesanato que ela trazia de suas viagens e que adornavam todos os cômodos. Dentre elas, entretanto, algumas sempre me fascinaram com maior intensidade: as bonecas de pano reunidas no canto de uma estante. São muitas, e uma pessoa desatenta irá ver poucas diferenças entre elas e se perguntar quanto ao porquê desse acúmulo de brinquedos tão rusticamente elaborados. Mas o olhar de Eneida parece treinado para enxergar o ouro no meio das piritas (qualidade comprovada nos "garimpos" que realiza nas viagens que faz), e ela é capaz de singularizar cada uma dessas bonecas, que, segundo dizem, são herança dos africanos desterrados que mantinham no Brasil a tradição de confecção das bonecas *abayomi*, aqui conhecidas também como bruxinhas. Na minha interpretação, elas evocam muito mais do que as lembranças da infância ou dos prazeres da leitura das travessuras de Emília, a boneca do *Sítio do Picapau Amarelo* que, em entrevista, ela disse tê-la encantado quando criança. Acredito que nessas bonecas se incorpore o valor conferido a um imaginário gestado a partir da precariedade, à potência da arte popular para criar beleza em contextos de escassez de recursos, à inventividade das pessoas comuns para transformar restos de tecidos em objetos capazes de alimentar a fantasia infantil, injetando a ficção num universo que muitas vezes é de grande privação. Essa gaia ciência do homem comum seria, assim, a fonte de muitos dos ensaios que Eneida viria a desenvolver em sua carreira, o que pode ser comprovado especialmente no livro *Narrativas impuras*, seja quando trata diretamente da obra de Mário de Andrade, seja na leitura da obra fotográfica de Assis Horta e Chichico Alkmim ou do trabalho realizado pelos fotopintores do Ceará. Interessa-lhe, todavia, não a fetichização do popular em sua pretensa autenticidade, mas o trânsito entre a tradição e a modernidade, ou o processo de transfiguração do vernacular em um cenário descompassado de modernização conservadora.

Diante do que se disse anteriormente, seria tentador atribuir a Eneida o qualificativo de colecionadora. No entanto, ela sempre o recusou, demonstrando até mesmo certa implicância por qualquer postura antiquária. Nas *Passagens*, de Walter Benjamin, o filósofo lembra que o colecionador procura reagir contra a dispersão da ordem das coisas no mundo e que, se lhe falta alguma peça para o acervo, tudo o que reuniu antes seria por ele considerado fragmentário e incompleto. Essa preocupação totalizadora não parece estar presente no trabalho e no cotidiano de Eneida, pois não lhe interessa o que falta, mas, sim, a experiência vital de, como um *flâneur*, acompanhar o seu tempo, deixando que as contingências a conduzam, sempre na expectativa de que delas surgirá algo de bom. Talvez por isso nunca tenha desejado ser especialista na obra de nenhum artista, embora volta e meia retorne, de forma renovada, à de Mário de Andrade. A curiosidade intelectual que sempre manteve a conduz a uma grande variedade de escritores, dentre os quais se destacam Autran Dourado, Jorge Luis Borges, Pedro Nava, Henriqueta Lisboa, Silviano Santiago, para citar apenas os que são o tema exclusivo de livros de sua autoria ou por ela organizados.

A opção da pesquisadora pelo ensaio já indica a consciência de que toda análise é fragmentária, mas, fugindo ao "ecletismo frouxo" de muitos dos textos que se publicam hoje em dia sob essa rubrica, percebe-se que seu processo de escrita é fruto de intensa pesquisa em arquivos e de leituras aprofundadas sobre o autor ou assunto tratado, na tentativa de reunir o maior número possível de informações de caráter literário e histórico-biográfico. Com isso, consegue produzir interpretações filiadas a uma perspectiva efetivamente cultural, sem deixar de lado as tensões que incidem sobre os objetos de estudo. O amplo conhecimento da história da literatura e da teoria literária, facilmente comprovável com a leitura de seus vários textos de cunho metacrítico, normalmente se faz acompanhar por um interesse pedagógico, o que a leva a utilizar uma linguagem simultaneamente requintada e de fácil legibilidade. Esse aspecto é muito provavelmente o responsável pelo sucesso de seus livros entre os jovens estudantes de todo o Brasil. Afinal, quem deseja seguir a história da crítica brasileira produzida a partir da década de 1970 e compreender, sem maiores dificuldades, os pressupostos teóricos que conformam seus movimentos encontra farto material em sua obra, especialmente em *Traço crítico* (1993), *Tempo de pós-crítica* (1994; 2007), *Crítica cult* (2002), *Janelas indiscretas* (2011) e *Narrativas impuras* (2021). A preocupação com a forma, grande conquista dos áureos anos das correntes teóricas imanentistas, que constituem a base da formação de Eneida, certamente contribuem para que a maior parte de seus ensaios se estruture de forma imagética, aproximando-se da proposta monadológica de vertente benjaminiana. A criatividade na atribuição dos títulos de seus livros e artigos, assim como o uso de imagens a partir das quais vai desenvolvendo o raciocínio, são também elementos responsáveis pela leveza e pela fluidez conferidas aos textos, garantindo-nos um grande prazer durante o ato de leitura.

A linguagem expressiva e até mesmo poética não impede, contudo, que ela seja, em vários momentos, bastante contundente em suas críticas a posicionamentos considerados elitistas e antidemocráticos, especialmente no que diz respeito à defesa exclusiva do cânone e a uma visão que busca limitar o raio de ação da literatura comparada. Avessa a posturas nostálgicas ou apocalípticas, a opção pelo não lugar da literatura e pelo caráter indisciplinar dos estudos comparatistas é corajosamente assumida por Eneida no calor dos debates sobre a (má) influência dos estudos culturais que tiveram como palco a Abralic, associação que ela ajudou a fundar e da qual foi presidente. Nesse sentido, o livro *Crítica cult*, talvez o seu maior sucesso junto ao público, seja o que melhor nos permita acompanhar o desenvolvimento dessas polêmicas no Brasil e o caráter plural dos interesses que movem uma reflexão crítica que sempre se mostrou aberta ao influxo da cultura popular e de massas. Também nessa obra explicita-se, de forma mais clara, o lugar por ela ocupado nas discussões acerca da dependência cultural e que, como vimos, já se podia notar, em forma ainda germinal, em sua tese sobre *Macunaíma*. Contrapondo-se à matriz interpretativa de base sociológica que associava subdesenvolvimento econômico a dependência cultural no cenário intelectual brasileiro, Eneida prefere romper com o pensamento dicotômico que embasa a lógica disfórica incorporada nessa proposta, valorizando os artistas e críticos que veem de forma positiva o trânsito entre centro e periferia e as diversas esferas de produção cultural. Aposta, assim, na antropofagia, no trabalho das vanguardas e no entre-lugar como antídotos para a superação desse mal-estar. Sua leitura, contudo, não deixa de lado as contradições inerentes aos papéis cumpridos pelo intelectual que atua no contexto de modernização na periferia do capitalismo, especialmente quando lida com a obra dos artistas modernistas, nos muitos ensaios a eles dedicados e publicados em livros, dentre os quais destaco os mais recentes – *Modernidade toda prosa*, publicado em coautoria com Marília Rothier Cardoso, e a coletânea que agora é lançada pela editora Cepe. Sua postura crítica distancia-se, pois, do elogio vazio de sentido e também do risco da execração da obra de autores importantes da nossa história literária que tem sido levada a cabo em tempos de revisionismo da Semana de Arte Moderna por leituras que me parecem bastante prescritivas e descontextualizadas.

Para concluir, resta dizer que o leitor de *Narrativas impuras* certamente reconhecerá a importância que o conceito de sobrevivência, recuperado da obra de Aby Warburg por Didi-Huberman, assume nas interpretações que a autora do livro vem construindo. Acredito que isso se deva ao fato de que o termo vem traduzir a lógica suplementar sobre a qual procurou estruturar sua produção crítica, que nunca despreza o passado, mas o ressignifica a partir de novos *mélanges* teóricos, resultantes do constante processo de atualização em que ela se empenha. Mas, como se pode perceber no texto que encerra a coletânea, a sobrevivência certamente também alude à capacidade que Eneida sempre teve de ler o seu tempo com otimismo, e sua confiança no que há de vir pode contribuir para nos lembrar, mais uma vez, de que é possível a abertura de uma fresta que nos permita enxergar a importância da literatura e do nosso trabalho enquanto críticos, mesmo em tempos difíceis como os de agora. Esse talvez seja o melhor exemplo que ela nos oferece.

Teoria e prática indisciplinadas

Reinaldo Marques

Devo confessar que experimentei certa dificuldade em tratar da obra de uma pessoa tão próxima e amiga e que foi muito importante na minha trajetória acadêmica, com quem muito aprendi, especialmente a paixão pela teoria e pelos arquivos. A começar pela forma como tratá-la: Prof.ª Eneida Maria de Souza, a teórica e crítica Eneida Maria de Souza, simplesmente Eneida. Creio que ainda levaremos um tempo para aprender a lidar com sua ausência, mas tempo propício para a tomada de consciência da sua presença viva entre nós por meio de seu valioso legado para a docência e a reflexão teórica e crítica no campo dos estudos da literatura, da arte e da cultura. Começo, pois, esta minha intervenção trazendo algumas lembranças do convívio com nossa homenageada, marcado por inúmeros aprendizados que me foram proporcionados por ela, aliando o rigor crítico com o sabor da presença amiga.

Mestra na convivência

Quando cursei a graduação na Faculdade de Letras da UFMG, entre 1973 e 1978, não fui aluno da Eneida: ela estava fazendo o mestrado na PUC-Rio à época. Também não fui seu aluno durante o curso do mestrado, no qual ingressei em 1979. A rigor, meu primeiro encontro pessoal com ela foi na defesa de minha dissertação de mestrado, ocorrida em 29 de outubro de 1984, de cuja banca ela participou, juntamente a Wander Melo Miranda, após retornar do seu período de doutorado na França, entre os anos 1978 e 1983. Na dissertação analisei a técnica narrativa e o trágico em *Os sinos da agonia*, de Autran Dourado, e Eneida, em sua dissertação, já havia estudado *A barca dos homens*, do mesmo Autran. Por caminhos diversos, já estávamos dentro de certa sintonia. Tenho guardado comigo até hoje o texto de sua arguição em 10 páginas, que testemunha sua generosidade na apreciação dos trabalhos acadêmicos dos pós-graduandos, ao valorizar suas qualidades e potencialidades, porém sem abrir mão do rigor conceitual e crítico, ao sinalizar omissões bibliográficas, frouxidão no trato dos conceitos. Somente fui ser seu aluno no segundo semestre de 1987, já fazendo doutorado. A partir daí, muitos anos de proximidade e convivência, de projetos e trabalhos em comum, convivência incrementada quando me tornei professor concursado da Faculdade de Letras, a partir de 1995. E quantos (des)aprendizados com Eneida! Ah, é isso mesmo: vou evocá-la aqui como Eneida, simplesmente. E me saltam à memória algumas cenas indicativas do seu perfil indisciplinado e transgressor, que pontuam como ela fazia até mesmo da convivência diária espaço de troca de experiências e aprendizados. Cenas que enuncio a seguir à maneira da montagem de um fragmentário roteiro.

Cena 1: Cruzando com Eneida nas escadas da faculdade, ela me para e comenta: "Você está muito moderno, iluminista!". E segue descendo as escadas. Eu as continuo subindo um tanto atordoado com a forma incisiva do seu comentário, atenuada por uma nuance afetuosa. Demorei um tempo para me dar conta de que sua fala se devia ao meu trabalho de conclusão da disciplina Introdução à Literatura Comparada que fiz com ela no doutorado. Trabalho que me entregou depois, devidamente comentado, questionando meu apego a conceitos como o universal, o todo. Eu tão dialético nesses tempos, confiante na razão e na capacidade de um conhecimento totalizante! Depois desse comentário da Eneida, que me marcou até hoje, passei a desconfiar de minhas crenças e a ter um olhar mais crítico a respeito da modernidade e do conhecimento racional, disciplinar.

Cena 2: No primeiro dia de aula com a Eneida, ela nos convida a fazer um círculo para conversarmos, desconfigurando a gramática espacial da sala de aula, própria de um espaço pedagogizado, com as carteiras em fila, os estudantes um atrás do outro e o mestre à frente, centro e referência do processo de aprendizagem. Em meio ao ruído das cadeiras se movimentando em direção ao circular, lembro-me de uma aula do Moacyr Laterza, professor de Filosofia, falando aos alunos de Letras sobre Michel Foucault e o seu *As palavras e as coisas*. A primeira coisa que ele faz é nos pedir para formar um círculo, desfazendo a organização militar do espaço da sala, justificando o procedimento: o círculo nos torna mais próximos, iguais, e nos permite falar olhando para os olhos dos outros; é uma imagem arquetípica – o Sol, a Lua – que nos convida a dar as mãos, a brincar e dançar juntos. Tempos depois relembro essas estratégias da Eneida e do Laterza lendo *O mestre ignorante*, de Jacques Rancière, em que o filósofo afirma a igualdade das inteligências na relação entre professor e estudantes, em contraponto à desigualdade das inteligências proposta no espaço pedagogizado, em que o professor "explicador de textos" é o sujeito central do processo de aprendizagem. Ao mexer na organização do espaço da sala de aula, Eneida já afirmava na prática a igualdade das inteligências, procurando fazer da sua aula uma polifonia de vozes, rasurando o discurso mestre.

Cena 3: Em conversa de corredor, certa vez ela observa que nossos textos são cheios de citações, notas remissivas, restringindo a voz autoral, a fluência da reflexão crítica, muitas vezes cortando o tom ensaístico da escrita. E diz sonhar com um tempo em que nos apropriaremos dos textos e documentos do arquivo de forma mais aberta, sem a obsessão da ordem protetora da origem, fonte. Sua observação me faz vir à mente a figura do pesquisador comparatista como um anarquivista, capaz de rir da solenidade das origens e de associar os textos e documentos segundo outras ordens possíveis, contando outras histórias que não aquelas propostas por regimes discursivos guiados apenas por verdades abstratas, racionais.

Cena 4: Em viagens a congressos, Eneida procura nos pôr sempre em movimento pelos espaços das cidades, à procura de museus, centros culturais, bibliotecas, livrarias, com exposições de arte para visitar e apreciar. Para ela, a multiplicidade dos espaços urbanos constitui um conjunto de textos heterogêneos a serem lidos e interpretados a partir da perspectiva do *flâneur* benjaminiano. Como certa vez, num congresso da Latin American Studies Association (LASA), em São

Francisco, em maio de 2012, com a exploração de alguns museus da cidade – o De Young, o MoMA SF – e de livrarias – como a famosa City Lights,[1] dos escritores da geração *beat* –, o que nos possibilitava ver a Eneida recolhendo impressões e materiais para fazer algumas "pontes metafóricas". Para ser mais justo, devo dizer que ela também sabia engendrar "pontes para amizades", nos aproximando de colegas e pesquisadores de outras instituições para ampliar nosso círculo de amigas e amigos, coisa de que podem dar testemunho muitos participantes deste simpósio. Amizade, por sinal, que constitui a forma mais efetiva de lutar contra a fúria competitiva que assalta as universidades no mundo globalizado.

Percebo agora como a categoria do espaço era marcante no pensamento teórico-crítico da Eneida, relativizando em certa medida a noção do tempo, tão valorizada no mundo moderno, realçada pelo pensamento em linha da escrita que nos plasmou a consciência histórica. Nesse sentido, Eneida era mais "pós-moderna" ou contemporânea, dessubalternizando o espaço em relação ao tempo, ao ver aquele como essencialmente aberto, inacabado, feito de múltiplas inter-relações. Assim é que, na sua prática docente, sala de aula, corredor, escadas, ruas, livrarias, bibliotecas e museus eram espaços interconectados, equivalentes, todos propícios ao exercício teórico e crítico, ao diálogo entre os saberes e as linguagens, à elaboração do conhecimento. Com ela experimentávamos uma espécie de sobrevivência – termo que tanto aprecia para desconstruir o tempo linear do progresso – do método peripatético do velho Aristóteles ao caminhar pelas urbes contemporâneas.

São tantas as lembranças da Eneida, e imagino que muitas e muitos de vocês vivenciaram experiências semelhantes com essa nossa mestra. Mas cabe suspender essas lembranças para me referir um pouco ao modo como a obra teórica e crítica de Eneida, a meu ver, contribuiu de modo efetivo para reconfigurar o campo dos estudos literários e culturais em âmbito não apenas brasileiro, mas também

---

[1] Fundada pelo poeta Lawrence Ferlinghetti e pelo artista Peter D. Martin, e especializada em livros de bolso, os famosos *paperbacks*.

latino-americano. Nesse sentido, tentarei mostrar como o pensamento teórico e a prática da pesquisa e da docência mobilizados e operados por ela mostram-se claramente indisciplinares e indisciplinados, promovendo uma potente contestação do disciplinamento dos saberes promovido pela universidade e pelas epistemologias modernas, particularmente na área dos estudos literários.

Vou fazê-lo de modo um tanto sumário aqui, ressaltando nessa teoria e prática indisciplinares da Eneida a defesa contundente de uma perspectiva aberta à acolhida de diferentes e heterogêneos objetos de pesquisa, sem lugares fixos. Objetos a serem examinados a partir de uma visada metafórica e criativa, capaz de dissolver a oposição entre ficção e ciência, arte e vida, como forma de problematizar uma racionalidade binária, metafísica, articuladora de sujeitos e identidades essencialistas. E a serem ponderados e aproximados por meio de metodologias prevalentemente comparatistas e transdisciplinares de trabalho, colaborando assim para a emergência de epistemologias plurais no nosso campo de investigação.

Contranarrativas de uma moderna ciência literária

De início, vale a pena retomar aqui o comentário anterior a respeito da forma como o espaço articula o olhar crítico de Eneida. Nesse sentido, são elucidativos dois ensaios presentes em *Crítica cult* (2002): "O espaço nômade do saber" e "O não-lugar da literatura". No primeiro, encontra-se uma percepção aguda dos espaços de saberes como espaços marcados pelo nomadismo e pelo trânsito, em contraponto aos lugares fixos e com fronteiras bem delimitadas, próprios da lógica disciplinar. Bem ao contrário, são antes espaços abertos e inacabados, interconectados e coconstitutivos. Em termos de Deleuze e Guattari, espaços lisos, propícios à livre circulação dos sujeitos e ao diálogo entre os diferentes saberes, em contraponto aos espaços estriados, regulados e hierarquizados na medida em que a serviço do Estado e de uma Ciência régia.[2]

---

[2] Ver DELEUZE; GUATTARI. *Mil platôs: capitalismo e esquizofrenia*, v. I e V.

A observação desse nomadismo, a meu ver, está correlacionada com a tese do segundo ensaio, em que se propõe "o não-lugar da literatura". Trata-se de libertar a literatura do lugar fixo que ocupa no mundo moderno como centro da cultura, enquanto principal mediadora entre a sociedade e o Estado-nação, a serviço da elaboração de identidades nacionais, coletivas e individuais, frequentemente marcadas por essencialismos e binarismos. Lugar que faz dela privilégio dos *literati* – intelectuais, filósofos e poetas –, envolvidos sobretudo com a elaboração de uma consciência histórica moderna. Nesse ensaio, Eneida revela-se uma observadora atenta e crítica do grande deslocamento por que passa a literatura na pós-modernidade, no mundo contemporâneo. Ao escapar desse lugar fixo, a literatura está mais livre para dialogar com outras artes e saberes, para circular social e culturalmente. Torna-se capaz de realizar outras mediações e invenções de mundos ao ser apropriada por e dar voz a diferentes subjetividades, especialmente aquelas subalternizadas e tradicionalmente dela excluídas. Contrariamente a muitos olhares críticos, longe de ver tal deslocamento como algo apocalíptico, como o fim da literatura, para Eneida ele só aumenta a potência da literatura, torna-a mais viva e rica, especialmente ao conversar e mesmo se mesclar com outras linguagens, artes, saberes, abrindo o mundo para uma diversidade de epistemologias. Mas, para tanto, há que relativizar a ideia moderna da autonomia e autossuficiência do literário, em direção a uma perspectiva de pós-autonomia, que movimenta o pensamento teórico-crítico da Eneida em direção à crítica (auto)biográfica e aos arquivos. Disso resulta, acredito eu, o seu olhar atilado para destacar e analisar os diálogos da literatura com o popular, a música, a fotografia, o cinema, a arquitetura etc., como evidenciam vários de seus ensaios.

É dentro desse quadro que se pode puxar uma conversa também com outro ensaio de *Crítica cult*: "A teoria em crise". Nele está presente a ideia do conhecimento como processo e a defesa da convivência entre diversos saberes, modernos e pós-modernos, de modo a desfazer os binarismos com sua lógica disjuntiva, a exemplo da oposição entre a teoria da literatura e os estudos culturais. No contexto da escrita desses ensaios, para ela importa afirmar os lugares indefinidos dos saberes contemporâneos, ir em direção ao transdisciplinar, a um novo gênero discursivo, a teoria, não cabendo mais uma disciplina exclusiva, uma teoria única. E já se percebe aqui como Eneida evita os extremismos, procurando ocupar sempre um entre-lugar teórico-crítico.

Devo me concentrar, no entanto, em dois ensaios da "nossa" Eneida, pois me parecem centrais para as motivações do seu perfil indisciplinar e suas criativas visadas críticas. São eles: "Literatura comparada, indisciplina" e "Teorizar é metaforizar". Publicados anteriormente como capítulos de livros,[3] não por acaso esses dois artigos foram reunidos na Parte IV, sob a rubrica "Reconfigurações narrativas", do seu último livro, *Narrativas impuras* (Cepe, 2021), em diálogo com outros trabalhos que tratam da teoria e da crítica literárias. Os ensaios que aí se agrupam expressam, em seu conjunto, uma rebelião contra o disciplinamento dos saberes operado com a emergência da universidade moderna.

Conforme nos mostra Michel Foucault, trata-se de um disciplinamento levado a cabo no âmbito da reforma das universidades europeias, no final do século XVIII e início do XIX, sob a liderança dos Estados nacionais em ascensão. Dessa maneira, por meio de algumas operações básicas, determinados saberes são selecionados e normalizados, ajustando-se uns aos outros, de modo a excluir saberes menores ou inúteis, conferindo-lhes um perfil mais homogêneo; são também hierarquizados, em termos de disciplinas matrizes e auxiliares, e centralizados num esquema piramidal, de modo a assegurar o controle dos saberes, sua seleção e transmissão. Assim, ao constituir uma disciplina global reconhecida como "*a* ciência", a universidade moderna se afirma como braço do Estado-nação e sistema totalizante, que busca disciplinar e homogeneizar os saberes, por meio da integração subalternizada de saberes menores ou da exclusão daqueles

---

[3] "Literatura comparada, indisciplina" foi publicado inicialmente no volume *O contemporâneo na crítica literária* (Iluminuras, 2012), organizado por Susana Scramin; já "Teorizar é metaforizar" aparece em *O lugar da teoria literária* (EdUFSC; Ediunesc, 2016), com organização de André Cechinel, e que nos fora apresentado antes por Eneida em aula inaugural do nosso Programa de Pós-Graduação da FALE-UFMG.

saberes selvagens produzidos fora dos muros acadêmicos e vistos como anticientíficos.[4]

É nesse contexto de transformações epistemológicas que se projeta a formação de uma moderna ciência da literatura, baseada num conjunto de disciplinas estruturantes – teoria da literatura, crítica literária, história da literatura e literatura comparada –, ao qual se somam as disciplinas relacionadas às literaturas vernáculas e às literaturas estrangeiras, fundamentais para se pensar o espaço literário no contexto de afirmação de Estados nacionais. Trata-se de disciplinas marcadas por um regime de identidades binárias, pela busca da pureza e unidade do seu objeto de estudo, a ser abordado com métodos bem definidos, consolidados e divulgados em manuais didáticos, segundo uma gramática da especialização, em que prevalecem territórios disciplinares bem delimitados e sujeitos do conhecimento a eles circunscritos.

Ora, é contra essa ciência literária moderna que se colocam o pensamento teórico-crítico e a prática da pesquisa mobilizados por Eneida Maria de Souza em seus ensaios, entendidos como "reconfigurações narrativas". Numa atitude teórica e crítica de insurgência, a autora desconstrói narrativas legitimadoras desse campo disciplinar moderno dos estudos literários na esfera das instituições universitárias, elaborando novos relatos e perspectivas a respeito dos saberes sobre a literatura a partir de um olhar contemporâneo, atento às questões do tempo presente. Urde, assim, uma espécie de contranarrativa da moderna ciência literária, dialogando com saberes e artefatos artísticos e culturais excluídos até então da reflexão acadêmica sobre a literatura, mesclando teoria e ficção, arte e vida, erudito e popular, literatura e música, artes visuais. Urdidura tecida, certamente, sob a inspiração de Mário de Andrade, o autor ao qual dedica boa parte de suas pesquisas e que se destaca hoje ainda no contexto das releituras dos 100 anos do nosso modernismo. Às narrativas da pureza do objeto literário contrapõe suas "narrativas impuras", como bem traduz

---

[4] Ver FOUCAULT. *Em defesa da sociedade: curso no Collège de France (1975-1976).* Aula de 25 de fevereiro de 1976, p. 199-223. Ver também, de Willy Thayer, *A crise não moderna da universidade moderna.*

o título do livro. Para tanto, defende e estimula uma perspectiva transdisciplinar para os estudos literários, de diálogos com diferentes áreas do conhecimento e da pesquisa: filosofia, psicanálise, história, sociologia, semiótica e estudos culturais.

Lidos a partir desse contexto, ficam evidentes seja a ancoragem dos ensaios dessa Parte IV no campo dos estudos de literatura, seja o firme posicionamento crítico da autora quanto aos rumos tomados pelas diferentes disciplinas frente às mutações do literário na contemporaneidade. "Literatura comparada, indisciplina" mostra-se extremamente acurado na identificação das motivações da crise da disciplina em sua configuração moderna, que demanda não apenas uma definição precisa do seu objeto de estudo, com limites bem definidos, como também um método com procedimentos claros, em consonância com as ideias de continuidade, causalidade local e determinismo, próprias de um paradigma da simplicidade característico da ciência moderna. Ora, num mundo de cultura globalizada, de transnacionalização da literatura, o que se observa é uma irrefreável expansão e hibridização do literário, tonando-se um objeto "impuro" e cada vez mais complexo, sem limites claros, rebelde ao crisol do método. O que demanda a prática de pesquisas transdisciplinares, com pluralidade de enfoques e métodos, fazendo com que a literatura comparada se distancie cada vez mais do modelo disciplinar e seja vista como uma "indisciplina".

Especialmente nesse ensaio se observa a intransigente defesa da transdisciplinaridade, tendo em vista o reconhecimento da complexidade dos artefatos literários, artísticos e culturais, por se situarem simultaneamente em diferentes níveis de realidade: o virtual e o atual, o imaginário e real, o físico e metafísico. De modo que devem ser investigados à luz de um paradigma da complexidade, afeito ao descontínuo, ao indeterminado, ao que existe em múltiplos níveis da realidade, podendo ser e não ser ele mesmo, conforme a noção de terceiro incluído.[5] Assim, o pensamento teórico e crítico da Eneida já percebia que a literatura – sempre em movimento, sem lugar fixo,

---

[5] Estou aqui me valendo de *O manifesto da transdisciplinaridade*, de Basarab Nicolescu, em que elabora diferenças entre os dois paradigmas, o da simplicidade e o da complexidade.

em diálogo com outras artes e saberes – pode ser ela e não ser ela ao mesmo tempo. Daí a crítica incisiva contida em seu ensaio a certo movimento de regresso a um modelo moderno de especialização e pureza dos campos disciplinares. Movimento que detecta no âmbito da própria Associação Brasileira de Literatura Comparada, da qual foi presidente no biênio 1988-1990.

Em relação a "Teorizar é metaforizar", trata-se de ensaio com claras ressonâncias nietzschianas, lembrando-nos de que os conceitos não passam de metáforas, algumas petrificadas e gastas de tanto uso, transformando-se em abstrações totalizantes e fechadas, desgarradas da vida. Nele Eneida reafirma sua concepção da teoria como um saber nômade, em que o gesto de teorizar é alimentado pelos gestos de vivenciar, metaforizar e ficcionalizar, rompendo com os binarismos que separam arte e ciência, teoria e ficção, conceitos e imagens poéticas. Ressalta o papel ativo da teoria da literatura, por seu caráter paradoxal, vanguardista e mesmo combativo, nos avanços da literatura comparada entre nós, liberada de uma concepção essencialista e historicista da literatura. O que me chama muito a atenção no referido ensaio é a recuperação da dimensão epistemológica da metáfora, da afirmação da poesia e da ficção como formas válidas de conhecimento da realidade, da vida e do mundo.

Ao propor a metáfora e a ficção como modos de teorizar e pensar, Eneida se contrapõe abertamente às epistemologias modernas que negaram a potência epistemológica das metáforas em prol de teorias científicas universalistas e preditivas, baseadas em conceitos unívocos, totalizantes e fechados. Em seu ensaio "A epistemologia da metáfora", Paul de Man (1992) nos mostrou como a linguagem figurada, metafórica se constituiu como um problema para o discurso filosófico e os usos discursivos da linguagem, abarcando a historiografia e crítica literárias. Para diversos filósofos e pensadores modernos, iluministas, tais como Locke e Condillac, a linguagem tropológica, vale dizer: a retórica, dificulta a busca do rigor na filosofia, a elaboração de conceitos precisos, na medida em que promovem a desordem e a obscuridade das palavras, formando "uma névoa sobre nossos olhos" capaz de iludir nosso entendimento. Vê-se então que a busca do conhecimento e da verdade se opõe à figuração, à metáfora. Daí que o disciplinamento dos saberes, para que se tornem conhecimento científico, implica também tanto um controle e disciplinamento das palavras, dos discursos, quanto, por consequência, dos sujeitos que os enunciam, em suma: das enunciações.

Curiosamente, ao assinalar a retórica como "poderoso instrumento de erro e engano", Locke recorre a uma metáfora ao comparar a eloquência ao "sexo frágil", defendendo que ela fique em seu devido lugar, sem entrar nos assuntos sérios dos homens, na seara filosófica, onde provocaria "escândalo desagregador".[6] Nesse sentido, ao conceber a metáfora como operação teórica, Eneida se insurge contra o controle patriarcal e epistemocêntrico das palavras e dos discursos, fazendo na prática uma crítica e um combate de cunho feminista. Pode-se dizer, com isso, que ela atribui ao pensamento teórico-crítico uma dimensão não apenas mimética, de representação dos fenômenos literários, artísticos e culturais no campo discursivo, mas sobretudo inventiva e criativa, ciente de que o objeto construído pela reflexão teórica não deixa de ser uma montagem, uma invenção a partir da perspectiva de uma subjetividade sempre situada no tempo e no espaço.

Pontes metafóricas como modos de teorizar

Nesse sentido, pode-se dizer que as "pontes metafóricas" eneidianas têm como pano de fundo o princípio da analogia, que privilegia a busca do análogo, da semelhança entre entidades e objetos muito diferentes e até mesmo distantes uns dos outros. No fundo, é princípio próprio da atividade e do pensamento poéticos, em que o poeta é capaz de ver e elaborar semelhanças e traços comuns entre realidades e seres muitas vezes distantes e separados no tempo e no espaço, traduzindo suas percepções por meio de metáforas. Atividade e pensamento que se insubordinam contra o princípio da não contradição linguística ao afirmar que uma coisa é ela e não é ela ao mesmo tempo: a pedra pode ser pena e a pena pode ser pedra. Um tal pensamento poético, conforme nos mostra Foucault, será descartado

---

[6] Ver DE MAN. A epistemologia da metáfora.

com a emergência do nominalismo, da ciência clássica, nos séculos XVII e XVIII, confiantes na capacidade de a linguagem representar verazmente a realidade, até a chegada da desconfiança quanto a tal capacidade, ao se perceber que a linguagem pode tanto desvelar a realidade quanto encobri-la.

Esse princípio analógico-poético é que sustenta as pontes metafóricas segundo as compreende a nossa teórica e crítica aqui homenageada. Delas não nos dá propriamente uma "definição", pois se trata mais de uma práxis, uma prática indisciplinada. Em *Pedro Nava, o risco da memória*, podemos extrair alguns movimentos e exemplos dessa prática presentes no estudo sobre o memorialismo em Nava a partir de documentos de seu arquivo alocado na Fundação Casa de Rui Barbosa. Uma delas diz respeito à analogia entre o cadáver a ser dissecado e os "bonecos" – "os planos feitos pelo escritor no rascunho das *Memórias*" –, que aproxima a série médica e a série literária, metaforizando "a estreita relação entre um corpo inerte e a escrita que nasce do convívio com os mortos".[7] Analogia que se torna mais viva tendo em vista o apreço de Nava, enquanto médico, pela morfologia do corpo humano, especialmente seu teor descritivo. Essa aproximação analógica entre o cadáver a ser dissecado e o "boneco" torna as operações da escrita memorialística imagéticas e vivas, explicitando suas relações com o passado, recortado e montado a partir do presente. Remete às ambiguidades presentes nas relações entre morte, vida, suicídio, escrita, memória.

Outro exemplo, bem explorado por Eneida, está presente na observação atenta dos mapas desenhados por Nava para a escrita das *Memórias*, que afetam a imaginação da pesquisadora, incrementando novas associações e imagens entre os objetos estudados: "Revisitado no meio dos papéis do arquivo, esse mapa produz, na imaginação do pesquisador, a ponte metafórica entre a passagem de *Baú de ossos* relativa a Inhá Luiza, narrada com tintas fortes e duras, e o colorido da imagem, desenhando um mundo ordenado e feliz". O que leva a pesquisadora a ver no médico a reduplicação

---

[7] SOUZA. *Pedro Nava, o risco da memória*, p. 100.

fantasmática do monstro, associação que permite compreender como o memorialista une e desune "tanto a posição naturalista motivada pela fidelidade ao traçado original do desenho quanto a imagem de um lugar parado no tempo".[8]

Outros exemplos podem ser examinados nas articulações que Eneida constrói entre Mário de Andrade e Arlindo Daibert, ou entre Pedro Nava, Juscelino Kubitschek e João Guimarães Rosa. Servindo-se de elemento comum extraído do mundo empírico a partir de documentos de arquivo, ou até mesmo montado e inventado, Eneida tece uma rede de relações entre personagens situados em tempos e espaços diferentes, que não se encontraram efetivamente, a exemplo de Mário e Arlindo Daibert, artista plástico de Juiz de Fora que fez ilustrações para o *Macunaíma*. Ou entre personagens que tiveram como ponto comum a passagem pela Faculdade de Medicina – casos de Nava, JK e Rosa –, o que constitui uma mediação empírica para a elaboração dessas pontes metafóricas. Segundo Eneida, essas três personagens irão retratar em suas obras Belo Horizonte, Minas e o Brasil a partir de perspectivas diversas, mas segundo um mesmo princípio aglutinador: "a fundação mítica, marcada por instantes significativos de constituição de nacionalidade, nos quais a literatura se mescla à arquitetura e à política".[9]

Mas a indicação mais incisiva que Eneida nos fornece do funcionamento das pontes metáforas é a de outra metáfora, a famosa *madeleine* de Proust. Ela é acionada quando Eneida trata dos objetos contidos na casa-museu em que se transformou o apartamento de Nava no Rio, cheio de objetos que ativam suas lembranças e sua imaginação na reconstrução do passado. A exemplo do *pince-nez* adquirido em Paris e que condensa as imagens da avó materna, de Inhá Luiza e do Conselheiro Rodrigues Alves – uma condensação típica do processo metafórico. O *pince-nez* funciona, de acordo com Eneida, como "objeto-*madeleine*, ao estilo de Proust", ou seja: como um "gatilho associativo", ativando no memorialista poderes imaginários

---

[8] SOUZA. *Pedro Nava, o risco da memória*, p. 94.

[9] SOUZA. *Pedro Nava, o risco da memória*, p. 105.

para a revisitação do passado.[10] Esse "gatilho" constitui a força propulsora do funcionamento próprio do princípio metafórico, analógico.

As "pontes metafóricas" mobilizadas por Eneida nos permitem avançar no sentido de compreender a literatura, as artes e as expressões culturais no mundo contemporâneo em termos teóricos, acredito eu. Isso porque nos estimulam a construir conceitos mais plásticos e abertos, capazes de pensar objetos e realidades complexas, em seu processo contínuo de devir, de diferenciação, marcado por momentos de atualização e virtualização. Conceitos imagético-poéticos que não se colocam a serviço da repetição do idêntico, do Mesmo, como os operados pelo sujeito metafísico do conhecimento, mas que, antes, buscam as semelhanças para nelas frisar as diferenças, a diversidade dos modos de ser e existir. Essas pontes metafóricas nos ajudam a nos libertarmos da obsessão com o verbo ser, essencialmente ontológico, para pensar a literatura e as artes a partir de uma lógica conectiva e interativa, trocando o "é"/verbo pelo "e"/conjunção. Melhor seremos capazes de entender a literatura contemporânea conectando-a com outras artes, linguagens, saberes, expressões culturais. Em vez do gesto infrutífero da definição ontológica – literatura "é" –, prefiramos as múltiplas e conjuntivas conexões da literatura contemporânea: literatura e... e... e...

***

Quero terminar estas considerações retornando ao campo das lembranças e dos afetos, chamando a atenção para duas qualidades notáveis do pensamento teórico-crítico da Eneida. Qualidades em muito absorvidas das lições de duas de suas mestras, Maria Luiza Ramos e Dirce Cortes Riedel, cujas obras Eneida revisita criticamente em ensaios também integrantes da referida Parte IV de *Narrativas impuras*. Em "50 anos de *Fenomenologia da obra literária*", Eneida destaca o pioneirismo do livro, publicado em 1969, e da docência de Marilu – apelido afetivo adotado pelos estudantes – para a consolidação da teoria literária em

---

[10] Ver SOUZA. *Pedro Nava, o risco da memória*, p. 113.

nossas universidades. Com Marilu, a teoria transforma-se em prática, deixando de ser mero instrumento auxiliar na leitura dos textos, como espaço de reflexão aberto a outros saberes por meio da apropriação crítica de seus conceitos e métodos. Já no ensaio "Narrar é glosar – viver é narrar", Eneida efetua uma breve revisão da história da crítica literária entre os anos 1970 e 1990 a partir do exame da atividade crítica de Dirce Cortes Riedel. Nele ressalta a forma como Dirce articula teoria, literatura e vida, numa abordagem crítica a que não faltam rigor e sofisticação, em diálogo com a filosofia, o estruturalismo, a intertextualidade bakhtiniana e o pensamento de Walter Benjamin.

Com elas, a meu ver, Eneida aprendeu a desvencilhar-se de radicalismos e posições extremadas, e a abrir-se, de forma generosa e ousada, para o outro, o diferente, para o devir e o inacabamento constitutivos de todo o conhecimento. Por isso, o gesto teórico e crítico de Eneida é marcado profundamente por duas qualidades: a jovialidade e a afabilidade. Qualidades que, penso eu, ela nos convida a praticar sempre na nossa atividade como docentes, teóricos e críticos.

Referências

DELEUZE, Gilles; GUATTARI, Félix. *Mil platôs: capitalismo e esquizofrenia*. Tradução de Aurélio Guerra Neto e Celia Pinto Costa. Rio de Janeiro: Editora 34, 1995. 5 v.

DE MAN, Paul. A epistemologia da metáfora. *In*: SHELDOM, Sacks (org.). *Da metáfora*. Tradução de Telma M. Nóbrega. São Paulo: Educ, 1992. p. 10-34.

FOUCAULT, Michel. *A arqueologia do saber*. 3. ed. Tradução de Luiz Felipe Baeta Neves. Rio de Janeiro: Forense-Universitária, 1987.

FOUCAULT, Michel. *Em defesa da sociedade: curso no Collège de France (1975-1976)*. Edição estabelecida por Mauro Bertani e Alessandro Fontana sob direção de François Ewald e Alessandro Fontana. Tradução de Maria Ermantina Galvão. São Paulo: Martins Fontes, 1999.

NICOLESCU, Basarab. *O manifesto da transdisciplinaridade*. Tradução de Lucia Pereira de Souza. São Paulo: Triom, 1999.

SOUZA, Eneida Maria de. *Crítica cult*. Belo Horizonte: Editora UFMG, 2002.

SOUZA, Eneida Maria de. *Janelas indiscretas: ensaios de crítica biográfica*. Belo Horizonte: Editora UFMG, 2011.

SOUZA, Eneida Maria de. *Narrativas impuras*. Recife: Cepe, 2021.

SOUZA, Eneida Maria de. *Pedro Nava, o risco da memória*. Juiz de Fora: Funalfa, 2004.

THAYER, Willy. *A crise não moderna da universidade moderna*. Tradução de Rômulo Monte Alto. Belo Horizonte: Editora UFMG, 2002.

CRÍTICA BIOGRÁFICA

Panorama visto da ponte

Myriam Ávila

São os sonhos que se vão sonhos vãos? Em "Burnt Norton", T. S. Eliot diz: "O que podia ter sido é uma abstração, permanecendo possibilidade perpétua apenas em um mundo de especulação". E, em seguida, nos mergulha nesse mundo:

> Ecoam passos na memória
> ao longo do corredor que não seguimos
> em direção à porta que nunca abrimos
> para o roseiral. [...]
> Mas para que
> perturbar a poeira numa taça de folhas de rosa
> não sei.[1]

O mundo de especulação é provavelmente o que mais atrai a mente, sendo mais afim a seu funcionamento. A mera instrumentação das faculdades cognitivas, através do armazenamento de dados e da inculcação de processos operacionais, é por certo um uso menos nobre dos nossos neurônios. No entanto, a estratificação do conhecimento em disciplinas,[2] como universalmente se expressa a ideia de educação ainda hoje, privilegia o treinamento profissional com base no já conhecido e experimentado. Uma disciplina ainda em disputa,

---

[1] Tradução de Angelita Ferreira da Silva.

[2] A questão da disciplina é discutida por Eneida em numerosos pontos de sua obra, notadamente no texto "Literatura comparada, indisciplina" (SOUZA. *Narrativas impuras*, p. 301-312).

a literatura comparada, que só alcança plena cidadania acadêmica no último quartel do século XX,³ definida por Brunel e Chevrel como *"discipline qui cherche à élargir l'horizon national et à confronter les littératures"*,⁴ nasce da vontade de ultrapassar as fronteiras do estabelecido. Mas teme abolir os passaportes e os documentos de imigração, cercando-se de garantias que começam por fixar o domínio desses estudos às inter-relações entre duas ou mais literaturas nacionais, alicerçadas por comprovação factual.

Porém, talvez muito do nosso impulso de fazer literatura comparada venha da vontade de aproximar o que está afastado, de encontrar um fio que reúna autores de nossa eleição, de juntar, como diz também Eliot, "o tempo presente e o tempo passado", de caminhar, como Dante, ao lado de Virgílio, de ultrapassar as contingências físicas do espaço e do tempo pelo poder da palavra. Esse impulso, nos primórdios da disciplina, ocultou-se na busca objetiva e científica de fontes e influências, mas hoje aparece com cada vez menos inibição nos estudos comparados, já há décadas "contaminados" pelos estudos culturais. Em alguns círculos, tal contaminação foi sentida como ameaça, como dissolução da literatura como âmbito específico. Para Eneida Maria de Souza, o debate entre os defensores da especificidade literária e os culturalistas durou⁵ mais do que deveria e já estava, em 1998, com "cheiro de fruta passada".⁶ "A ausência de lugar fixo para o saber não se circunscreve apenas no discurso literário, pois a questão abrange todo e qualquer tipo de discurso".⁷ Quatro anos antes, Eneida já se pronunciara sobre o "espaço nômade do saber", em ensaio onde propõe a indistinção entre texto literário e texto teórico e observa que "o verbo comparar vai sofrendo, ao longo do tempo,

---

³ Segundo a página da Sociedade Francesa de Literatura Geral e Comparada, não havia um certificado oficial (CAPES) para lecionar a disciplina na França antes da década de 1980.

⁴ BRUNEL; CHEVREL. *Précis de littérature comparée*, p. 12.

⁵ E ainda dura...

⁶ SOUZA. *Crítica cult*, p. 85.

⁷ SOUZA. *Crítica cult*, p. 85.

modificações que tendem a abalar as posições universalistas – principalmente ditadas pela cultura europeia – e as limitações de ordem nacionalista – ligadas a um pensamento redutor".[8]

Nesse ensaio, Eneida usa a palavra "ponte" ao falar de relações não hierarquizantes entre o saber nacional e o estrangeiro. Essa palavra torna-se mais tarde um componente importante de sua teorização sobre a crítica biográfica, na expressão/conceito "pontes metafóricas". A entrada da biografia nos estudos de Souza não se dá em data precisa ou texto preciso. Sua tese de doutorado já insinuava um interesse por traços biográficos de Mário de Andrade, ao tratar de *Macunaíma*, e sua primeira coletânea de artigos, *Traço crítico*, publicada em 1993, inclui uma seção intitulada "Grafias do desejo", com textos escritos no fim da década de 1980 que exploram passagens das vidas de autores como Borges, Freud e Mário de Andrade. Se todas as grafias nascem, em última análise, do desejo, a bio-grafia, como escrita da vida, deve atentar para a economia pulsional, mais do que à linha do tempo que liga nascimento e morte. Em ensaio de 1991, entra em consideração no trabalho de Eneida a palavra "biografema", feliz criação de Barthes que pressupõe a independência da vida com relação ao calendário.

Em 1983, Eneida foi convidada para comentar o lançamento da tradução do livro *Ficções freudianas*, de Octave Mannoni. A mescla de ficção e teoria que caracteriza as cartas criadas por Mannoni nesse livro a atraiu imediatamente, e levou-a a incluir, em curso sobre Édipo para os alunos de pós-graduação, entre os quais eu me encontrava, um dos capítulos mais instigantes da obra, aquele em que o missivista conta seu encontro com Joyce. Partindo da aproximação que Mannoni faz entre Joyce e Freud,[9] Eneida escreve "Na borda da alegria", em que propõe um encontro, tão real quanto se tivesse realmente acontecido, entre esses dois autores, o qual, por sua vez, evoca o encontro entre literatura e psicanálise, "máquinas produtoras de prazer".[10] Nesse momento,

---

[8] SOUZA. *Crítica cult*, p. 43.

[9] Que também é uma aproximação entre o trocadilho e o ato falho.

[10] SOUZA. *Traço crítico*, p. 23.

está claro que o estudo comparativo não precisa ser baseado em evidências factuais, como reza a teoria comparatista.[11] Também emerge nessa época com mais nitidez a figura do escritor, suplantando a do autor, eliminado por Barthes como guardião da obra. O escritor é, ao contrário, outra personagem dos jogos ficcionais não encerrados entre as capas dos livros nem pelo ponto final ou o *The End*.

A partir daí, Eneida se encaminha para uma prática aberta de crítica biográfica que ressignifica o estudo das relações entre autor e obra em que esta é o objeto privilegiado. Se em 1994, em *Tempo de pós-crítica*,[12] tal prática é apresentada simplesmente como "a intenção de tornar menos rígida a barreira entre a ficção e a vida, ou entre a teoria e a ficção", no seu livro de 2002, *Crítica cult*, ela fala claramente da "invenção de biografias literárias".[13] Constata, nas "Notas sobre a crítica biográfica", que "o objeto literário deixa de ser privilégio da crítica literária e se expande para outras áreas, numa demonstração de estar a literatura se libertando das amarras de um espaço que a confinaria para sempre no âmbito das *belles-lettres*".[14]

Em *Janelas indiscretas* (2011), Eneida Maria de Souza dá continuidade a essa reflexão sobre a crítica biográfica, tomando como ponto de partida a sugestiva blague do filósofo Richard Rorty, de que fora acometido pela mesma doença que consumiu Jacques Derrida devido ao fato de compartilharem a leitura de Hegel. Essa relação "patológica" estabelecida entre dois autores pela mediação da leitura pareceu-lhe um exemplo interessante do que chamara, já no ensaio anterior, "ponte metafórica" entre vida e obra, teoria e ficção.[15]

---

[11] "*The 6th principle of comparative cultural studies is its theoretical and methodological focus on evidence-based research and analysis*" (TÖTÖSY DE ZEPETNEK (ed.). *Comparative Central European Culture*, p. 2).

[12] A primeira edição do texto foi publicada pela Faculdade de Letras da UFMG, em 1994.

[13] SOUZA. *Crítica cult*, p. 111.

[14] SOUZA. *Crítica cult*, p. 115.

[15] A mesma operação é feita por Eneida em "Cenas de uma morte plagiária", de 2014, e em *O século de Borges*, de 2007, ao tratar das mortes de Stefan Zweig, Von Kleist, Oscar Wilde e Borges e de seu caráter de encenação.

Eneida mostra-se convicta, em muitos de seus escritos, de que "teorizar é metaforizar"; pode-se dizer que adota o procedimento da metáfora como a estratégia da aranha, que liga pontos diversos uns a outros por meio de fios ao mesmo tempo flexíveis e extremamente resistentes.

Interessa-me aqui perceber o quanto entra de alegria (a "prova dos nove"), bom humor e desejo no reconhecimento da feição autobiográfica da atividade crítica e na busca pelo duplo da literatura que é a vida, por mais que disfarçada em documento. A "relação entre trabalho literário, ócio e alegria" que "recoloca o sujeito do desejo no discurso crítico" foi um legado barthesiano que a autora de *Narrativas impuras* desenvolveu ao modo de uma gaia ciência, encantando uma comunidade de alunos e colegas, aos quais deu a permissão e autoconfiança para lançarem suas próprias pontes sobre as águas sempre agitadas da cultura.

Fui à Alemanha e me lembrei de você

Um caco biografemático terá de ser introduzido aqui, para preparar o próximo passo deste ensaio:

Em 1986, terminado meu mestrado, com a aprovação de Eneida, que fez parte da banca de defesa da dissertação, parti para a Alemanha, onde pude constatar que me tornara uma eterna discípula daquela que me apresentara tantas possibilidades de pesquisa e tantas teorias de instigante complexidade. Imersa na cultura germanófona, não deixava, é claro, de tentar manter-me a par da vida brasileira, com as parcas instâncias de comunicação existentes na época. Entre os autores que vim a conhecer nesse período, chamou-me a atenção a obra do poeta austríaco Ernst Jandl, autor de um poema escrito em *mélange* de alemão e inglês, intitulado "Calipso". Sob esse título, que parodia a indiferenciação do estrangeiro com relação aos países da América Latina, o poeta lamentava nunca ter vindo ao Brasil, apesar de ter sido enviado certa vez para o lado de cá do Atlântico. Nasceu-me então a vontade de trazê-lo, quando eu mesma tivesse retornado. Antes, porém, que eu tivesse encontrado o modo de financiar uma visita do poeta ao país desejado, ele veio a falecer. Anos depois publiquei, com o título *Eu nunca fui ao*

Brasil, uma coletânea de poemas de Jandl traduzidos para o português. Foi minha maneira de trazê-lo, tardiamente.

Mais recentemente, pesquisando para o meu livro *Diários de escritores*, deparei com o periódico romeno *Dacoromania Litteraria*, que em 2014 publicou um dossiê intitulado *La Nouvelle Critique Biographique en Roumanie: Politiques et Modèles/The New Biographical Criticism in Romania: Politics and models*. Entre os artigos publicados nesse número, chamou-me a atenção o de Ilina Gregori,[16] que, em sua "defesa da experimentação" no campo da crítica biográfica, usa como exemplo sua própria pesquisa de campo em Berlim sobre o grande poeta romeno do século XIX, Mihai Eminescu, cuja figura lembra o nosso Castro Alves. Até então, as biografias do poeta eram lacunares com relação ao período em que vivera em Berlim, o que justificava o empreendimento de Ilina: "Descobri [...] que o componente biográfico era incontornável para o justo conhecimento de um autor".[17] A pesquisadora, no entanto, apesar de todos os esforços, só encontrou entre os documentos pesquisados "alguns endereços anônimos, nomes de pessoas impossíveis de identificar", não conseguindo ir além dos estudos anteriores, que apenas nomeavam disciplinas cursadas e professores da universidade onde Eminescu havia estudado entre 1872 e 1874. Convencida de que "a ausência de documentos pessoais ou de fontes diretas não nos deveria impedir de tentar reconstituir o que poderia ter sido a vida desse estudante romeno que era Eminescu durante esse período", a pesquisadora resolveu usar a precariedade das informações a seu favor, instigada pelo desafio: "A aventura da *parabiografia* me parece preferível à prudência autorrestritiva".[18]

Ilina passou a procurar, então, pela "sombra" do poeta, investindo em uma das ressonâncias da ideia de presença, o que lhe pareceu

---

[16] GREGORI. La Biographie à l'épreuve: plaidoyer pour l'expérimentation.

[17] EMINESCU *apud* GREGORI. La Biographie à l'épreuve: plaidoyer pour l'expérimentation, p. 43.

[18] "*L'aventure de la parabiographie me semble préférable à la prudence auto-restrictive*" (GREGORI. La Biographie à l'épreuve: plaidoyer pour l'expérimentation, p. 44).

semanticamente compatível com a genialidade do biografado. Reconstituiu percursos de Eminescu por Berlim, convencida de que o jovem escritor

> não poderia se ausentar fisicamente dos lugares onde se esbanjava e se exibia orgulhosamente o *"esprit du temps"*, o *Zeitgeist*. [...] Cri divisar a "sombra" do poeta no momento em que, debruçando-me mais uma vez sobre seus bizarros projetos literários daquele período, descobri correspondências entre seu imaginário pessoal e aquele que tomava forma entre as obras de arte culturais da cidade, visitadas quotidianamente pelo jovem romeno.[19]

Ilina Gregori passeia pela rua onde seu poeta morara, examina os prédios e as paisagens, à busca dos ecos de seus passos. Nos escritos de então, fixa a imagem de um velho armário que fazia parte de sua mobília, vendo nele a metáfora de uma "biblioteca-arquivo". Com o único indício material de um envelope vazio com o endereço do biografado, constrói o que chama de "parabiografia"[20] e "onirobiografia".

Brian Ganaway comenta, em uma resenha do livro *Dust: The Archive and Cultural History*, de Carolyn Steedman, que essa historiadora vê a pesquisa histórica como um esforço de "construir significado a partir da poeira e dos detritos das vidas das pessoas".[21] Em artigo[22]

---

[19] "[...] *ne pouvait s'absenter physiquement des lieux où se dépensait et s'affichait orgueilleux 'l'esprit du temps', der Zeitgeist. Un tel point-repère, jalon de la modernité dirais-je, je l'ai identifié dans le magnifique paysage muséal berlinois de l'époque. J'ai cru percevoir 'l'ombre' du poète au moment où, en me penchant une fois de plus sur ses bizarres projets littéraires de la même période, j'ai découvert des correspondances entre son imaginaire personnel et celui qui prenait forme dans les chefs-d'œuvre culturels de la ville, visités au quotidien par le jeune Roumain*" (GREGORI. La Biographie à l'épreuve: plaidoyer pour l'expérimentation, p. 44).

[20] Que define como "investigações realizadas na atmosfera sociopolítico-cultural do personagem" (GREGORI. La Biographie à l'épreuve: plaidoyer pour l'expérimentation, p. 44).

[21] "*Construct meaning out of the dust and detritus of people's lives*" (GANAWAY. Ganaway on Steedman, "Dust: The Archive and Cultural History", [s.d.]).

[22] Ávila, *Lastro e rastro*.

sobre a correspondência de escritores, também explorei a oposição entre a materialidade da documentação (lastro) e a impalpabilidade do acontecimento (rastro).[23] É preciso ancorar a argumentação em algum dado, mas muito dela dependerá sempre de especulação.

Eneida Maria de Souza encarou a mesma questão com relação ao diário alemão de Guimarães Rosa, que lhe rendeu, entre outros, o texto intitulado, justamente, "Rosa residual". Embora lidando com um escritor do século XX, bem mais próximo no tempo que o Eminescu de Ilina, o chamado *Diário de guerra* de Guimarães Rosa apresentava, em sua junção de fragmentos, recortes, trechos em alemão, um quebra-cabeças ou um tangram[24] para o pesquisador (no caso, os pesquisadores do Acervo de Escritores Mineiros da UFMG, como mostra Reinaldo Marques em artigo de 2009[25]). Levada pelo obstáculo que representou a recusa da família em autorizar a publicação do diário, Eneida atribui inicialmente a esse tipo de dificuldade o apelo à especulação:

> A invenção de biografias tornou-se, diante de censuras de familiares e da dificuldade em registrar dados verificáveis, moeda comum no âmbito literário. Na tentativa de preservar a "verdade biográfica" e o domínio sobre a vida dos escritores, os supostos donos de patrimônios literários e de vidas perdem gradativamente a oportunidade de tornar menos mercadológico o legado inédito da obra dos autores.[26]

Mais adiante, porém, cita a formulação de Maria Helena Werneck, autora de *O homem encadernado*, livro sobre as biografias de Machado de Assis, formulação que também se aplica ao trabalho de Ilina Gregori:

---

[23] Está aqui subsumido o conceito derridiano de *trace*, que pode ser traduzido como rastro, marca, resto, traço, vestígio.

[24] Ver considerações sobre esse jogo na introdução do meu livro *Diários de escritores*.

[25] MARQUES. Grafias de coisas, grafias de vida. *In*: MARQUES; SOUZA (org.). *Modernidades alternativas na América Latina*.

[26] SOUZA. Rosa residual, p. 46.

> O biógrafo, impotente para se aproximar do corpo distante, torna-se um leitor movido pelo interesse histórico. Mas, ao sair em busca da verdade histórica, encontra a natureza implacável ou indiferente, sem nenhum vestígio da presença do homem que procura. Depara-se, quando muito, com os locais de peregrinação, delimitados como reserva de signos da vida a serem preservados [...].[27]

Eneida, como Ilina, desloca-se para uma cidade alemã – dessa vez, Hamburgo – para refazer os trajetos de escritor, "percorrer o bairro onde residiu nas suas várias residências; visitar o restaurante no Hotel Atlantic, onde ocorriam os encontros oficiais e jantares; percorrer o rio Alster [...]".[28] Contemplar o que o escritor contemplou, pisar o chão que ele pisou, aparentemente ritos de devoção, operam, quando exercidos pelo crítico, uma ruptura com "critérios de verdade biográfica, por entender que a procura de provas não atende a propósitos realistas de construção de perfis".[29]

Ilina lembra em seu artigo já citado uma passagem de carta de Freud a Arnold Zweig (1936): "Querer escrever uma biografia é saber desde o início que se vai mentir, dissimular, enganar, embelezar as coisas, até mesmo silenciar sua própria impotência para entender. Pois a verdade biográfica não é atingível e, mesmo supondo que fosse, não nos serviria para nada".[30]

As visitas de Eneida Maria de Souza ao zoológico Hagenbeck, de Hamburgo, local de passeio frequente de Guimarães Rosa, criam entre a crítica e o escritor uma memória compartilhada, de que ela se valerá para escrever o artigo "De animais e de literatura: Rosa, Kafka e Coetzee". Não apenas essas visitas a levam a pensar sobre o sentido

---

[27] WERNECK. *O homem encadernado: Machado de Assis na escrita das biografias*, p. 196.

[28] SOUZA. Rosa residual, p. 52.

[29] SOUZA. Rosa residual, p. 52.

[30] *Apud* GREGORI. La Biographie à l'épreuve: plaidoyer pour l'expérimentation, p. 41. A citação aparece traduzida, sem transcrição do original alemão.

da criação e manutenção de zoológicos e como os valores subjacentes a essas instituições são subvertidos na obra de Rosa: o tema leva-a ainda a estabelecer conexões com outros escritores e as relações de sua literatura com os animais, projetando no espaço e no tempo uma rede iniciada pelas anotações do diário, objeto inicial da pesquisa. Uma pesquisa vai sempre nos levar para caminhos inusitados, por mais que se queira delinear seus limites.

A própria pesquisa que me levou a Ilina Gregori acabou por tornar-se para mim a possibilidade de encenar um encontro, que por algum tempo pareceu-me possível, como antes eu pensava ser possível trazer Ernst Jandl ao Brasil: o encontro entre Eneida e Ilina, entre os estudos culturais de dois lugares não centrais na ordem mundial, Brasil e Romênia. Se tivessem caminhado o bastante na Alemanha, elas poderiam ter se encontrado naquele ambiente estrangeiro a ambas, que ali perseguiam objetivos alóctones.

Cheguei a mencionar minha descoberta bibliográfica à própria Eneida. O momento não ajudava: tratava-se de reunião social onde conversas de todo tipo se entrecruzavam. Nem ela pôde dar-me suficiente atenção nem a existência desses estudos de crítica biográfica que considerei afins aos seus lhe pareceu tão atraente que valesse o esforço de gravar na memória a informação em meio a tantas outras interações que a reunião social proporcionava. As exigências da vida acadêmica fizeram-me adiar o projeto de trazer Ilina Gregori ao Brasil. Hoje, o encontro presencial entre as duas teóricas não é mais possível.

Vida-a-mais

> *A minha proposta é que os conceitos não nascem*
> *apenas de outros conceitos, mas também de imagens,*
> *de metáforas: a sugestão é a de que o mundo imagético*
> *propicia certa entrada na teoria.*
> Eneida Maria de Souza

De certo modo, podemos pensar que a pesquisa em arquivos ocupa um extremo oposto ao da teoria, no sentido de que o arquivo representa a materialidade, e a teoria depende da abstração. A imagem verbal estaria a meio caminho: sem a concretude do objeto, evoca o mundo sensível, mas em sintonia com o mundo das ideias. Constrói, portanto, uma ponte entre presença e ausência, como descobriram os desenhistas de Cro-Magnon. Uma pesquisa que parte do arquivo, dos seus objetos, passa muitas vezes por um processo de metaforização destes. Um texto teórico que parte de imagens, por outro lado, deve muito de sua efetividade à evocação do objeto literal paralelamente ao seu uso metafórico.

Eneida Maria de Souza, em um ensaio sobre o estruturalismo, cria toda uma argumentação a partir do caderno de notas brasileiro de Lévi-Strauss, cuja concretude objetal recolhe-se diante da presença evocativa de um odor capaz de trazer à lembrança do antropólogo "outros odores, humanos, animais e vegetais" e até mesmo sons e cores percebidos em suas andanças pelo Brasil Central. Tratava-se do cheiro do creosoto utilizado para evitar mofo e formigas na bagagem de campo, tornado memória, "a coisa mesma, uma parte sempre real do que vivi".[31] Contrariando os semas habituais do olor, sua volatilidade e dispersão, esse elemento impalpável que segundo Lévi-Strauss se transforma em coisa transmuta-se no texto de Eneida em imagem, tão eficiente quanto as de Walter Benjamin, que a crítica, em entrevista de 2016, propõe como exemplo da formação de conceitos.

Em Ilina Gregori, é uma cor que dá corpo a sua argumentação sobre o caráter arquival dos escritos de Eminescu na Alemanha. Uma mancha amarela em uma velha carta tirada de um armário igualmente velho, presente em um texto eminesciano da época, torna-se, para a pesquisadora, a via que lhe permite transformar um ponto qualquer no espaço (no caso, o nome de uma rua de Charlottenburg) em um *lugar* (o endereço onde o escritor viveu um período obscuro de sua vida).

O poder metafórico de cheiro e cor na construção de um arcabouço conceitual nas duas ensaístas – podemos acrescentar também a incorpórea poeira que serve de mote a Carolyn Steedman –, ao criar uma ponte entre vida e obra, entre vida e ficção, além de

---

[31] *Apud* SOUZA. Saudades de Lévi-Strauss, In: *Crítica cult*, 2007, p. 109.

comprovar seu funcionamento como imagem, indica ainda que a sugestividade de uma imagem (ou paraimagem) não reside necessariamente no aspecto visual. Essa lição é aprendida de outro ângulo por pesquisadores de arquivos, quando, ao tentar transpor documentos, fotos e objetos biográficos[32] para um texto argumentativo, precisam primeiro tirá-los de sua existência física e criar pontes metafóricas e metonímicas que lhes deem sentido. A contraprova é o cubo negro de Tony Smith, de que trata Didi-Huberman[33]: completamente sólido, perfeitamente fechado, liso (Deleuze-Guattari), o cubo, em lugar de ser visto, ou seja, significado pelo olhar, olha-nos e "inquieta o nosso ver".[34]

No entanto, nossos hábitos de nos apoiarmos na imagem em um mundo dominado por ela vão, diante das quase imagens formadas por cheiros, cores e sons, fazer com que a memória se valha de outras imagens, estas propriamente visuais e pré-semantizadas, para "ancorar" as primeiras. Assim é que, ao lembrar o creosoto de Lévi-Strauss, eu associo a cena montada pelo antropólogo e reativada por Eneida à de outro viajante, o inglês James Wells, que, um século antes de Lévi-Strauss, percorrendo o Brasil Central, abre sua mala e a encontra habitada por baratas. Onde Lévi-Strauss menciona vagamente "bagagem" vejo então a mala aberta de Wells, mais visualmente eloquente que o caderno de notas. Essa associação se dá talvez pela proximidade simbólica de um continente vazio e um conteúdo volatilizado. O mesmo processo de reiteração do vazio e do disperso acontece no ensaio de Ilina: o papel manchado é suplementado pelo envelope vazio e pelo armário antigo de onde teria saído. Mala, envelope e armário são todos invólucros usados para conter aquilo que vale a pena guardar. Nos textos onde pontificam, porém, tornam-se índices, mais que ícones; continuam a ter caráter metafórico, mas como metáforas metonímicas. Transportam-se, μεταφορά, para o

---

[32] Tomo o termo de Violette Morin, em "L'Objet biographique".

[33] No capítulo "A dialética do visual, ou o jogo do esvaziamento", em *O que vemos, o que nos olha*.

[34] DIDI-HUBERMAN. *O que vemos, o que nos olha*, p. 95.

espaço do arquivo, mas apontam para o impalpável: a informação, a memória, o segredo, aquilo que está por se descobrir.

Mesmo de forma mais ampla, talvez o que nos atraia na imagem seja justamente aquilo que está faltando, ou seja, seu sentido. Aquilo que guarda, aquilo que promete entregar e que nos frustra quando não o encontramos lá.[35] Em lugar da revelação desejada, entrega-se um outro índice: o cheiro do creosoto, o endereço de um destinatário, entalhes elaborados[36] – *c'est là que doit se trouver le rêve de ma vie...*, diz o personagem de Eminescu. Esse "além de si" para o qual aponta a imagem seria o que a qualifica ao *Nachleben* (Warburg). Não cabe aí traduzir o termo alemão como "pós-vida", que implica mais o encerramento de uma vida e o início de outro tipo de existência. No sentido em que o emprego aqui, *Nachleben* é "vida-a-mais": exatamente aquilo que o creosoto propicia à experiência brasileira de Lévi-Strauss. O cubo preto de Tony Smith não tem lacunas, incisões, manchas: é um acontecimento fechado em si mesmo, que não dá margem à especulação. É *Leben*, no sentido de existência, mas não produz *Nachleben*. Embora nenhuma imagem seja totalmente impermeável à metaforização, é da natureza do cubo preto permanecer um ícone de si mesmo. Produz inexorabilidade: um incômodo, mais do que um transporte.

Por outro lado, creosoto e mancha amarela não são apenas metonímias do passado, como as *madeleines*, mas vias de contato (μεταφορά), não unicamente entre passado e presente, mas também com o futuro, ao apontar para algo que ainda virá a se revelar. As imagens do poema de Eliot, epígrafe deste ensaio, são sugestivas: o corredor que não percorremos, a porta que nunca abrimos. No ensaio sobre Lévi-Strauss, Eneida Maria de Souza vê nas fotos de *Saudades do Brasil* correlatos visuais do cheiro do creosoto, emissores de ideias

---

[35] Ver a discussão sobre "*it*" (isto) no capítulo III de *Alice no país das maravilhas*, de Lewis Carroll, e as considerações de Deleuze a respeito em *Lógica do sentido* (p. 27).

[36] "*Une vieille armoire en bois sombre, couverte de sculptures de haut en bas, à moitié ouverte*" [Um velho armário em madeira escura, coberto de esculturas de alto a baixo, aberto pela metade] (GREGORI. La Biographie à l'épreuve: plaidoyer pour l'experimentation, p. 45).

provocadoras de novos questionamentos,[37] imagens "em que o poder de sugestão é maior do que a realidade aí estampada",[38] corredores a percorrer, portas a abrir. O mesmo se poderia dizer do envelope vazio e da porta semiaberta do armário em Ilina Gregori. A pesquisadora quer encontrar a carta perdida e escancarar o armário; a teórica vê nos vestígios a possibilidade de especular sobre o vir-a-ser.

Parabiografia e onirobiografia são desdobramentos do factual e do vivido a partir dos quais se ultrapassa a separação entre passado e futuro pela via da especulação teórica, dado que "a vida é sonho e os sonhos, sonhos são". A autora deste ensaio apega-se também ao "*rêve de ma vie*" – a vinda de Jandl, o encontro entre Eneida e Ilina, o desejo de uma vida-a-mais.

Mas Para Quê?

Este texto quer ser uma defesa da especulação como impulso legítimo do pesquisador e afirmar seu caráter propriamente científico, se se toma a palavra "ciência" como aquisição de conhecimento. A imaginação livre não está ela mesma desprovida de método quando ligada ao sistema linguístico; por outro lado, a especulação com vista ao conhecimento deve ser feita com critério e seleção, mas tem uma base intuitiva que se dá, de início, à revelia de regras estabelecidas. As ciências duras beneficiaram-se, em sua formação histórica e em desenvolvimentos recentes, da livre especulação e da intuição, seguidas, naturalmente, de comprovação factual. As ciências humanas têm-se voltado, nos últimos tempos, para formulações não métodicas de culturas não ocidentais, em busca de novas perspectivas. Diante da emergência de novos atores culturais e de discursos antes "desprezados pela academia", é preciso "respeitar o paradoxo e a contradição como dispositivos válidos para a consolidação do debate crítico",[39] pois hoje a formulação teórica não se pode entender senão como debate de ideias.

---

[37] SOUZA. Saudades de Lévi-Strauss, p. 117.

[38] SOUZA. Saudades de Lévi-Strauss, p. 118.

[39] SOUZA. *Narrativas impuras*, p. 101.

A literatura, camaleônica forma de saber, mais que qualquer outro objeto de estudo deve, portanto, poder acolher ainda até mesmo os mecanismos do sonho e do desejo em sua crítica, que se tornou sua teoria possível. A ideia da autonomia da literatura se evapora; ela circula em meio a outros objetos de criação e com eles disputa a atenção de um público diversificado. Assim, "[a] complexa e ancestral definição de literatura e seus desdobramentos para outras artes lograriam êxito se fossem repensados critérios referentes às distintas recepções, aos meios diferenciados de divulgação e às contraditórias funções atribuídas à leitura de textos".[40]

A atenção ampliada às circunstâncias de criação e circulação de textos literários, não mais circunscritas aos confins de um sistema fechado em si, convida a pensar o âmbito da arte das palavras em suas relações com a vida e os ecos que sua recepção provoca como portadores de vozes de legitimidade equivalente às das obras elas mesmas.

Advogando a militância por parte dos intelectuais contra um obscurantismo hoje hostil tanto à alta cultura como à cultura popular urbana, Eneida faz soar em vários dos seus ensaios uma voz de firme comando. As duas intelectuais europeias que menciono neste texto, Ilina Gregori e Carolyn Steedman, terão talvez um tom menos direto, mas são personalidades que, assim como a brasileira, não se apagam nos seus ensaios acadêmicos, e sim, fazem de sua escrita grafias do desejo que esgrimem elegantemente com as normas da argumentação teórica. Todas as três inserem-se nos textos como sujeitos explícitos de suas pesquisas,[41] o que projeta mais uma conexão, ou ponte, entre elas. Todas fazem, de imagens contingenciais, pontes metafóricas entre biografemas e questões teóricas relevantes.

Talvez seja da condição feminina não se colocar num ponto transcendente ao corpo e à vida ao fazer teoria. O corpo da mulher é um campo de batalha teórico, e talvez por isso não prescindamos dele

---

[40] SOUZA. *Narrativas impuras*, p. 101.

[41] Ver o livro de Carolyn Steedman, *Landscape for a Good Woman: A Story of Two Women*.

no campo de batalha teórico.[42] Esse vínculo é responsável pela aliança entre o teorizar e o ficcionalizar, entre teoria e autoficção, como se vê, por exemplo, em Sylvia Molloy, cujo ensaio *Desarticulações* foi objeto de reflexões de Eneida Maria de Souza. Em *Narrativas impuras*, o próprio título sugere a mistura entre vida e teoria, explícita em ensaios como "Literatura é vida?", "Autoficção e vida", "Retratos pintados", por exemplo, além da inserção do retrato da autora no estudo sobre o fotógrafo Assis Horta. Através de todo o livro, fica claro que, se o corpo é fiador da vida, a vida é fiadora da teoria.[43] Embora Barthes tenha primeiro transposto os limites entre esses âmbitos, nós, teóricas mulheres, acolhemos essa postura como segunda natureza.

Como a velhinha gulosa de Macunaíma, gostaríamos de ter tudo: a vida, a teoria, a voz soante e a voz legível, o passado, o presente – e o futuro, em que se dariam todos os encontros, em que percorreríamos o corredor que jamais percorreremos, abriríamos a porta que jamais abriremos, em direção ao jardim.

Mas, como pergunta Eliot, para que perturbar a poeira em uma taça de pétalas de rosa?

Não sei.

Referências

ÁVILA, Myriam. *Diários de escritores*. Belo Horizonte: ABRE, 2016.

ÁVILA, Myriam. Lastro e rastro. *Revista Escritos*, ano 11, n. 11, p. 29-37, 2017.

BRUNEL, Pierre; CHEVREL, Yves. *Précis de littérature comparée*. Paris: PUF, 1989.

DELEUZE, Gilles. *Lógica do sentido*. Tradução de Luiz Roberto Salinas Fortes. São Paulo: Perspectiva, 1974.

---

[42] Daí este texto ceder à tendência de nos referirmos a autoras mulheres pelo primeiro nome, ao contrário da norma de citar sempre pelo sobrenome.

[43] Anote-se também o texto memorialístico "Com açúcar, com afeto", de Eneida Maria de Souza.

DIDI-HUBERMAN, Georges. *O que vemos, o que nos olha*. 2. ed. São Paulo: Editora 34, 2010.

ELIOT, T. S. *Quatro quartetos*. Tradução de Angelita Ferreira da Silva. Belém, PA: Editora da Estrela, 1997.

GANAWAY, Bryan. Ganaway on Steedman, "Dust: The Archive and Cultural History". *H-Net Reviews*, July 2003.

GREGORI, Ilina. La Biographie à l'épreuve: plaidoyer pour l'experimentation. *Dacoromania Litteraria*, v. 1, n. 1, p. 41-56, 2014.

JANDL, Ernst. *Eu nunca fui ao Brasil*. Tradução de Myriam Ávila. Belo Horizonte: Relicário, 2019.

MANNONI, Octave. *Ficções freudianas*. Tradução de Jorge Bastos. Rio de Janeiro: Taurus, 1983.

MARQUES, Reinaldo. Grafias de coisas, grafias de vida. *In*: MARQUES, Reinaldo; SOUZA, Eneida Maria (org.). *Modernidades alternativas na América Latina*. Belo Horizonte: Editora UFMG, 2009. p. 327-350.

MOLLOY, Sylvia. Desarticulações. Tradução de Joana Angélica d'Ávila Melo. *Revista Serrote*, Rio de Janeiro, n. 9, p. 35, mar.-jul.-nov. 2011.

MORIN, Violette. L'Objet biographique. *Communications*, n. 13, p. 131-139, 1969.

SOUZA, Eneida Maria de. "A literatura é uma forma de sobrevivência", afirma Eneida Maria de Souza. *Agência de Notícias UFMG*, 25 abr. 2016. Entrevista concedida a Ewerton Martins Ribeiro. Disponível em: https://www.ufmg.br/online/arquivos/043136.shtml. Acesso em: ago. 2022.

SOUZA, Eneida Maria de. *A pedra mágica do discurso*. Belo Horizonte: Editora UFMG, 1988.

SOUZA, Eneida Maria de. *A pedra mágica do discurso*. 2. ed. rev. e ampl. Belo Horizonte: Editora UFMG, 1999.

SOUZA, Eneida Maria de. Cenas de uma morte plagiária. *In*: OLINTO, Heidrun Krieger; SCHOLLHAMMER, Karl Erik (org.). *Cenários contemporâneos da escrita*. Rio de Janeiro: 7Letras, 2014. p. 115-123.

SOUZA, Eneida Maria de. Com açúcar e com afeto. *In*: NUNES, Maria Therezinha; TEIXEIRA, Maria das Graças; GARCIA, Maria Mello; ANDRADE, Therezinha (org.). *Ecos do passado: memórias da infância e da escola no século XX*. Belo Horizonte: Editora O Lutador, 2010. p. 44-48.

SOUZA, Eneida Maria de. *Crítica cult*. Belo Horizonte: Editora UFMG, 2002.

SOUZA, Eneida Maria de. *Janelas indiscretas: ensaios de crítica biográfica*. Belo Horizonte: Editora UFMG, 2011a.

SOUZA, Eneida Maria de. *Narrativas impuras*. Recife: Cepe, 2021.

SOUZA, Eneida Maria de. *O século de Borges*. Belo Horizonte: Autêntica, 2007.

SOUZA, Eneida Maria de. Rosa residual. *In*: MIRANDA, Wander Melo; SOUZA, Eneida Maria de (org.). *Crítica e coleção*. Belo Horizonte: Editora UFMG, 2011b. p. 45-57.

SOUZA, Eneida Maria de. *Tempo de pós-crítica*. Belo Horizonte: Veredas & Cenários, 2012.

SOUZA, Eneida Maria de. *Traço crítico*. Rio de Janeiro: Editora UFRJ; Belo Horizonte: Editora UFMG, 1993.

STEEDMAN, Carolyn. *Dust: The Archive and Cultural History*. New Brunswick: Rutgers University Press, 2002.

TÖTÖSY DE ZEPETNEK, Steven (ed.). *Comparative Central European Culture*. West Lafayette: Purdue, 2002.

WERNECK. *O homem encadernado: Machado de Assis na escrita das biografias*. Rio de Janeiro: Ed. EDUERJ, 2008.

Mulheres no modernismo: exercício de crítica biográfica

Marília Rothier Cardoso

Uma escrita clara, direta, fluida e elegante foi o instrumento que Eneida Maria de Souza desenvolveu para reconstruir, conforme as exigências contemporâneas, conceitos básicos de teoria da literatura. Tendo aperfeiçoado, ensaio após ensaio, essa linguagem capaz de atrair leitores de fôlegos diferentes, ela pôs em prática seu modo rigoroso de praticar a crítica tanto da literatura quanto de seus fundamentos teórico-metodológicos. Com seu tom característico, reinventou, num gesto ousado e atraente, nada menos que a crítica biográfica. Num capítulo, aparentemente despretensioso, de *Crítica cult* (2002), "Notas sobre a crítica biográfica", operou, em poucas páginas, o resgate da biografia como estratégia analítica e avaliativa, de um lado, reforçando o abandono dos equívocos do século XIX, e, de outro, apontando a potência das performances dos artistas – movimentos tão ficcionais quanto seus poemas, narrativas e telas – como integrantes indiscutíveis do conjunto da obra.

É bem conhecido seu livro *O século de Borges* (1999), em que o clima fantástico, que envolve a linguagem e a trajetória do contista argentino, serviu (bem antes da formulação do conceito de crítica biográfica) de alavanca para considerações paralelas e contrastantes entre obra, lances de vida e lenda divulgada pelo próprio escritor. Já em 2004, *Pedro Nava, o risco da memória* também exemplifica a rentabilidade dos acontecimentos vividos (ou apresentados como tal) para compor o panorama da escrita que cabe compreender e julgar. O livro de 2011, *Janelas indiscretas*, traz um conjunto de exercícios exemplares desse gênero reinventado pelas perspectivas pós-estruturalista e dos estudos culturais. Para além dos livros citados, ensaios crítico-biográficos multiplicam-se em coletâneas e periódicos acadêmicos.

No entanto, um trabalho se destaca pelo prisma renovador para o qual aponta – *Correspondência: Mário de Andrade & Henriqueta Lisboa* (2010) –, em que a apresentação, sem eclipsar o mestre do modernismo, põe em evidência um perfil de segurança poética e consciência feminista, inesperado na fortuna crítica da escritora mineira, até então, vista como construtora de dicção apurada, mas convencional. Se o autor de *Macunaíma*, com seu gigantismo epistolar, sugeriu várias leituras importantes, Eneida, estudiosa de Mário, encontrou no seu diálogo com a poeta, bem mais jovem, os indícios para uma reviravolta decisiva na percepção de sua própria obra. Para a maior parte da crítica, a linguagem de Henriqueta é classificada pelo estereótipo da feminilidade reservada. Com sua perspicácia, Eneida articulou um contraponto entre poemas, cartas e atividades político-intelectuais que revela uma Henriqueta Lisboa segura de sua dicção poética de feitio simbolista e praticante de um feminismo discreto, mas efetivo. O texto de apresentação, que traz sua assinatura, defende a persistência com que a autora de *Madrinha Lua* reafirma sua adesão à estética simbolista, sem se deixar convencer pela apologia do coloquial moderno, insistente, nas cartas de Mário de Andrade, cuja opinião era altamente respeitada pela jovem poeta.

Assim, diante desse exemplo, tão eloquente, da eficácia da crítica biográfica, delineada e praticada por Eneida Souza, parece rentável retomar o ensaio em questão como ponto de partida para o encaminhamento – contrastivo – de algumas considerações sobre mulheres que praticaram, discutiram e integraram a divulgação da arte e das atividades culturais de vanguarda, no âmbito do momento renovador no caso brasileiro. A imagem de Henriqueta Lisboa – construída, por Eneida, na leitura das cartas trocadas entre a moça mineira e Mário de Andrade – sugere um exercício de construção crítico-biográfica de outras interlocutoras desse personagem destacado da literatura brasileira moderna.

Nos anos de introdução da arte de vanguarda no Brasil, duas artistas marcaram presença definitiva na mudança dos padrões temático-estéticos e no impacto da posição feminina no panorama cultural – Anita Malfatti (1889-1964) e Tarsila do Amaral (1886-1973). Já nos anos 1930-1940, duas outras mulheres atraíram a atenção de Mário de Andrade – Oneyda Alvarenga (1911-1985) – aluna de piano e iniciante na construção poética, que se mostrou capaz de colaborar com o mestre em sua empreitada de alargar a ação educativa e apoiadora do Estado, na direção do Departamento de Cultura da cidade de São Paulo – e a própria Henriqueta Lisboa (1901-1984), personagem definitivamente repaginada pela análise de Eneida Souza. Essa outra dupla de interlocutoras, mais moças, marca outro momento e outras dimensões da produção e divulgação da arte e da atividade pública do artista/intelectual. Pretende-se traçar algumas tomadas da vida-obra dessas realizadoras, numa tentativa de seguir a trilha crítico-biográfica, traçada por Eneida Maria de Souza, observando a potência das marcas que a lucidez de seu exercício investigador deixou na história cultural brasileira em construção.

A trajetória das quatro mulheres pode ser uma entrada promissora para uma revisão histórica da eclosão e dos desdobramentos do modernismo – movimento predominantemente masculino. Basta lembrar que, na foto emblemática das escadas do Teatro Municipal, em 1922, só aparecem homens. A primeira sugestão para essa escolha de perspectiva é anterior ao volume da correspondência Mário-Henriqueta; vem de um primeiro ensaio de Eneida Souza, "A dona ausente: Mário de Andrade e Henriqueta Lisboa", incluído na coletânea *Prezado senhor, prezada senhora* (2000), tratando da postura firme da poeta mineira diante do líder do movimento a que ela não escolhera seguir. Esse texto foi o desencadeador, em termos mais contundentes, da apresentação e das notas da publicação, anos depois, da correspondência completa. Essa leitura das cartas mostrou a potência da voz aparentemente frágil de uma poeta voltada para temas atemporais, já canonizados, mas ativa nos contatos com artistas experientes e defensora do ingresso feminino nas atividades artísticas e de política cultural. A retomada definitiva do material, em livro, rendeu à ensaísta inovadora o Prêmio Jabuti.

Para Eneida Maria de Souza, visitante tão assídua quanto perspicaz da cena modernista, a crítica pode fixar-se, paralelamente, na obra e na vida, desde que o autor seja tratado como personagem – através do modo de construção ficcional, isto é, lançando mão de relações metafóricas. Assim, lemos em "Notas sobre a crítica biográfica": "Ao se considerar a vida como texto e as suas personagens como figurantes deste cenário de representação, o exercício da crítica biográfica irá certamente responder pela necessidade de diálogo entre a teoria literária, a crítica cultural e a literatura comparada, ressaltando o poder ficcional da teoria e a força teórica inserida em toda ficção".[1]

I

Se a moça Anita Malfatti não tivesse exposto suas telas e gravuras expressionistas, em 1917, para um público paulista, desconhecedor das experiências de vanguarda e apegado ao academicismo, será que a renovação das artes no Brasil teria tido a força de um movimento, ainda comemorado, agora, em seu centenário? Sem a condenação da imprensa conservadora, nos termos exagerados de Monteiro Lobato, sem o recuo dos primeiros compradores burgueses, será que os moços, ávidos de mudança, mas ainda desorientados e dispersos, teriam somado indignação e esforços para reunir patrocínio e, em 1922, rechaçar a resistência com humor, na Semana de Arte Moderna? Historiadores da cultura, como Mário da Silva Brito, lembram que, em 1913, Lasar Segall, recém-imigrado, havia mostrado quadros igualmente expressionistas sem causar nenhuma reação negativa, mas também nenhum abalo nas expectativas da sociedade. Coube a Anita deflagrar o protesto e o aplauso, de início, ainda tímido, daqueles que, observadores das vanguardas europeias, incomodavam-se com a persistência das figuras realistas e dos versos parnasianos.

A própria Anita Malfatti – filha de imigrantes alemães e italianos, tendo viajado, muito jovem, para estudar na Alemanha e, em especial, tendo-se encantado com a liberdade, incentivada pela Independent School of Art, nos Estados Unidos – surpreendeu-se e renunciou a suas ousadias, incompreendidas por sua família e rejeitadas, com

---

[1] SOUZA. *Crítica cult*, p. 119-120.

violência desnecessária, por seus contemporâneos. No entanto, sem qualquer intenção de liderança, foi o impacto de suas pinceladas decididas e suas cores inesperadas que tirou público e crítica de uma longa acomodação preguiçosa. Guiando-nos pela perspicácia com que o olhar crítico-biográfico de Eneida Souza descobriu firmeza de propósitos na figura frágil e bem-comportada de Henriqueta Lisboa, podemos também delinear uma Anita surpreendente em suas (talvez aparentes) contradições.

Bem jovem e sozinha, tendo um pequeno defeito físico, Anita havia conseguido o apoio de tios para seguir cursos de pintura, na Alemanha, durante 1912-1913, em plena onda expressionista, a que se ligou sem dificuldade. De volta a São Paulo, expôs alguns trabalhos em 1914, que passaram praticamente despercebidos, como mostra Marta Rossetti Batista. Decide nova viagem para a América do Norte, em 1915, onde encontra, além das instigações de Homer Boss, da referida e anticonvencional Independent School of Art, o clima estimulante de uma Nova York, onde se apresentavam Isadora Duncan, os balés russos e artistas contestadores como Duchamp. Feliz e animada, traz muitos trabalhos seus e alguns de colegas, que expõe, em São Paulo, já em 1917, para a planejada indignação da imprensa e sua própria perplexidade. Os observadores estranham a "força masculina" dos trabalhos daquela moça delicada, de volta de suas viagens.[2] Passados mais de 100 anos, discutem-se equívocos de avaliação e desencontros da historiografia. Quem, efetivamente, mereceu o título de "mártir da modernização" – a moça talentosa, que, embora chocada, ganhou destaque na exposição do Teatro Municipal, em 1922? Ou Lobato, expulso, por décadas, do espaço da modernidade – ele que foi pioneiro no uso literário do coloquial, espalhou livros pelo país, publicou Lima Barreto e incentivou as pesquisas de petróleo? Na versão de Eneida Souza, a crítica biográfica levanta questões decisivas e desconstrói narrativas estereotipadas.

Para delinear um perfil de Anita Malfatti, paralelo às oscilações de sua produção e de sua carreira artística, vale notar alguns momentos

---

[2] BATISTA. *Anita Malfatti no tempo e no espaço*, p. 60.

incomuns de sua biografia, constantes nos relatos de Mário da Silva Brito, historiador da eclosão do modernismo, e de Marta Rossetti Batista, especialista na obra e na biografia da pintora. Tímida e discreta, como já registrado, a descendente de imigrantes, razoavelmente bem situada na sociedade paulistana, não se preocupava com a elegância pessoal nem mencionava certa atrofia de sua mão direita. O que impressiona, em seu comportamento de adolescente e jovem, é a sensibilidade aguda – uma espécie de paixão pelas possibilidades da arte e um impulso de enfrentar situações perigosas. Em *Anita Malfatti no tempo e no espaço*, lê-se "uma experiência da adolescente", como ela mesma contou a Luís Martins, em 1939:

> Eu tinha 13 anos. E sofria, porque não sabia que rumo tomar na vida. Nada ainda me revelara o fundo da minha sensibilidade [...]. Resolvi, então, me submeter a uma estranha experiência: sofrer a situação absorvente da morte.
> [...]
> Um dia saí de casa, amarrei fortemente as minhas tranças de menina, deitei-me debaixo dos dormentes [da estrada de ferro] e esperei o trem passar por cima de mim.[3]

Já, na *História do modernismo brasileiro*, Silva Brito tenta reconstituir os métodos algo violentos do mestre excêntrico, Homer Boss, que viajava com seus alunos para as costas da Nova Inglaterra. Diante da afirmativa da jovem Anita de que não tinha medo da morte, leva-a para um barco e navega entre rochedos, em alto-mar. "De volta do perigoso passeio, ensina Anita a 'esticar uma tela convenientemente num chassi' e afirma-lhe: "Você pode pintar".[4] Experiências de vida como essas, transformadas em emblemas, passam a caracterizar a pintora, vida afora, pela alternância entre momentos de grande ousadia e de cuidado paralisante. Essas passagens emblemáticas gravam-se como definições de sua trajetória, ora marcada pelo pioneirismo revolucionário, ora pela regressão às práticas convencionais. Levando em conta

---

[3] *Apud* BATISTA. *Anita Malfatti no tempo e no espaço*, p. 10.

[4] BRITO. *História do modernismo brasileiro*, p. 44.

a insistência histórica em tal oscilação de posturas, pode-se observar, com mais largueza de visão, que as fases opostas de sua carreira não minimizam a importância daquela exposição decisiva de 1917. A truculência da reação da imprensa e do público pode ser vista como consequência da coragem cega da moça. Ela exibiu os resultados de sua aprendizagem cosmopolita sem buscar nenhum anteparo ou mediador entre a abertura radical, que oferecia a seus conterrâneos, e o provincianismo certamente machista da cidade, incapaz de perceber o desequilíbrio do progresso material de que tanto se orgulhava. Os parâmetros complexos da crítica biográfica, que formulou, levaram Eneida Maria de Souza a ver, na escolha da linguagem simbolista por Henriqueta Lisboa, já nos anos 1940, um índice de convicção segura e não de apego à escrita do passado. Esses mesmos parâmetros dão suporte a uma leitura mais generosa do legado artístico de Anita Malfatti. Cabe lembrar o humor desafiante de Susan Sontag, no ano 1966, sugerindo, em lugar da mania racionalista da interpretação, uma "erótica da arte".[5] A sensibilidade de Anita manteve-se alerta, tanto quando adotou as liberdades da construção artística, quanto em sua reação de relativo encolhimento, buscando desenvolver outras formas de arte que a mantivessem próxima de seus conterrâneos.

A perspectiva simplificadora da imprensa não especializada tende a congelar a imagem de Anita Malfatti no instante da decepção com o fracasso da mostra de 1917. O trabalho biográfico-crítico de Marta Rossetti Batista, ao contrário, registra os movimentos seguintes da jovem pintora: mesmo decepcionada, ela não abandona sua arte; dedica-se a buscar outras possibilidades de lidar com formas e cores. Dá aulas a adultos e crianças para se manter, enquanto inclui trabalhos seus em exposições coletivas e procura apoio oficial para retomar suas viagens de estudo. No intervalo entre sua volta dos Estados Unidos e a Semana de Arte Moderna, acontecem aproximações com outros jovens envolvidos com arte. Tateante, na procura de novas possibilidades artísticas, assiste às aulas de Pedro Alexandrino, conhecido professor da linha acadêmica. Lá conhece Tarsila do

---

[5] SONTAG. Contra a interpretação, p. 23.

Amaral, filha de fazendeiros muito ricos, educada na Europa, que se sabe talentosa e experimenta a música e a pintura, ainda completamente desinformada sobre as experiências de vanguarda. Em paralelo, Anita vai recebendo, pouco a pouco, o apoio dos jovens curiosos, que apreciaram seu estilo. Oswald de Andrade e Menotti del Picchia, com acesso aos jornais, começam a movimentar-se para quebrar o marasmo cultural do ambiente. Quem mais se aproxima de Anita é Mário de Andrade, que havia visitado a exposição polêmica quase diariamente, atraído pela força de *A mulher de cabelos verdes* (1915-1916), *A boba* (1915-1916), *A ventania* (1915-1917). Essas telas, que causaram escândalo, continuaram sendo as preferidas do poeta. Concordando com a opinião de todos os companheiros renovadores da arte, ele insiste, numa carta de 3 de janeiro de 1924: "Sei que trabalhas, pelo Oswaldo. Disse-me ele que fizeste já umas coisas muito boas. Que teu último trabalho já recorda o bom tempo do 'Homem amarelo', do 'Japonês'... Bravíssimo! Lembras-te? Tu mesmo me confessaste que depois desse período nada fizeras que te satisfizesse totalmente...".[6]

Pelos relatos da época, parece que Anita Malfatti nunca se deu conta, propriamente, de que desencadeou um movimento revolucionário. Sua evidência demorou a apresentar-se, com estrépito, para toda a sociedade. A Semana de Arte Moderna só aconteceu em fevereiro de 1922, como planejado para coincidir com o centenário da independência. Constou de conferências, concertos e exposição de artes plásticas. Aí, por reconhecimento, Anita teve 20 de seus trabalhos incluídos, o maior número entre os participantes. No conjunto, o evento atraiu público amplo, que se manifestou com aplausos e vaias – estas incentivadas pelo espírito de controvérsia dos organizadores. O contraste das telas expressionistas de Anita, das esculturas de Brecheret, do trabalho peculiar de Zina Aita, entre outros, com a solenidade pesada e conformista da arquitetura do Teatro Municipal corresponde bem aos contrastes, experimentados por Anita, em sua trajetória até então e nas décadas seguintes.

---

[6] ANDRADE. *Cartas a Anita Malfatti (1921-1939)*, p. 66.

Mesmo subvencionada pela verba do Pensionato Artístico do Estado de São Paulo para passar cinco anos de estudos na França (1923-1928) e tornando-se uma figura pública, Anita Malfatti continua tendo sua trajetória avaliada como negativa, interrompida no ápice para não mais retomar o valor alcançado de início. Até Mário de Andrade, seu interlocutor mais atento e interessado, mostra, nas cartas, indícios de preocupação. Em 4 de outubro de 1925, escreve: "Diante disso inda mais me desperta a vontade de conhecer os quadros de você, sei que você também se meteu num problema intrincado, resolver definitivamente sua orientação pessoal".[7] Ao lado de avaliações francas, quando desaprovava os trabalhos da amiga, Mário lhe mandava incentivos constantes e usou de seus espaços nos jornais para divulgar opiniões positivas sobre o trabalho desenvolvido pela pintora e exposto nas mostras parisienses.

Da distância de hoje e atendendo aos critérios flexíveis e inventivos da crítica biográfica, percebem-se, no entanto, ao contrário de seus contemporâneos, aspectos saudáveis e produtivos na atividade artística que Anita nunca deixou de praticar. Examinando o acervo da pintora, Marta Rossetti mostra que sua curiosidade, sempre crescente, levou-a a não repetir estratégias composicionais. Frequentando ateliês franceses ou observando costumes e paisagens brasileiras, ela sempre se dispôs a experimentar. Também nunca deixou de expor seus desenhos, gravuras e pinturas; e sempre incluía alguns dos trabalhos impactantes de 1915-1916 entre os mais recentes que exibia. De volta de Paris, em 1928, passou a viver de seu trabalho; lecionava, fazia ilustrações, participava, com liderança, de associações defensoras dos direitos dos artistas e ainda atendia convites para avaliar candidatos a prêmios oficiais. A força acumulada por suas inseguranças e fragilidades levou-a a nunca se acomodar a uma técnica ou a um estilo. Mesmo triste com o espírito competidor de amigos, esteve sempre disposta a experimentar e submeter a julgamento o resultado de suas experimentações. Guardou, na maturidade, a paixão e a coragem da juventude.

---

[7] ANDRADE. *Cartas a Anita Malfatti (1921-1939)*, p. 104.

II

Por mais que as resenhas históricas e os livros didáticos transformem as personagens do modernismo em figuras estereotipadas – heróis e vilões da campanha contra o academicismo e contra o complexo de cultura colonizada –, é interessante reexaminar o contraste simétrico entre a trajetória das duas artistas que compuseram a iconografia da renovação da arte brasileira. Anita Malfatti, em suas viagens da juventude, lidou bem com línguas e hábitos estrangeiros e se encantou com o fazer artístico que lhe trouxesse a sensação de aventura. Por seu lado, Tarsila do Amaral teve a educação requintada dos filhos de fazendeiros afrancesados e andou em busca da arte a que deveria dedicar-se. Casou-se cedo, teve uma filha e separou-se logo. Mais tarde, conseguiu anular seu casamento. Exercitou-se nos estudos acadêmicos e, mesmo em Paris, demorou a se interessar pela exploração vanguardista. Observava o cubismo, mas, de início, não se entusiasmou com suas formas geometrizantes. Bela, elegante, simpática e cautelosa, por volta de 1917, enquanto Anita, três anos mais moça, já tinha produção suficiente para uma exposição individual de impacto, ainda frequentava, em São Paulo ou em Paris, ateliês de mestres acadêmicos. O ingresso de Tarsila nos espaços de vanguarda foi lento e cauteloso. Como todos sabem, ela estava fora quando aconteceu a Semana de Arte Moderna. Na volta a São Paulo, foi Anita quem a aproximou dos modernistas. As duas integraram, por algumas semanas, o chamado "grupo dos cinco", com Mário de Andrade, Oswald de Andrade e Menotti del Picchia. Pouco depois, Tarsila voltou para a França. Mulher elegante – "caipirinha vestida por Poiret", como a definiu, em poema, Oswald de Andrade –, ligou-se romanticamente a ele e, juntos, aproximaram-se de Blaise Cendrars e Ferdinand Léger, entre outros poetas e artistas inovadores. Durante várias temporadas em Paris, seu ateliê era frequentado por personalidades do mundo da arte do Brasil e da França.

Simpatizantes e integrantes do movimento que atuaram como jornalistas sempre se referem a Tarsila como uma personalidade das altas rodas, mas que se apresentava de modo simples e simpático em todos os lugares e situações. Destacam-se sua autoconfiança e o respeito que inspirava. No entanto, na correspondência e mesmo por observações de sua biógrafa, Aracy Amaral, percebe-se a tendência competitiva da pintora e seu hábito de fechar-se em relação àqueles – talvez, principalmente, aquelas – que tentassem interpor-se à sua carreira de sucesso. Observadas à distância, parece que não haveria razão para que uma das pintoras ameaçasse a carreira da outra, uma vez que o tempo das duas trajetórias foi oposto: Anita atingiu o máximo de radicalidade em termos de renovação artística durante o primeiro período de aprendizado. Seu pioneirismo foi muito mais involuntário do que planejado e, por isso mesmo, foi-lhe apresentado como fracasso. A partir daí, seu cuidado foi sempre manter-se na mediania. Já Tarsila preparou-se lentamente e com cuidado, sua primeira exposição foi programada para abrir-se em Paris, o que só aconteceu em 1926. Ela acercou-se de conselheiros e admiradores para que nada falhasse. Assim, garantiu sua boa recepção e, nos anos imediatamente seguintes, alcançou o ápice de sua carreira, no contexto do projeto mais ambicioso da modernização brasileira – a Antropofagia – complexificação crítica do Pau-Brasil.

Embora a correspondência entre Mário de Andrade e Tarsila do Amaral seja relativamente pequena (a edição traz 29 cartas), nas primeiras, assinadas por Mário, observa-se a idealização de sua figura bela e autoconfiante: "Mas será mesmo Nêmesis? Que és deusa, tenho certeza disso: pelo teu porte, pela tua inteligência, pela tua beleza. Mas a deusa que reprime o excesso de prazeres? Não creio. Tua recordação só me inunda de alegria e suavidade. [...] Foi a fraqueza que me fez pensar que eras tu Nêmesis. Perdão. Estou a teus pés, de joelhos. [...]".[8] Em paralelo, pouco depois da Semana, o futuro autor de *Macunaíma* afasta-se da postura idealizadora e, num lance de humor crítico, mostra sua desconfiança diante da atração exercida por Paris sobre Tarsila (ainda avaliando as correntes da arte de vanguarda) e sobre Oswald, antecipando, à sua maneira, o movimento Pau-Brasil:

---

[8] ANDRADE; AMARAL. *Correspondência Mário de Andrade & Tarsila do Amaral*, p. 57.

> [...] é verdade que considero vocês todos uns caipiras em Paris. Vocês se parisianizaram na epiderme. Isso é horrível! Tarsila, Tarsila, volta para dentro de ti mesma. Abandona o Gris e o Lhote, empresários de criticismos decrépitos e de estesias decadentes. Abandona Paris! Tarsila! Tarsila! Vem para a mata-virgem, onde não há arte negra, onde não há também arroios gentis. Há MATA VIRGEM. Criei o matavirgismo. Sou matavirgista. Disso é que o mundo, a arte, o Brasil e minha queridíssima Tarsila precisam.[9]

Ao lado dos debates estéticos, no entanto, um tema frequente na troca de cartas de Tarsila com Mário é a competição entre os membros desse primeiro grupo de entusiastas pela renovação da literatura e das artes. De um lado, com sua verve engraçada e ferina, Oswald (àquela altura, apaixonado por Tarsila) fazia piadas ofensivas contra Mário, sempre que as opiniões deste favoreciam obras de companheiros. Com seu temperamento afável e sua postura cuidadosa, Tarsila procura, sempre, minimizar suas opiniões influenciadas pelo namorado e as tiradas ofensivas dele. É o caso de sua carta breve de 22 de julho de 1923:

> Mário, caro amigo,
> Não pensei que você tomasse a sério a minha brincadeira. O Oswaldo e o Serge que aqui estavam no dia em que te escrevi leram a carta. Perguntei-lhes com que olhos você a leria. Concordaram comigo que o *knock-out* desmanchava intrigas e consequências.[10]

Enquanto Tarsila se esforçava por apaziguar os choques entre amigos – especialmente, aqueles provocados pela comicidade grosseira dos comentários de Oswald –, Mário demonstrava seu desagrado pelo clima agressivo, alimentado pelo piadista, várias vezes, mais grosseiro que perspicaz. Reafirmando sua valorização da amizade, aproveita a

---

[9] ANDRADE; AMARAL. *Correspondência Mário de Andrade & Tarsila do Amaral*, p. 78, 79.

[10] ANDRADE; AMARAL. *Correspondência Mário de Andrade & Tarsila do Amaral*, p. 76.

interlocução com Tarsila para mandar recado a Oswald. Insiste na sua indignação contra as piadas ofensivas dele e reforça sua boa vontade, no intuito de evitar um rompimento que, mais tarde, levou ao afastamento completo dos amigos de 1922: "[...] esses assuntos existem. E como os podemos esquecer, vocês e eu, que todos conservamos nosso passado comum? E quanto a mim, Tarsila, esses assuntos, criados por quem quer que seja (essas pessoas não me interessam), como será possível imaginar que não me tenham ferido crudelissimamente?".[11]

Nos meados dos anos 1920, ainda tentando manter os laços estabelecidos pelo movimento modernista, Mário procura a superação de sentimentos de inveja e rancor. Certo de que Tarsila costuma conservar uma distância equilibrada das situações de tensão, junta seu nome ao de Oswald, na abertura das missivas, no desejo de boa convivência com o casal e entre os antigos membros do chamado "grupo dos cinco". Na carta de 21 de abril de 1926, dirigida a Tarsivaldo, reprime a intermitente rivalidade entre Tarsila e Anita – rivalidade presente nas cartas de ambas, enviadas para seu endereço, naquela Rua Lopes Chaves, tornada emblema das conversas por escrito. "Vocês já viram Anita? Que tal o quadro dela que esteve no *Salon*? Olhem, não se esqueçam de arranjar as coisas para ficarem todos camaradas outra vez, não gosto dessas briguinhas muito não, é tão sossegado a gente andar todos *allons enfants de la patrie* de braço dado se rindo uns pros outros sem arreganhando os dentes [*sic*], com perdão da palavra."[12]

À distância de um século, evidenciam-se causas das rivalidades e certos mal-entendidos. A sociedade brasileira, mesmo num centro de progresso como São Paulo, estranhava as realizações intelectuais e artísticas por parte das mulheres. Aquelas que se destacavam tinham de se afastar um pouco das opiniões e pressões – como parece ter sido a saída de Anita – ou tornar-se cuidadosas em extremo e até um pouco

---

[11] ANDRADE; AMARAL. *Correspondência Mário de Andrade & Tarsila do Amaral*, p. 106.

[12] ANDRADE; AMARAL. *Correspondência Mário de Andrade & Tarsila do Amaral*, p. 95, 98.

desconfiadas – comportamento frequente em Tarsila. Na fase em que Anita procurou convencionalizar um pouco suas telas, Guilherme de Almeida, amigo e simpatizante, elogiando-a na imprensa, teria descrito "quatro ou cinco pinturas claras, frescas, surpreendentes", identificando-as como "mulherzinhas".[13] Mais experiente e dispondo de bela conta bancária, Tarsila enfrenta resistências aprimorando sua elegância. Veste-se com os modelos parisienses de Poiret para incentivar seus amigos a aplaudirem figuras extravagantes, buscadas na fazenda ou na floresta, como *A negra* (1923), *Manacá* (1927) e *Abaporu* (1928). Importa menos apontar seus pequenos deslizes do que admirar a força e a persistência dessas artistas que se esmeraram no trabalho e enfrentavam, a cada estação, o rigor redobrado dos críticos diante da arte das mulheres.

Firmado o lugar do experimentalismo no cenário artístico urbano brasileiro, com a divulgação da Semana de Arte Moderna, um de seus desdobramentos mais apregoados é o nacionalismo (já tateado pela proposta marioandradina do "matavirgismo"), perseguido a partir de 1924, quando o grupo mais aguerrido (de que participaram Mário, Oswald, Tarsila, D. Olívia Guedes Penteado, entre outros) viajou pelas cidades coloniais mineiras cicereoneando o poeta suíço Blaise Cendrars. As catedrais barrocas, adaptadas à matéria prima local, mostraram as amplas possibilidades de uma linhagem artística que transforma padrões estéticos ocidentais para reinventá-los no trópico afro-indígena. Aí, Mário teria começado a gestar *Macunaíma*, Oswald, cunhado o conceito de "poesia de exportação", concretizado em *Pau-brasil* – manifesto e coletânea de poemas –, e Tarsila desenvolveu uma nova relação com a cor. O clima de blague séria da viagem encaminhou, certamente, o estilo condensado e cosmopolita de Oswald e o colorido contrastante que passaria a identificar o pincel de Tarsila. Essa guinada de rumo, que a história simplificou como "nacionalismo", impõe discussão da perspectiva contemporânea. Ainda mais que Pau-Brasil, como primeira matéria exportável, denuncia-se como o incentivo crescente ao desmatamento e a outro

---

[13] *Apud* BATISTA. *Anita Malfatti no tempo e no espaço*, p. 122.

mal – a miscigenação, acolhida enquanto promessa da democracia racial. Nessa encruzilhada perigosa foi que Tarsila encontrou seu traço característico e, junto a Oswald, transformou "tabu em totem", estabelecendo, por volta de 1928, a Antropofagia.

Importante avaliar essa aparente virada radical pelos critérios antirracistas e decoloniais do corrente século XXI. O ponto de partida pode ser a leitura negativa da tela *A negra*, de 1923, desencadeadora do estilo-Tarsila, discutida com extremo rigor em *Modernismos 1922-2022* (2022), por Renata Aparecida Felinto dos Santos, artista visual e professora de Teoria da Arte na Universidade Regional do Cariri. O ensaio insiste na ausência de "representatividade"[14] de uma figura que se prenderia a memórias de infância da pintora, vinda da aristocracia rural paulista, em plena convivência, na abertura do século XX, com evidentes resíduos da escravidão. Menos do que negar o valor estético da tela, o que se busca é o contraste entre "a alienação modernista quanto à situação dos negros"[15] e a força de trabalhos das décadas posteriores (1940-1970), quando artistas negros, como Heitor dos Prazeres, Octavio Araújo, Pedro Paulo Leal e Madalena dos Santos Reinbolt, produziram figuras e imagens de atividades populares características das periferias, onde predominava a população afrodescendente. Os exemplos, citados por Renata Felinto, quase todos desconhecidos, denunciam a falta de preparo e sensibilidade da crítica para os legados plásticos paralelos à corrente hegemônica da arte ocidental. Se o centenário da eclosão do modernismo coincide com um crescente reconhecimento da obra de integrantes das comunidades afrodescendentes e ameríndias, trata-se de boa oportunidade para reavaliar a tendência nacionalista do movimento desencadeado pela Semana de 1922. Não se trata da desqualificação do trabalho das pioneiras, Anita e Tarsila. A hora é de substituir o padrão homogeneizante da "brasilidade" pela valorização do convívio contrastante

---

[14] SANTOS. Representação, representatividade e necropolítica nas artes visuais, p. 663.

[15] SANTOS. Representação, representatividade e necropolítica nas artes visuais, p. 664.

entre temáticas, estilos e técnicas provenientes de tradições étnicas diferentes, aceitas em sua autonomia e variedade.

No estudo amplo e cuidadoso que desenvolveu sobre a obra de Tarsila, Aracy Amaral, ainda nos anos 1970, é cautelosa em distinguir o móvel imaginário-estético que produziu os traços e cores, responsáveis pela fama da pintora, das aspirações político-filosóficas de seus companheiros modernistas – no caso, em especial, de Oswald de Andrade, seu parceiro, entre 1923 e 1929, quando as tendências Pau-Brasil e Antropofagia se destacavam por sua inventividade radical. Conforme sua biógrafa e crítica, Tarsila teria sido, em relação aos modernistas, "uma acompanhante alheada e imersa em seu mundo".[16] Assim, se, em relação a telas como *A negra*, deplora-se seu olhar algo cruel, sem empatia com as questões da negritude, por outro lado, o apelo de quadros como *Abaporu* e *Antropofagia* (1929), permanece, até o presente, mesmo em confronto, por exemplo, com a arte requintada do macuxi Jaider Esbell. De maneira equivalente, como aponta Aracy Amaral, "na fase social, ou assim dita", dos anos 1930, ela não se engaja na luta socialista, mantém-se "contemplativa, de tendência para o devaneio",[17] o que não desmerece *Operários* (1933) nem *2ª classe* (1933).

Vale, então, propor um lugar específico para a obra de Tarsila – e, guardadas as diferenças, também para a de Anita Malfatti – diante das restrições atuais ao nacionalismo (equivocado ou perigoso, porque tendente ao fascismo, no caso do Verde-Amarelismo ou grupo de Anta). Vindas de uma educação feminina, ambas, cada qual a seu modo, tiraram o melhor partido possível da convivência com tendências revolucionárias da arte estrangeira e, ao longo da carreira, buscaram adaptar técnicas anticonvencionais a imagens, gravadas em sua memória de criança ou que captaram sua atenção, ao longo da vida, depois da efervescência modernizadora. Dessa perspectiva, haveria paralelo entre a fase social de Tarsila e os quadros em que, nos anos 1940, Anita pintava cenas interioranas e folguedos populares. Ainda

---

[16] AMARAL. *Tarsila: sua obra e seu tempo*, p. 341.

[17] AMARAL. *Tarsila: sua obra e seu tempo*, p. 341.

sobre a questão da programática brasilidade modernista, cabe uma ressalva necessária. Seu momento mais radical – a Antropofagia – escapa da zona escorregadia do nacionalismo. A proposta, que Oswald de Andrade apresentou no manifesto de 1928 e retomou em outras ocasiões, em especial nos ensaios (saudavelmente) ambiciosos "A crise da filosofia messiânica" (1950) e "A marcha das utopias" (1954), vem do gesto proposital de apropriação do rito indígena num esforço de reverter o colonialismo e tensionar informações culturais de povos diferentes, fora da hierarquia imperialista. Utópica ou mesmo heterotópica, a Antropofagia reafirma, através das décadas, sua aversão ao humanismo. Eduardo Viveiros de Castro, em texto militante, "Os involuntários da pátria" (2017), assim se refere a Oswald: "autor do poderoso conceito contra-antropológico de antropofagia [...], construindo ou propondo uma devoração metafísica do conceito de homem".[18] A sugestão definitiva para a construção e divulgação desse conceito veio do *Abaporu*, pintado por Tarsila.

III

O enfoque da história do modernismo através das trajetórias de Oneyda Alvarenga e de Henriqueta Lisboa traz um panorama bem distinto daquele que se apresentou ao redor das carreiras destacadas de Anita Malfatti e Tarsila do Amaral. Nascidas no final do século XIX (Tarsila, três anos mais velha que Anita), a produção inicial das duas pintoras é indispensável à determinação dos rumos do movimento. O choque causado pela liberdade da arte de Anita deu o alarme que reuniu os jovens escritores inquietos e os levou a buscar patrocínio e planejar a Semana. Palestras, concertos e a exposição de fevereiro de 1922 incorporaram aspectos da gratuidade expressionista de quadros com a força de *A ventania* e de *A boba*. O impulso de romper com as convenções e incorporar soluções inesperadas e provocantes, concretizado no *Abaporu*, estimulou a adoção da Antropofagia como princípio construtor da arte. Decididas e bem-informadas, Anita e Tarsila

---

[18] CASTRO. Os involuntários da pátria: elogio do subdesenvolvimento, p. 3.

estabeleceram novas linguagens picturais. Quando chegou a sua vez, as integrantes da geração seguinte, Oneyda e Henriqueta, marcaram presença na modernização das relações culturais, mas, ainda que necessárias e úteis, suas atividades não chegaram a impor linguagens novas. Nascidas com o século XX, comportaram-se brilhantemente, mas não foram além da posição de discípulas. Henriqueta Lisboa, situando-se, por formação, num horizonte universalista e erudito, garantiu o direito de manter sua linguagem poética simbolista, a despeito da doutrinação revolucionária do mestre Mário de Andrade. Oneyda, 10 anos mais jovem, provou-se capaz de organizar e dirigir a Discoteca Municipal – colaboração importante para a gestão marioandradina no Departamento de Cultura de São Paulo. Praticou, bissextamente, a composição poética e abriu caminho para mulheres na administração de entidades governamentais voltadas para ação no meio popular. Ao longo dos anos, consolidou sua intervenção nos debates públicos, como especialista em música erudita e folclórica. Tendo acompanhado as pesquisas de Mário de Andrade, prestou o serviço indispensável de organizar e publicar todo o material que ele reuniu e não teve tempo de transformar em livro. Para a observação da lenta, mas consistente, ascensão das mulheres no espaço cultural do país, revisitar as carreiras peculiares de Oneyda e Henriqueta parece decisivo. Suas trajetórias mostraram-se, de um lado, como realização artística que aprimora e consolida uma tendência minoritária, mas poderosa, e, de outro, como competente na coordenação de instituições necessárias ao progresso social.

Tendo Henriqueta e Oneyda como emblemas, a modernização da sociedade brasileira foi-se abrindo para admitir mulheres em atividades diversas. A segurança de Henriqueta na escolha de seus meios de expressão abriu caminho para inteligências comuns ganharem a atenção do público. Pouco a pouco, não foi só a excepcionalidade de uma artista ou a beleza, fortuna e requinte de outra que lhes garantiram os holofotes da crítica. Da parte de Oneyda, a curiosidade intelectual e o empenho no cumprimento de tarefas, mais do que singularizá-la entre os interlocutores de Mário de Andrade, abriu caminho às moças para carreiras de pesquisa e administração. Num período em que as questões de gênero e raça não passavam de especulações da elite dos estudiosos, ela garantiu sua contribuição, discreta, mas insistente, para o registro preciso das performances do saber popular, em especial, pesquisando e divulgando a importância das contribuições africanas para a música brasileira. É possível retomar a atividade dessas duas moças – quase comuns – como indício de acomodações e pequenos ajustes de rota da modernização. Aproximando-se do núcleo central do movimento intelectual-artístico, elas não buscaram aderir a ele. Empenharam-se no cumprimento de suas tarefas, desconsiderando pequenos tabus de fragilidade e incompetência das mulheres. O ensaio de Eneida Maria de Souza mostra a firmeza de Henriqueta Lisboa no refinamento da dicção poética escolhida e na participação assídua em associações de escritores.

O que circula sobre a trajetória de Oneyda Alvarenga foi, em sua maior parte, escrito por ela mesma, tendo em vista seu empenho em registrar as inúmeras contribuições de Mário de Andrade tanto para a revisão dos padrões estéticos e críticos das artes e da cultura, quanto para a política de preservação e divulgação do patrimônio histórico e artístico. Tendo concentrado sua própria formação na área de música, é aí que se concentram os temas do legado de Oneyda para os estudiosos do período modernista e de seus desdobramentos. Conforme narra, ela se deslocou do sul de Minas para São Paulo, muito jovem, para completar seus estudos de piano no Conservatório Dramático e Musical, como aluna de Mário de Andrade. Aí, começou a grande influência do mestre sobre suas ideias e valores. Mesmo depois de formada e tornada colaboradora importante do Departamento de Cultura da Prefeitura de São Paulo, a convite de seu primeiro diretor, Oneyda sempre se comportou como discípula e fez da correspondência um espaço de apoio, aconselhamento e busca de estímulo para enfrentar tarefas práticas inovadoras e investigações complexas.

A numerosa correspondência entre Oneyda e Mário combina a formalidade das relações entre professor e aluna e as efusões de uma amizade fundada em temperamentos e interesses afins. A primeira carta está datada de 19 de junho de 1932 e se anuncia como "relatório" de "atividades semanais", combinado como tarefa de férias. Como as seguintes, é dirigida a "Seu Mário" – tratamento aprovado por ele, que, embora se mostre exigente, não esconde sua simpatia pelas posições tomadas pela aluna. Essa simpatia certamente se justifica pelos versos que a moça mineira já escrevia e que foram revelados por sua mãe, num momento de indiscrição planejada. Esses versos, aprovados, com sugestões, pelo batalhador da dicção moderna, foram encaminhados para publicação, por iniciativa dele, com o título curioso de *A menina boba*. Em momentos em que ele queria, carinhosamente, puxar as orelhas dela, era assim que a chamava. Note-se, numa outra carta de férias (16 de janeiro de 1933), como são tratados seus experimentos de escrita poética: "Não me esquecerei dos conselhos. Acha que vale a pena refazer depois esses últimos versos ou é melhor largá-los de mão? Estou com preguiça de tentar consertá-los. Esperarei minha volta a São Paulo pra ver seus comentários no caderno, mas palavra que, de qualquer modo, ando com pouca vontade de mexer com eles".[19]

Em resposta, com semelhante combinação de rigor e flexibilidade, Mário considera: "Quanto aos versos, você fará como quiser. Sobre isso conversaremos mais espaçadamente aqui. Mas, embora eu não goste de aconselhar ninguém, eu lembraria a você, uma metodização mais enérgica, mais consciente, mais moderna de sua vida".[20] Em 1933, quando já estava terminando o curso e devia apresentar uma tese, Oneyda não poupa o professor de perguntas nem deixa de exibir suas reações aos argumentos positivos que ele costuma usar: "Parece que no fundo o caso é este: me preocupo tanto com o *resultado* do trabalho que não posso me dedicar com proveito a ele. Se eu sei a causa, posso eliminá-la, não é? Engano, ela é mais forte que eu. Não me posso esquecer nem desse maldito resultado, nem do prazo de entrega do trabalho".[21]

Depois de algumas cartas nas quais dúvidas, hesitações e alguma autodepreciação, da parte de Oneyda, não chegam a dissimular sua desenvoltura na escrita nem sua firmeza de opinião, fica-se sabendo que ela entregou a tese e está à espera do diploma, experimentando alguns empregos como professora. Embora não se adapte a esse tipo

---

[19] ANDRADE. *Cartas: Mário de Andrade, Oneyda Alvarenga*, p. 42.
[20] ANDRADE. *Cartas: Mário de Andrade, Oneyda Alvarenga*, p. 44.
[21] ANDRADE. *Cartas: Mário de Andrade, Oneyda Alvarenga*, p. 51.

de atividade, mantém o mesmo ritmo na correspondência e dá informações sobre pesquisas de cantigas populares, que vai recolhendo, em sua terra, de acordo com as orientações dadas pelo professor, ativo pesquisador desse tipo de material. A virada decisiva na relação entre os dois surge, em 6 de maio de 1935, quando Mário é convocado pelo prefeito de São Paulo a dirigir o Departamento de Cultura e Recreação, que estava sendo criado. Aberta a possibilidade de tornar-se diretor de instituição pública, Mário acena para Oneyda, com o propósito de (se o projeto se concretizar) contratá-la para uma função no novo departamento.[22] Depois de semanas tensas de decisões políticas, Mário de Andrade é, finalmente, nomeado diretor do Departamento de Cultura e avisa a Oneyda que continua buscando um lugar para ela. Em 17 de agosto de 1935, telegrafa para Varginha, avisando que ela deve ir imediatamente a São Paulo para tomar posse como chefe da Discoteca Pública. Ainda em maio, outra transformação já se havia evidenciado na troca de cartas – numa espécie de competição com Manuel Bandeira, também interessado nos poemas da moça e seu correspondente eventual, Mário autoriza Oneyda a mudar o tratamento de "senhor" para "você". Explica-se nestes termos: "Agora somos, muito acima de professor e aluna, somos dois ótimos amigos um do outro, amizade que eu espero não se acabará mais".[23] Na resposta, em que agradece, emocionada, Oneyda trata-o simplesmente por Mário e é assim que passa a dirigir-se a ele. No entanto, continua marcando a distância entre as posições: "Bem sabe que me acho mesmo muito pequena e o enxerguei sempre tão alto, que nunca me passou pela cabeça que você pudesse me dar no seu coração outro lugar que não o de uma menina inteligente, trabalhadora e a quem a gente quer bem".[24] Por frases como essa fica evidente que, como a maior parte de suas companheiras de geração, Oneyda oscila entre a coragem de afirmar sua competência, de colocar-se no mesmo plano que os homens – mais velhos ou mais jovens, mais cultos ou com

---

[22] ANDRADE. *Cartas: Mário de Andrade, Oneyda Alvarenga*, ver p. 104, 105.

[23] ANDRADE. *Cartas: Mário de Andrade, Oneyda Alvarenga*, p. 111.

[24] ANDRADE. *Cartas: Mário de Andrade, Oneyda Alvarenga*, p. 114.

menos preparo –, e a insegurança que aconselha a mostrar-se (mesmo que por falsa modéstia) em patamar inferior.

Em 1937, com a instauração do Estado Novo e a exoneração do prefeito de São Paulo, Mário de Andrade perde o cargo de diretor do Departamento de Cultura e, sem função, é obrigado a mudar-se para o Rio e ocupar os cargos que lhe oferecem, ligados ao Ministério da Educação e Saúde. Só volta a morar em São Paulo em 1941. Nesse período, são muitas as cartas que Oneyda envia para ele, pois continua como responsável pela Discoteca Pública e deseja seguir, sem o mínimo desvio, os planos traçados por Mário de Andrade, quando instituiu a Discoteca, entre as seções previstas para que o Departamento de Cultura cumprisse suas funções de servir à população da cidade. Sempre se avaliando por um prisma de grande rigidez, Oneyda ora entusiasma-se com convites para palestras, publicações ou aprimoramentos nas funções de discotecária, ora sente-se incapaz e pede socorro àquele que tem na conta de seu constante mestre. Vale observar alguns fragmentos de suas cartas. Submetia ao julgamento dele tudo que escrevia, desde poemas até conferências e artigos encomendados, e levava a sério todas as recomendações desse leitor cuja opinião tomava quase como lei. Veja-se a abertura do envio de 17 de fevereiro de 1939: "vou responder metodicamente a sua carta, seguindo os itens em que você esclareceu a natureza de sua inquietação a respeito das minhas palestras, especialmente as duas sobre o século XVIII".[25] Em outra ocasião, destacada ao acaso, 27 de fevereiro de 1940, lemos: "Aqui vai uma carta pequena, para lhe comunicar que o artigo do Teodoro Sampaio já foi entregue ao Saia e para pedir sua opinião a respeito do problema dos nossos concertos".[26] No mês seguinte, a propósito de longo trabalho proposto, avalia suas forças de modo pessimista:

> Me sinto mesmo um pouco acovardada diante da responsabilidade do trabalho, não pelo que ele representa do esforço, mas pelo

---

[25] ANDRADE. *Cartas: Mário de Andrade, Oneyda Alvarenga*, p. 172.
[26] ANDRADE. *Cartas: Mário de Andrade, Oneyda Alvarenga*, p. 210.

que ele requer do amadurecimento intelectual, do destemor de pensar por mim mesma e de agudeza de visão crítica. [...] Mas vou tentar assim mesmo. Sempre terei você para me ajudar e para me aconselhar a desistir, se as cousas não correrem bem.[27]

Em outros momentos mais raros, Oneyda demonstra dar-se conta de que é dona de seus escritos e bem pode responsabilizar-se por eles. Sem admitir explicitamente essa independência, revela-a, pela via indireta do humor de que se serve para minimizar sua habitual – e falsa – insegurança:

> Não tenho escrito mesmo, por absoluta ausência do que dizer. Embora sempre me apareça vontade de lhe escrever, me sobra bastante uma certa vergonha de encher papel com prosa mole pra elefante fazer tricô. Já que você gosta da gente a ponto de aceitar até besteira, pois lá vai besteira, Mário amigo.
> A maior são os versos que mando para o seu indispensável visto.[28]

Assim, pode-se observar, nas cartas que Oneyda Alvarenga dirige a Mário de Andrade, um traço da situação feminina ainda incerta, nos meados do século XX. As moças que se preparam para exercer cargos de liderança e tomar decisões importantes desejam seguir o que se considera o comportamento moderno, que acena para o equilíbrio no tratamento das realizações de homens e mulheres, mas esbarra em dificuldades e dúvidas absorvidas dos usos tradicionais. Por seu turno, aquelas que não tiveram oportunidade de estudar e preparar-se acabam nem tendo dúvidas; veem-se forçadas a submeter-se às exigências classistas e machistas. Talvez, por isso mesmo, as cartas de Oneyda atraiam nossa atenção, no contemporâneo; elas põem à mostra os sintomas que devem ser tratados e superados. As tiradas de humor põem a nu as contradições da sociedade que se quer moderna.

---

[27] ANDRADE. *Cartas: Mário de Andrade, Oneyda Alvarenga*, p. 214, 215.
[28] ANDRADE. *Cartas: Mário de Andrade, Oneyda Alvarenga*, p. 189.

IV

Os ensaios, em que Eneida Maria de Souza experimenta e desenvolve sua proposta teórica da crítica biográfica, têm a vantagem suplementar de inserir, no contexto sócio-histórico, a articulação entre circunstâncias da vida e condições para a invenção artística. O contraponto, aqui proposto, entre a geração de inventores da virada do século e participantes da cena cultural nos meados do século XX procura explorar a possibilidade de observar-se um momento de certa ampliação dos integrantes do primeiro time intelectual-artístico. Enquanto Anita Malfatti e Tarsila do Amaral representam o início da ocupação do espaço da vanguarda por mulheres da elite econômica e das camadas de imigrantes mais abonados, o protagonismo (ainda que limitado) de Henriqueta Lisboa e Oneyda Alvarenga indica a entrada de moças da classe média no circuito da literatura e da administração pública dos assuntos culturais.

As relações entre Henriqueta Lisboa e Mário de Andrade são bem mais cerimoniosas do que aquelas que transparecem nas cartas de Oneyda, sua companheira de geração. No entanto, mesmo que se trate de uma troca de cartas entre dois poetas, reconhecidos pela crítica, a postura da mais moça é de admiração respeitosa e um leve tom de desafio de quem sabe que construiu sua obra com plena independência e algum orgulho do lugar feminino que soube garantir na fortuna crítica da poesia brasileira. Henriqueta jamais pede ajuda a Mário, mas, mesmo desviando-se fortemente das suas lições, deseja sua aprovação.

Enquanto a juventude e as primeiras telas e exposições de Anita e Tarsila foram impulsionadoras de uma estética e de comportamentos modernos – e, paralelamente, suas trocas epistolares com Mário de Andrade registraram momentos de planejamento, euforia e dúvida –, o intercâmbio entre Henriqueta e Mário se deu num período em que os modernistas já faziam sua autocrítica, e suas obras mais radicais davam motivo a contestação. O clima de 1921, quando Mário envia sua primeira carta a Anita, é de expectativa sobre as possibilidades de divulgação e recepção da arte de vanguarda. Dezoito anos depois (1939), quando Henriqueta se dirige ao mestre do modernismo, o choque das vanguardas já foi absorvido, e circulam, entre o público leitor, tendências as mais diversas, tanto desdobramentos do nacionalismo renovador (regionalizado no romance de linguagem neorrealista), quanto experimentos afins ao surrealismo, destacando-se na poesia de Murilo Mendes e Jorge de Lima. A trajetória de Oneyda, caracterizada pela concretização dos projetos de preservar e popularizar a cultura nacional – erudita e popular –, marca a segunda etapa da arrancada nacional-modernizadora, idealizada por Mário de Andrade, através de órgãos governamentais, recém-inaugurados, como o Departamento de Cultura da Prefeitura de São Paulo e o Serviço de Patrimônio Histórico e Artístico Nacional, ligado ao Ministério da Educação e Saúde. É nessa conjuntura que se vai deparar com uma poeta mineira, já com alguns livros publicados, buscando diálogo com Mário de Andrade, mas reafirmando sua posição contraditória, se avaliada pelos critérios da modernização nacionalista. Enquanto se apresenta numa postura discreta, mas firme, de defender a participação feminina nos circuitos artísticos e intelectuais, Henriqueta defende, com segurança, sua perspectiva espiritualista e universal na composição da poesia.

No ensaio em que apresenta a correspondência entre Henriqueta e Mário, Eneida Maria de Souza pauta-se, instigantemente, por essas duas vertentes do diálogo – a prática de um feminismo bem-comportado e o apego convicto a uma estética universalista. Em novembro de 1939, Mário de Andrade foi convidado a ir a Belo Horizonte para conferências. A primeira delas aconteceu em 11 de novembro e teve, como título, "O sequestro da dona ausente" – estudo sobre o tema popular tradicional correspondente aos amores à distância, cantados desde as navegações portuguesas, que levavam os homens para longas viagens marítimas. Sua admiradora, ainda (também) à distância, Henriqueta Lisboa, não esteve presente, porque tinha um compromisso anterior. No dia seguinte, tomou a iniciativa de escrever ao palestrante, justificando-se e convidando-o a visitá-la. Os termos audaciosos do bilhete jogavam com o título da conferência. Observe-se o jogo, que abre a correspondência, nas palavras da organizadora da coleção de cartas: "Ao se desculpar pela falta, a mulher impõe sua escrita, valendo-se de artifícios ficcionais que dramatizam a experiência e produzem o distanciamento estético. Ainda na qualidade de membro de uma organização universitária feminina, a ausência poderia se justificar pelo então tímido compromisso da mulher com sua emancipação [...]".[29]

Assim, o diálogo, por escrito, entre os dois poetas constitui-se como "[l]ições de poesia e transfiguração metafórica".[30] Pouco a pouco, a firmeza respeitosa da jovem, resistindo às discordâncias do mestre em relação à sua dicção poética, enfraquecem o estereótipo da fragilidade da mulher. É o que se percebe através da argumentação de Eneida Souza, que aponta, em seguida, os "deslizes",[31] indicados por Mário, na poesia de Henriqueta: o apego à dimensão universal, associada à religiosidade, em flagrante oposição ao coloquial informal da dicção nacional-modernista, tendente ao tom de humor. De tal modo, Henriqueta se mostra convicta de suas escolhas estéticas e da repercussão ético-cristã das mesmas, desinteressada de suas "razões políticas".[32]

Se o tom elevado da linguagem de Henriqueta e seu afastamento das questões locais e cotidianas situam sua obra do lado do conservadorismo, também a adesão ao projeto modernizador, iniciado com a Semana de 1922, mostra seu lado discutível, sua tendência política a desqualificar as manifestações culturais fundamentadas no valor da ancestralidade. O grupo mais engajado do movimento, de que Mário foi um dos cabeças, apesar de seu interesse pelos costumes indígenas e pelas manifestações populares (à época chamadas folclóricas), concentrava sua atenção inventivo-crítica numa brasilidade voltada para o futuro, através das intervenções de uma máquina pública progressista e integradora. Com a lenta, mas constante, potencialização do movimento negro e da resistência dos vários povos ameríndios, percebemos, hoje, o necessário enfraquecimento da tendência nacionalista e modernizadora, que não reconhece os direitos nem a importância estratégica de culturas não ocidentais, capazes de sobreviver sem agredir a natureza. Embora construções poéticas, como a de Henriqueta, tenham pouca adesão no presente, a contrapartida

---

[29] SOUZA. A dona ausente, p. 26.

[30] SOUZA. A dona ausente, p. 24.

[31] SOUZA. A dona ausente, p. 31.

[32] SOUZA. A dona ausente, p. 32.

modernista – ainda que mais palatável para o público contemporâneo – vem sendo lembrada com restrições. Artistas e pensadores, a exemplo de Abdias Nascimento e Lélia Gonzalez, tanto quanto Ailton Krenak, Davi Kopenawa e Jaider Esbell, opõem-se tanto ao universalismo – identificado com os interesses imperialistas ocidentais – quanto ao nacionalismo – tendente à integração autoritária das culturas diferentes. Nesse sentido, se, na discussão estética, tanto os argumentos maduros de Mário quanto o sentimentalismo jovem de Henriqueta não encontram mais eco, a posição ético-social da jovem poeta, apresentando-se, orgulhosamente, como voz feminina, ganha destaque, encontra adesões muito mais radicais. No caso de ambas as questões, o que parece legítimo reivindicar é a liberdade de escolha e a abertura para a diversidade.

Atravessar essas três décadas do século XX, através do percurso artístico-investigativo de quatro personalidades femininas, corresponde a um lance de olhos sobre o avanço da intervenção das mulheres (competentes e corajosas, cada qual à sua maneira) no panorama cultural vigente. Para outras avaliações desse cenário, daqui para frente, a crítica biográfica – instrumento recuperado e aperfeiçoado, oportuna e astutamente, por Eneida Maria de Souza – mostra-se indispensável.

Referências

ALVARENGA, Oneyda. *Mário de Andrade, um pouco*. Rio de Janeiro: José Olympio, 1974.

AMARAL, Aracy A. *Tarsila: sua obra e seu tempo*. São Paulo: Perspectiva; Edusp, 1975. 2v.

ANDRADE, Mário de. *Cartas a Anita Malfatti (1921-1939)*. Organização de Marta Rossetti Batista. Rio de Janeiro: Forense Universitária, 1989.

ANDRADE, Mário de. *Cartas: Mário de Andrade, Oneyda Alvarenga*. Organização de Oneyda Alvarenga. São Paulo: Duas Cidades, 1983.

ANDRADE, Mário de; AMARAL, Tarsila do. *Correspondência Mário de Andrade & Tarsila do Amaral*. Organização de Aracy Amaral, São Paulo: Edusp, 2001.

ANDRADE, Mário de; LISBOA, Henriqueta. *Correspondência: Mário de Andrade & Henriqueta Lisboa*. Organização, introdução e notas de Eneida Maria de Souza. Notas de Pe. Lauro Palú. Estabelecimento de texto das cartas: Maria Sílvia Ianni Barsalini. São Paulo: Edusp; IEB; Peirópolis, 2010.

BATISTA, Marta Rossetti. *Anita Malfatti no tempo e no espaço*. São Paulo: IBM-Brasil, 1985.

BRITO, Mario da Silva. *História do modernismo brasileiro*. Rio de Janeiro: Civilização Brasileira, 1964.

CASTRO, Eduardo Viveiros de. Os involuntários da pátria: elogio do subdesenvolvimento. Belo Horizonte, Edições Chão de Feira: Caderno de Leituras, n. 65, maio 2017.

SANTOS, Renata Aparecida Felinto do. Representação, representatividade e necropolítica nas artes visuais. *In*: ANDRADE, Gênese (org.); SCHWARTZ, Jorge (consult.). *Modernismos: 1922-2022*. São Paulo: Companhia das Letras, 2022. p. 662-686.

SONTAG, Susan. Contra a interpretação. *In: Contra a interpretação*. Trad. Ana Maria Capovilla. Porto Alegre: L&PM, 1987, p. 11-23.

SOUZA, Eneida Maria de. A dona ausente. *In*: ANDRADE, Mário de; LISBOA, Henriqueta. *Correspondência: Mário de Andrade & Henriqueta Lisboa*. Organização, introdução e notas de Eneida Maria de Souza. Notas de Pe. Lauro Palú. Estabelecimento de texto das cartas: Maria Sílvia Ianni Barsalini. São Paulo: Edusp; IEB; Peirópolis, 2010. p. 21-42.

SOUZA, Eneida Maria de. *Crítica cult*. Belo Horizonte: Editora UFMG, 2002.

SOUZA, Eneida Maria de. *Janelas indiscretas: ensaios de crítica biográfica*. Belo Horizonte: Editora UFMG, 2011.

SOUZA, Eneida Maria de. *O século de Borges*. Belo Horizonte: Autêntica, 1999.

SOUZA, Eneida Maria de. *Pedro Nava, o risco da memória*. Juiz de Fora: Funalfa, 2004.

Vidas imaginárias:
a crítica biográfica em questão

Nádia Battella Gotlib

Muitas são as linhas de ação narrativa que evidenciam os percursos reflexivos trilhados pela professora e pesquisadora Eneida Maria de Souza ao longo de sua carreira acadêmica e de sua atuação crítica.

Difícil discorrer sobre qualquer contribuição sua, tão significativa para os estudos da literatura, no que tange à teoria e crítica, sem remontar a uma história paralela de minha admiração e de meus afetos, consolidados ao longo de quase quatro décadas de amizade. A esse repertório valioso, envolvido por admiração, soma-se, de minha parte, o sentimento de gratidão por colaborações que dela recebi, sob a forma de sugestões, em conversas também informais em bares de Belo Horizonte – ela com o copo de whisky, eu com o meu de coca-cola com gelo –, ou em reuniões pela noite adentro, também com Wander Melo Miranda, no trabalho de organização, em Belo Horizonte, do segundo congresso da Associação Brasileira de Literatura Comparada, que se concretizou em 1990.

Rituais aconteceram também em outras plagas, como na ocasião em que fez parte da banca de minha tese de livre-docência, na Universidade de São Paulo, em arguição competente e rigorosa, elaborada com argumentos a que recorro regularmente, com elevado respeito, e que, por seu caráter de atualidade, constitui motivação que me leva sempre a renovadas reflexões.

Tais situações de convivência tanto profissional como de amizade pessoal acabaram por influenciar direcionamentos e posturas diante do meu trabalho e da minha vida.

Em meio a uma produção intelectual de grande porte, pela quantidade de assuntos e pelo aprofundamento de suas propostas e argumentações, um fio de sustentação amarra suas considerações teóricas, ancorado no eixo da coerência de pensamento, exercido com rigor e, ao mesmo tempo, alimentado por um olhar de rara sensibilidade dirigido aos diversos produtos culturais em análise.

Dessa forma, suas leituras nos chegam pautadas pela consideração de um repertório de manifestações estéticas fragmentário e múltiplo, característico da pós-modernidade, em que redes complexas de inter-relações alimentam os estudos culturais e suas intrincadas possibilidades de procedimentos interdisciplinares e comparatistas.

Nesse campo vasto de conexões, atente-se para a percepção aguda de um olhar crítico que capta as especificidades de cada objeto que examina. É o caso, por exemplo, das suas ponderações teóricas sobre narrativas de biografias, que me proponho a revisitar pela via de alguns textos seus, procurando nada mais que, modestamente, detectar e comentar pontos de interesse referentes a uma crítica biográfica.

I – 1991: para uma crítica biográfica

O interesse pela abordagem biográfica, segundo afirmação da própria Eneida Maria de Souza, surgiu do seu trabalho de pesquisa centrado na análise de correspondência entre escritores – Mário de Andrade, Henriqueta Lisboa, Murilo Rubião –, e também a partir da preparação crítica da obra de Pedro Nava *Beira-mar: memórias 4*, que lhe exigiu conhecer o arquivo pessoal do escritor.[1]

Recorro ao texto que constitui parte do seu memorial apresentado em concurso para professor titular em Teoria da Literatura pela Universidade de Minas Gerais, durante certame realizado em dezembro de 1991. Esse texto será publicado em 1996 com o título de "Tempo de pós-crítica".

Eneida desenvolve nesse texto uma reflexão sobre a reescrita da modernidade recorrendo ao que propõe Lyotard, que, por sua vez,

---

[1] SOUZA. Apresentação, p. 10.

recorre à técnica da memória em Freud, com base nos conceitos de anamnese e de perlaboração: análise mediante processo de esquecimento de sínteses estabelecidas, deixando-se levar ou "trabalhar, de forma flutuante, a coisa recalcada". Substitui-se o movimento de retorno a um começo pelo movimento de elaboração enquanto "inscrição sobre si mesma, na forma de uma escrita infindável".

Explicitamente volta-se para duas fontes inspiradoras. Ao recorrer a Roberto Corrêa dos Santos, em seu livro *Para uma teoria da interpretação*,[2] admite o tempo como sendo o do desrecalque dos traços da memória, não o tempo da acumulação. Discursos legitimadores e "donos do poder" perdem, pois, seu lugar de destaque no pensamento crítico de Eneida, que adere ao trabalho de equipes e movido a "empenho criativo e articulação interna das informações".[3]

E, ao trazer para a discussão o texto de Silviano Santiago, em "A explosiva exteriorização do saber", sobre *A condição pós-moderna*, de Jean-François Lyotard, aborda a questão crucial de mudança nos processos de acesso ao saber.[4]

De fato, a pós-modernidade anuncia-se, no referido texto de Silviano Santiago, como "antitotalitária e democraticamente fragmentada, e serve para afiar a nossa inteligência para o que é heterogêneo, marginal, marginalizado e cotidiano, a fim de que a razão histórica ali enxergue novos objetos de estudo. Perde-se a grandiosidade, ganha-se a tolerância".[5]

Natural que surgissem nessa discussão exemplos de gêneros narrativos e de correntes críticas que tenderiam a receber filtros críticos. É o caso do romance de formação e do estruturalismo como método operacional de análise e crítica, segundo ainda Silviano Santiago: "Em geral autobiográfico, o romance de formação narra a experiência de um indivíduo até o final da adolescência. Mostra como ele se torna

---

[2] SANTOS. *Para uma teoria da interpretação*, p. 26.

[3] SOUZA. Tempo de pós-crítica, p. 28.

[4] SANTIAGO. A explosiva exteriorização do saber. (Artigo publicado no *Jornal do Brasil*, Caderno Ideias/Livros, de 30 de junho de 1990.)

[5] SANTIAGO. A explosiva exteriorização do saber, p. 143.

consciente de si, ao mesmo tempo em que relata o mundo objetivo fora da sua consciência subjetiva".[6] A lógica do distanciamento reitera a questão em âmbito internacional, quando o saber integrado como capital aumenta o distanciamento entre países desenvolvidos e periféricos.

Quanto ao estruturalismo, a crítica Eneida ressalta o espalhamento dos recalques a atingir tanto o leitor (importante enquanto receptor), quanto o autor-crítico (compromissado com a objetividade na leitura) e o sujeito da enunciação: "A história, o indivíduo e o sujeito [...] foram vetados e domesticados pelos próprios sujeitos que construíam esses modelos de leitura".[7] Assim sendo, "a separação entre sujeito e objeto é responsável pela concepção de um pensamento racional que anula o traço da enunciação e a marca autoral no texto".[8] Surge então uma nova maneira de executar o processo analítico, evitando-se o distanciamento entre sujeito e objeto e detendo-se na inserção do sujeito nas experiências cotidianas.

A pesquisadora Eneida descreve então um novo cenário, mais livre, destinado ao labor crítico, mediante o cultivo da forma do ensaio, "sob o signo do precário e do inacabado" e no jogo "com os intervalos e lapsos do saber, permitindo o movimento de idas e vindas e o gesto de apagar e rasurar textos que se superpõem".[9]

Estimulada pelo ensaio de Theodor Adorno intitulado "O ensaio como forma", Eneida endossa o abandono de "fórmulas prontas de pensamento e a ilusória objetividade dos discursos científicos, valorizando o traço subjetivo na escrita enquanto prova de não-identidade". Configurado num só, o autor-crítico mostra-se enquanto texto, ser de papel, na escrita "que o substitui e o suplementa".[10]

Ao recorrer a tais fontes, Eneida está a desenhar o seu próprio campo de ação crítica. Desvincula-se de uma tradição pautada pela compartimentação severa de valores ao divisar um amplo e livre campo de cultura,

---

[6] SANTIAGO. A explosiva exteriorização do saber, p. 144.

[7] SOUZA. Tempo de pós-crítica, p. 31.

[8] SOUZA. Tempo de pós-crítica, p. 31.

[9] SOUZA. Tempo de pós-crítica, p. 33.

[10] SOUZA. Tempo de pós-crítica, p. 33.

incompleto e fragmentário, disponível a um mergulho de descobertas surpreendentes a serem desvendadas na aventura do enfrentamento do que até então se encontrava abafado por gestos de poder autoritário.

Tais considerações ganham novos lances e detalhes quando, com base no protagonismo da escrita do sujeito, a atividade crítica de Eneida recorre a um tripé teórico ancorado em Freud, Barthes e Lyotard. Dos dois primeiros, retoma a "paixão pela literatura e suas maquinarias desejantes, evidenciada no emprego da estrutura dramática como tradutora do inconsciente e da linguagem". Ainda de Barthes, ressalta o saber da escritura como enunciação, em "desacerto" com o saber da ciência. Salienta ainda a atração pela "encenação de subjetividades" e pelo discurso não epistemológico, mas dramático, com base no texto *Aula*, de Barthes. De Lyotard, retoma a "desmitificação das metas narrativas legitimadoras da ciência e da integridade ilusória do sujeito" e "a inoperância dos "grandes textos" circunscritos a projetos totalizantes e autoritários".[11]

A utilização da metáfora teatral é outro recurso de que se vale na sua proposta de vincular o olhar crítico ao olhar psicanalítico, nesse caso, "aglutinando o caráter de representação do sujeito ao discurso, ou do texto como espaço de encenação".[12] Há uma transposição do discurso de cada uma das áreas. E Freud é convocado pela autora ao recorrer a certos "conceitos operatórios", como noções de autoria, plágio, propriedade autoral, posse imaginária de ideias.

A autora menciona como exemplo – embora sem desenvolver no artigo esse tema – o caso de Anna O. e sua filha herdeira, histórias que ilustram "a dramatização histérica". Mas fica aí registrada a proposta de fundo, ou seja, o que motiva todo esse questionamento em torno das relações entre literatura e psicanálise, entre literatura e biografia: "o grau de encenação e dramaticidade que constrói tanto o cenário textual da obra assim como da existência",[13] pela psicanálise e suas "maquinarias desejantes".

---

[11] SOUZA. Tempo de pós-crítica, p. 34.

[12] SOUZA. Tempo de pós-crítica, p. 36.

[13] SOUZA. Tempo de pós-crítica, p. 39.

Ricardo Piglia, um dos autores que terá presença reiterada ao longo dos textos futuros de Eneida, é convocado para reforçar a relação entre crítica literária e gênero policial, mediante o uso de certos recursos, como crimes, complôs, criminosos, detetives, impressões digitais, marcas autorais, citações roubadas, textos clandestinos. Nesse sentido, a crítica surge como uma variante do gênero policial. E a relação entre o pesquisador e o detetive será retomada inclusive em textos publicados no seu último livro, *Narrativas impuras*, ao diferenciar o papel do detetive tradicional, no seu intuito de decifração do enigma e procura da verdade, e o do investigador aberto às injunções do risco e do acaso.[14]

Ao optar pela "aglutinação" de vozes, pela abolição da "alteridade radical" e da "exterioridade excludente", Eneida não perde de vista o seu propósito e desejo de base: "refletir sobre a subjetividade múltipla do discurso da cultura brasileira, sem resquícios de mágoa ou de ressentimento".[15]

Os suportes teóricos que sustentam sua leitura dos tempos de pós-modernidade e que viabilizam novas configurações da encenação de sujeitos da escrita desenham assim as linhas de uma narrativa de saber favorável à construção das futuras reflexões sobre a crítica biográfica na variedade de seus modos de produção.

II – 1995: a crítica biográfica

Um dos grandes momentos de reflexão crítica de Eneida encontro na leitura que faz de dois autores da literatura: Borges e Oscar Wilde, a partir de Borges, e que Eneida expõe no artigo "Biografias literárias", publicado em 1995 na *Revista da Biblioteca Mário de Andrade*.

Embora se trate de uma resenha, texto breve, sem a extensão que exibiria em ensaios e artigos futuros sobre esse mesmo assunto, julgo importante remontar a essa primeira parte do texto, em que se detém no livro de viagens ao redor do mundo, *Atlas*, de Borges: o ficcionista argentino recria criticamente o espaço do L'Hôtel, antes chamado Hotel

---

[14] SOUZA. Riscos de interpretação.
[15] SOUZA. Tempo de pós-crítica, p. 39.

d'Alsace, em que faleceu Oscar Wilde, no Quartier Latin, em Paris, à luz da própria ficção do escritor morto num dos quartos desse hotel.

A leitura de Eneida acompanha essa viagem pelos detalhes arquitetônicos do edifício, visíveis na fotografia do seu interior, que exibe uma estrutura, aliás, bem a gosto de Borges: labiríntica e espiralada. E mais: com uma sala de espera em forma de estrela com vários símbolos desenhados nas pontas, entre eles, "um olho, um *aleph*, um ponto no círculo". E ainda: quartos assimétricos. Tais detalhes recuperam traços da própria obra de Oscar Wilde: o seu ódio ao realismo. E a relação entre uma configuração do espaço do hotel e determinadas vertentes estéticas da obra do autor morto faculta novas leituras: gera, por exemplo, a constatação de que visitantes possam reconhecer o hotel como uma obra póstuma de Oscar Wilde. Eis um porto de chegada crítica, original e profícua, suscitada pelo encontro imaginário entre dois autores: a vida-obra do ficcionista irlandês nos chega relida, revista, revigorada, pela via ficcionalizada do crítico Borges, ao nos ser conduzida pelo olhar crítico de Eneida.

A questão do dado biográfico na sua conjunção com a ficção do biografado, numa rede de relações que se viabiliza pela via ficcional do crítico, serve de preâmbulo para questões subsequentes, em que define diretrizes teóricas sobre processos de construção de biografias e sobre a crítica biográfica.

É o que desenvolve a seguir, numa segunda parte da resenha, em que ressalta, na leitura de uma biografia então recentemente publicada,[16] o fato de que positivamente "os traços biográficos ganham em dimensão metafórica e não se restringem a narrar a história de uma vida".[17] Ou seja, criam-se "pontes metafóricas" entre os fatos e sua

---

[16] Trata-se da resenha de livro meu, intitulado *Clarice, uma vida que se conta*, publicado pela Ática, em 1995. Não entro em detalhes sobre essa segunda parte da resenha do livro em questão, a não ser naquilo que aqui diretamente interessa: a criativa peça introdutória da resenha funciona como argumento sólido e esteticamente bem descrito por Eneida para acionar a questão principal, centrada na importância das "pontes metafóricas" como instrumentos operacionais da construção do discurso da crítica biográfica.

[17] SOUZA. Biografias literárias, p. 130.

interpretação, e, dada a variedade do material recolhido, incluindo-se aí a obra ficcional, a leitura se insere, pois, na ordem intersemiótica e intercultural. Os pilares de tal reflexão ganham novas configurações em capítulos subsequentes desse percurso crítico.

III– 1996: pontes metafóricas

Introduzo aqui um breve texto de Eneida, publicado como prefácio ao livro em que Maria Helena Werneck discorre sobre biografias de Machado de Assis, publicado em 1996.[18] Trata-se um texto breve, repito. Mas um dos mais instigantes e criativos, pela imagem fulcral que o sustenta e pela exploração dos sentidos que dissemina.

O fato de partir de uma imagem de Mário de Andrade, autor familiar a Eneida, que já lançara seu livro sobre *Macunaíma*, intitulado *A pedra mágica do discurso*, revela o pendor para as relações entre *biografemas*, no sentido de Roland Barthes, e laços de interpretação inspiradas nas questões do âmbito da psicanálise.

A imagem de Mário aí aparece como o autor que, depois de ouvir o discurso de Alfredo Pujol sobre Machado de Assis, ao chegar em casa vê sua fantasia de pierrô vestindo um manequim. Por haver perdido o pai e estar de luto, não usa a fantasia, não vai à festa. No ano seguinte, veste a fantasia, festeja, descolando assim a fantasia da figura do pai morto.

Ao examinar o ensaio biográfico de Maria Helena, que, por sua vez, volta-se para a análise dos biógrafos de Machado, a prefaciadora, à luz da sua correlação com a imagem proposta, alerta para a reflexão que, no caso de Maria Helena, consegue "descolar a fantasia retórica do homem encadernado", deslocando-o da tradição literária calcada no trabalho de canonização e mitificação de escritores. E atenta para as possibilidades da prática crítica: distante dos cultos de glorificação de pessoas notáveis, e escapando do risco dos estereótipos, volta-se para explorações conceituais que detectam fragmentos biográficos ou biografemas responsáveis pela compreensão da obra e da vida.

---

[18] SOUZA. O traje modesto do pai. (Prefácio).

Dessa forma, conclui a prefaciadora, "sujeitos fraturados compartilham da construção de biografias e se disseminam na rasura das assinaturas e no embaralhado dos textos".[19] E o crítico-autor se situa na zona fluida dos limites do gênero romanesco e da história de vida, em enfoque que se sobrepõe ao factual.

Dentre os vários biógrafos de Machado de Assis examinados por Maria Helena, como Alfredo Pujol, Raimundo Magalhães Júnior e Jean-Michel Massa, a biografia de Lúcia Miguel Pereira é a que Maria Helena reconhece como sendo a que mais se aproxima da biografia contemporânea, "pela fusão do gênero romanesco à história de vida e sem atribuir maior peso ao registro do fato".[20] Eneida realça o fato de Maria Helena considerar, nesse trabalho biográfico, "a particular sensibilidade da mulher-biógrafa, atenta à escuta dos pequenos e talvez mais significantes momentos vivenciados pelo escritor".[21]

Ao reconhecer o mérito do trabalho em questão, Eneida postula os "riscos" a que se submete a crítica biográfica, quando afirma como Maria Helena consegue desenvolver seu trabalho crítico: "Sem se deixar seduzir pela poeira dos arquivos, pela tentação do microscópio ou pela fantasia teórica encobridora do sujeito".[22]

É de se notar, a partir da leitura desse prefácio, como uma imagem, o traje do pai, de caráter eminentemente literário, ao vestir e desvestir, colar e descolar, o objeto crítico que examina, acaba por revelar, ao ser recuperada no discurso da prefaciadora, o seu próprio poder de vigorosa criatividade crítica.

IV – 1998: notas para uma crítica biográfica

Dois anos depois da elaboração do texto do prefácio, a questão da crítica biográfica ganha um novo contexto, ao surgir em meio a um novo eixo de preocupação: o deslocamento dos estudos literários para

---

[19] SOUZA. O traje modesto do pai. (Prefácio), p. 15.
[20] SOUZA. O traje modesto do pai. (Prefácio), p. 15.
[21] SOUZA. O traje modesto do pai. (Prefácio), p. 16.
[22] SOUZA. O traje modesto do pai. (Prefácio), p. 16.

o âmbito dos estudos culturais, centrado nas relações com a cultura da América Latina e em projeto de intercâmbio com universidades da Argentina e Uruguai.

Como bem anuncia Else R. P. Vieira na introdução aos *Anais* que reúnem textos apresentados por ocasião do Congresso Trinacional de Estudos Culturais, realizado em 1998, e onde o texto de Eneida se insere, a proposta do congresso caminha no sentido de "globalizar, democratizar e descolonizar a literatura", preocupando-se com as fronteiras fluidas dos discursos, com as subjetividades do indivíduo, mas num rearranjo da tomada crítica.[23]

Pois é nesse projeto de "rearranjo" que a pesquisadora Else situa o texto de Eneida, intitulado "Notas sobre a crítica biográfica", apresentado no referido congresso em 1998 e publicado nos *Anais* em 2000.

De fato, a contribuição de Eneida surge como manifestação favorável aos enlaces entre os estudos literários e os culturais, abrindo horizontes de interpretação para além de "limites intrínsecos e exclusivos".

A pesquisadora Else registra ainda que Eneida desenvolve uma reflexão sobre o não lugar discursivo da literatura, propiciando abertura teórica mediante uma não compartimentação de lugares produtores de saber e, portanto, de limites entre disciplinas. Nesse não lugar articulam-se os discursos da teoria da literatura, da história, da semiologia, da antropologia e da psicanálise. E conclui: "Pontes teóricas constroem-se – entre o fato e a ficção, entre a ficção e a teoria, entre a teorização latino-americana e o pós-estruturalismo de Barthes, Lyotard e Derrida. O conceito de superfície, que embasa seu argumento, é operacional para se eliminar a distância entre as categorias exterior/interior, causa/efeito, etc., e para se articularem os discursos, através desse gênero em particular: a biografia".[24]

---

[23] VIEIRA. Estudos literários e estudos culturais: territórios dos caminhos que convergem.

[24] VIEIRA. Estudos literários e estudos culturais: territórios dos caminhos que convergem, p. 19.

O ensaio de Eneida ancora-se no conceito de não lugar discursivo da literatura, propiciador de abertura de novos e amplos horizontes de reflexão crítica, que, por sua vez, aciona o desenvolvimento de ações desmistificadoras no campo da interdisciplinaridade.

E o suporte da reflexão em torno da crítica biográfica, tal como explicita a própria Eneida, pauta-se nessa "natureza compósita", que inclui a relação entre a obra e o autor, e viabiliza "a interpretação da literatura além de seus limites intrínsecos e exclusivos, por meio da construção de pontes metafóricas entre o fato e a ficção".[25]

A partir desse ponto difusor, ao se deslocar o *corpus* de análise de sua exclusividade pautada na obra literária, ocorre "um exercício de ficcionalização da crítica". E ganha visibilidade o repertório de marcas da pós-modernidade de maior amplitude, entre os quais destacam a cultura de massa, as biografias, os acontecimentos do cotidiano, as leis regidas pelo mercado. Nesse novo campo de ação, ocorrem a consequente quebra da separação entre alta cultura e cultura de massa e a democratização dos discursos.

Sem as amarras cerceadoras da compartimentação, ao discutir o não lugar discursivo da literatura, já arejado pela mobilidade que favorece o movimento de redes interdisciplinares, surgem reações: de uns, a favor; de outros, puristas, contra. Nessa altura do percurso reflexivo, Eneida destaca particularidades, tendências e princípios da crítica biográfica, que distribui em seis tópicos, sob a forma de "notas", produto cultural examinado de modo didático, mas sem reducionismos simplificadores.

Interessante observar como cada um dos tópicos atesta conhecimento histórico de procedimentos e os examina a partir de uma ótica contemporânea, que exige novas vertentes de análise e interpretação.

O primeiro tópico registra o recurso talvez mais comum a que recorre o trabalho biográfico, caso alimentado pela veia conservadora: a construção canônica do escritor – mediante processos de consagração, pela via da sua inserção cultural na vida literária da época e por providências referentes a sua publicação, divulgação e estudos de sua obra.

---

[25] SOUZA. Notas sobre a crítica biográfica, p. 111.

Essa constatação pode suscitar questões referentes ao que nos oferece a tradição: até que ponto recebemos um produto embalado sem a consciência das forças agenciadoras dessa imagem que a história nos legou.

Sob certo aspecto, o segundo tópico constitui uma derivação do primeiro. Se não mais se detém propriamente no processo de notabilização do escritor, refere-se à "reconstituição de ambientes literários e da vida intelectual do escritor, sua linhagem e a sua inserção na poética e no pensamento cultural da época".[26]

A importância da memória é o ponto fulcral de um terceiro tópico, mas inspirado em Ricardo Piglia, ou seja, considerando o "ato da escrita como narração da *memória do outro*" e "na medida em que o ausentar-se atua como presença e a experiência do escritor conta menos do que aquela vivenciada pelo outro".[27]

Ao caracterizar a biografia a partir do conceito de *biografema*, reafirma Roland Barthes como seu ponto de apoio. A concepção de uma construção fragmentária do sujeito faz parelha com a descrença em estereótipos da totalidade e do "relato de vida como registro de fidelidade e autocontrole".[28]

Diante de um universo multifacetado, não cabe a aceitação de um pensamento binário, que postula a oposição, por exemplo, de interior/exterior, causa/efeito, que perdem seu protagonismo no discurso reflexivo e na narrativa crítica para uma categoria espacial de *superfície*, e não de verticalidade, avessa ao sentido de origem, tal como propõem Jacques Derrida e Gilles Deleuze

Esse tripé, constituído pela *memória do outro*, pelo *biografema* e pela categoria de *superfície*, e não de verticalidade, serve como suporte de outros textos sobre a crítica biográfica, que examinaremos a seguir.

Finalmente, o sexto e último tópico propõe "a ampliação das categorias de texto, de narrativa e da própria literatura".[29] Eneida justifica essa elasticização do território crítico mediante a interligação

---

[26] SOUZA. Notas sobre a crítica biográfica, p. 112.

[27] SOUZA. Notas sobre a crítica biográfica, p. 112-113.

[28] SOUZA. Notas sobre a crítica biográfica, p. 113.

[29] SOUZA. Notas sobre a crítica biográfica, p. 113.

entre várias disciplinas das ciências humanas, como a teoria da literatura, a história, a semiótica, a antropologia e a psicanálise.

Se, por um lado, esse painel de preocupações e questionamentos resulta num excelente repertório para se repensar o trabalho biográfico à luz de um contexto da pós-modernidade e com vistas a ingressá-lo no campo das relações com a cultura latino-americana, a crítica Eneida destaca ainda certos princípios básicos da crítica biográfica que interferem diretamente no que poderia ser considerado como um novo "saber narrativo", com características específicas.

Certas afirmações merecem destaque. A partir dos procedimentos em questão, considerando-se a "conjunção entre teoria e ficção", o objeto de estudo assume teor ao mesmo tempo documental e simbólico. Retoma-se a proposta de que a crítica biográfica não é ciência: é avessa à demonstração e à especulação e concentra-se no objeto de análise, nesse caso, formado por "pequenos relatos" que compõem a narrativa literária e cultural. E privilegia-se a forma ensaística, "ao inscrever-se sob o signo do precário e do inacabado", com "intervalos e lapsos do saber", e ao "apagar e rasurar" textos que se sobrepõem.

Como encenar subjetividades sob essa nova ótica? A autora responde: datas e nomes são substituídos pela história das mentalidades. Não mais como as belas-letras, o detalhe inexpressivo entra como ingrediente significativo.

Mais uma vez Eneida recorre a propostas teóricas de fundamentação dessa nova crítica biográfica: a semiologia, a psicanálise lacaniana, o teatro brechtiano, com o distanciamento do sujeito-autor na cena enunciativa. Daí a função do estudioso, não como ausente do texto, mas como ator e representante intelectual no meio acadêmico e social. "Preserva-se, portanto, o conceito de autor como ator no cenário discursivo, considerando-se o seu papel como aquele que ultrapassa os limites do texto e alcança o território biográfico, histórico e cultural."[30]

Nesses intervalos e interstícios entre vida e obra, Eneida detecta, de modo cada vez mais nítido, o movimento entre escritor e autor:

---

[30] SOUZA. Notas sobre a crítica biográfica, p. 116.

> A figura do escritor substitui a do autor, a partir do momento em que ele assume uma identidade mitológica, fantasmática e midiática. Esta personagem, construída tanto pelo escritor quanto pelos leitores, desempenha vários papéis de acordo com as imagens, as poses e as representações coletivas que cada época propõe aos seus intérpretes da literatura.[31]

Restaria ainda mais uma incursão da crítica Eneida nesse mergulho de caráter teórico e crítico: a consideração dos vínculos entre essa experiência de uma crítica moldada sob nova ótica e o desenho de sua tradição cultural, que a pesquisadora revisita considerando a leitura não passiva da abordagem biográfica tradicional, que possibilita vínculos altamente positivos entre escritores de épocas distintas, ao viabilizar novas linhagens literárias e a desconstrução dos modelos canônicos de historiografia literária, livrando-se assim da força patriarcal que existe também no campo da literatura.

Chega-se ao ponto central de todo esse percurso: a vida transfigurada em texto, a crítica biográfica no lugar – ou não lugar – "entre a confissão naturalizada da experiência do autor e sua reelaboração imaginária, polos que se chocam no ato da escrita".[32] É o que Eneida sintetiza nessa afirmação seguinte, que eu transcrevo: "Ao se considerar a vida como texto e as suas personagens como figurantes deste cenário de representação, o exercício da crítica biográfica irá certamente responder pela necessidade de diálogo entre a teoria literária, a crítica cultural e a literatura comparada, ressaltando o poder ficcional da teoria e a força teórica inserida em toda ficção".[33]

A relação entre teoria e ficção acontece, pois, no âmago da crítica do discurso biográfico: há nesse discurso uma teoria com poder ficcional, uma ficção com poder teórico.

Esse texto, com igual título, terá nova edição em 2002, integrando o volume *Crítica cult*, que nessa versão ganha algumas

---

[31] SOUZA. Notas sobre a crítica biográfica, p. 116.

[32] SOUZA. Notas sobre a crítica biográfica, p. 117.

[33] SOUZA. Notas sobre a crítica biográfica, p. 117.

inserções. Esse procedimento, de agregar matéria anterior em meio a novas considerações, mostra como esse trabalho crítico, que ora acompanhamos, obedece a uma linha regular de continuidade, aberta a sugestões que complementam o seu campo de reflexão.

O primeiro encaixe desenvolve as propostas que figuram no texto de prefácio que fez para o livro da Maria Helena Werneck, importante, na medida em que aí aborda "a idealização ou a distorção imaginária do autor".

O segundo encaixe realça a inoperância dos discursos totalitários e globalizantes e a importância dos "fragmentos de biografia" ou "biografemas", segundo Roland Barthes; valoriza o saber da escrita como enunciação (sabor da escrita), em desacordo com o discurso da ciência; e reforça a relação entre criação literária e gênero policial, gerando um discurso parapolicial, recuperando aqui as propostas de Ricardo Piglia que Eneida já desenvolvera em texto anterior.

A comparação entre escritor e pessoa comum é o assunto do terceiro encaixe: "O autor, ao ser visto como modelo pelo outro e contribuir para o seu desejo de tornar-se escritor, atrai muito mais pela sua postura, seu gesto mundano de personagem no meio dos mortais, o seu diário íntimo, ou como assim o entendia Barthes, 'o escritor menos a sua obra'".[34]

Mas há mais matéria sobre o assunto que merece nossa atenção.

V – 2010-2019: "a vida se vive no corpo; a outra, é um texto".

Uma continuação da reflexão desenvolvida em "Notas sobre a crítica biográfica" podemos encontrar em alguns capítulos do seu livro *Janelas indiscretas: ensaios de crítica biográfica*, publicado em 2011.

Logo na apresentação do livro, a autora retoma o conceito de crítica biográfica como "ficção". E explica: "Ficcionalizar os dados significa considerá-los como metáforas, ordená-los de modo narrativo,

---

[34] SOUZA, Notas sobre a crítica biográfica, p. 116.

sem que haja qualquer desvio em relação à verdade factual".[35] E, ao demarcar seu lugar, nessa dicção entre teoria e ficção, ressalta esse gesto ficcional de composição como a "marca pessoal de cada ensaísta".

Assim como recorre, em outras instâncias da sua *história de autora crítica*, a Freud, Barthes, Deleuze, Derrida, nesse momento de sua incursão, no ensaio intitulado "A crítica biográfica", cita trecho significativo de Jacques Rancière, em formulações que explicitam o que se entende por "ficção" e "fingimento" no âmbito da criatividade: "Fingir não é propor engodos, porém elaborar estruturas inteligíveis. [...] O real precisa ser ficcionado para ser pensado. [...] A política e a arte, tanto quanto os saberes, constroem ficções, isto é, rearranjos *materiais* dos signos e das imagens, das relações entre o que se vê e o que se diz, entre o que se faz e o que se pode fazer".[36]

Trata-se, pois, de um objetivo comum: o de promover uma articulação entre "temas construídos nas obras com eventos pessoais e tentar, principalmente, enlaçar as múltiplas paixões que regem tanto a vida como a literatura".[37]

A frase traduzida pela própria Eneida e por ela transcrita de texto de Serge Doubrovsky – "a vida se vive no corpo; a outra, é um texto"[38] – resume essa proposta de encontrar, nesse caso, na autoficção e na autobiografia, o seu lugar crítico: recriações de uma vida que já não mais aí existe a não ser transfigurada por um processo de desrealização e dessubjetivação pelo olhar do crítico.[39]

---

[35] SOUZA. A crítica biográfica, p. 10. (Utilizo essa versão de 2011 para as citações. Mas uma versão desse ensaio, com o título "Crítica biográfica, ainda", foi publicada no ano anterior, em *Cadernos de Estudos Culturais*, Campo Grande, v. 2, p. 51-57, jul.-dez. 2010. Por essa razão, anuncio este subcapítulo com a data de 2010.)

[36] RANCIÈRE. A *partilha do sensível: estética e política. Apud* SOUZA A crítica biográfica, p. 11.

[37] SOUZA. A crítica biográfica, p. 13.

[38] DOUBROVSKY, Serge. Les Points sur es "i". *In*: JEANNELLE, Jean-Louis; VOLLET, Catherine Vollet (dir.). *Génèse et autofiction*. Louvain-la-Neuve: Bruylant-Academia, 2007. *Apud* SOUZA. A crítica biográfica, p. 22.

[39] SOUZA. A crítica biográfica, p. 20.

A vida cultural de Eneida desenha-se entre essas "vidas imaginárias". Seus ensaios críticos podem ser lidos como prática regular e criativa dos modos de articulação entre ficção e crítica, em diferentes campos da cultura, como no da literatura, da música, do cinema, da política, para citar apenas alguns.[40] Ao longo de sua atuação crítica, mostra coerência com as propostas que desenvolveu.

É a própria Eneida que afirma, em "Teorizar é metaforizar", texto publicado em 2019: "A crítica biográfica praticada por mim durante os últimos anos possibilitou a revisão das associações entre arte/vida, teoria/ficção e teoria/vida. A congruência/separação entre os dois polos justifica-se pelo gesto de estar a relação comandada pelo sentimento ético promovido pela experiência vivenciada tanto na prática teórica quanto vital".[41]

A leitura crítica que faz de Fernando Pessoa, Pessoa que cria outros, pela via de heterônimos, e também os faz desaparecer, talvez seja um modo de finalizar essas considerações, já que nos leva a ligar as duas pontas – Oscar Wilde e Fernando Pessoa – pelo laço comum e metafórico de mortes que traduzem modos de escrever e viver dos respectivos autores ficcionistas. "Morre-se com o mesmo estilo com que se viveu, não havendo contradição entre a grafia, a vida e o fim".[42] Cumpre-se, na prática das narrativas criadas por Eneida, a proposta das suas incursões sobre essas vidas imaginárias, matéria de teoria e de crítica biográfica, que a pesquisadora nos deixa como parte do seu substancioso legado cultural.

Referências

BARTHES, Roland. *Aula*. São Paulo, Cultrix, [s.d.].

DELEUZE, Gilles. *Diferença e repetição*. São Paulo: Paz e terra, 2018.

---

[40] Ver ensaios reunidos em: SOUZA. *Janelas indiscretas: ensaios de crítica biográfica*.

[41] SOUZA. Teorizar é metaforizar, p. 417. E-book.

[42] SOUZA. As mortes imaginárias de Pessoa, p. 85. (E em: MARQUES; SOUZA (org.). *Modernidades alternativas na América Latina*, p. 407-417.)

DERRIDA, Jacques. *A escritura e a diferença*. São Paulo: Perspectiva, 2019.

DOUBROVSKY, Serge. Les Points sur es "i". *In*: JEANNELLE, Jean-Louis; VOLLET, Catherine Vollet (dir.). *Génèse et autofiction*. Louvain-la-Neuve: Bruylant-Academia, 2007. *Apud* SOUZA, Eneida Maria de. A crítica biográfica. *In: Janelas indiscretas: ensaios de crítica biográfica*. Belo Horizonte: Editora UFMG, 2011.

RANCIÈRE, Jacques. *A partilha do sensível: estética e política*. Tradução de Mônica Costa Netto. São Paulo, EXO Experimental; 34 Letras, 2005.

SANTIAGO, Silviano. A explosiva exteriorização do saber. *Cadernos de Estudos Culturais*, Campo Grande, v. 2, p. 141-148, jul.-dez. 2018.

SANTOS, Roberto Corrêa dos. *Para uma teoria da interpretação*. Rio de Janeiro: Forense Universitária, 1989.

SOUZA, Eneida Maria de Souza. *A pedra mágica do discurso*. Belo Horizonte: Editora UFMG, 1988.

SOUZA, Eneida Maria de Souza. Apresentação. *In: Janelas indiscretas: ensaios de crítica biográfica*. Belo Horizonte: Editora UFMG, 2011. (Humanitas).

SOUZA, Eneida Maria de, MARQUES, Reinaldo (org.). *Modernidades alternativas na América Latina*. Belo Horizonte: Editora UFMG, 2009.

SOUZA, Eneida Maria de. A crítica biográfica. *In: Janelas indiscretas: ensaios de crítica biográfica*. Belo Horizonte: Editora UFMG, 2011. p. 17-25.

SOUZA, Eneida Maria de. As mortes imaginárias de Pessoa. *In: Janelas indiscretas: ensaios de crítica biográfica*. Belo Horizonte: Editora UFMG, 2011. p. 77-90.

SOUZA, Eneida Maria de. Biografias literárias. *Revista da Biblioteca Mário de Andrade*, n. 32 p. 129-134, 1995.

SOUZA, Eneida Maria de. *Janelas indiscretas: ensaios de crítica biográfica*. Belo Horizonte: Editora UFMG, 2011.

SOUZA, Eneida Maria de. Notas sobre a crítica autobiográfica. *In: Crítica cult*. Belo Horizonte: Editora UFMG, 2002. p. 111-120.

SOUZA, Eneida Maria de. Notas sobre a crítica biográfica. *In*: PEREIRA, Maria Antonieta; REIS, Eliana Lourenço (org.). *Literatura e estudos culturais*. Belo Horizonte: Faculdade de Letras, 2000. p. 43-50.

SOUZA, Eneida Maria de. O traje modesto do pai. (Prefácio). *In*: WERNECK, Maria Helena. *O homem encadernado: Machado de Assis na escrita das biografias*. Rio de Janeiro, Editora UERJ, 1996a, p. 14-16.

SOUZA, Eneida Maria de. Riscos de interpretação. *In*: *Narrativas impuras*. Recife: Cepe, 2021. p. 394-408.

SOUZA, Eneida Maria de. Tempo de pós-crítica. *In*: CUNHA, Eneida Leal; SOUZA, Eneida Maria de. *Literatura comparada: ensaios*. Salvador: EDUFBA, 1996b. p. 27-39.

SOUZA, Eneida Maria de. Teorizar é metaforizar. In: *Narrativas impuras*. Recife: Cepe, 2021, p. 363-372.

VIEIRA, Else R. P. Estudos literários e estudos culturais: territórios dos caminhos que convergem. *In*: PEREIRA, Maria Antonieta; REIS, Eliana Lourenço (org.). *Literatura e estudos culturais*. Belo Horizonte: Faculdade de Letras, 2000. p. 9-26.

WERNECK, Maria Helena. *O homem encadernado: Machado de Assis na escrita das biografias*. Rio de Janeiro: Editora UERJ, 1996.

"Era um pintassilgo!": metáfora e ficção na crítica biográfica contemporânea

Marcelino Rodrigues da Silva

> *Modelo de eficiência profissional foi aquele repórter que viu um incêndio. [...] O jornalista espia o fogo e conclui que se tratava, na verdade, de um incêndio vagabundo, uma vergonha de incêndio. [...] Volta o repórter para a redação e, lá, escreve uma página de jornal sobre o fracassado sinistro. E mais: – põe um canário inventado no meio das labaredas, um canário que morre cantando. No dia seguinte, a edição esgotou-se. A cidade inteira, de ponta a ponta, chorou a irreparável perda do bicho.*
> Nelson Rodrigues

A oposição radical entre realidade e ficção e as relações de representação e causalidade entre vida e obra, que marcaram a crítica literária do século XIX e permanecem vivas nos discursos de senso comum sobre a arte e a literatura, já não são mais pertinentes para a crítica biográfica contemporânea. Como nos mostra Eneida Maria de Souza, em sua abundante produção relacionada a esse campo de estudos, uma abordagem biográfica da arte e da literatura sintonizada com o presente deve partir de uma concepção não essencialista do conhecimento, mantendo-se atenta à presença da ficção na biografia, às relações recíprocas entre a obra e a vida do autor, ao valor simbólico dos acontecimentos biográficos e ao potencial heurístico da narrativa e da ficção. O que pretendo neste trabalho é explorar brevemente essas ideias, a partir de uma pequena anedota, contada por Afonso Arinos de Melo Franco no filme de curta-metragem *O escritor na vida pública*, de Fernando Sabino e David Neves (1975).

Bem-te-vis, bicudos e pintassilgos

No começo dos anos 1970, o escritor Fernando Sabino e o diretor de cinema David Neves se juntaram para criar a Bem-Te-Vi Filmes, produtora que realizou uma série de pequenos documentários, com aproximadamente 10 minutos cada, sobre escritores brasileiros como Carlos Drummond de Andrade, João Cabral de Melo Neto, Guimarães Rosa e Jorge Amado. Um deles é o filme *O escritor na vida pública* (1975), dedicado à figura de Afonso Arinos de Melo Franco (1905-1990), que, além de escritor e crítico literário, foi também jurista, historiador, professor e político, tendo papel de destaque em alguns capítulos decisivos da história brasileira. O curta começa com Afonso Arinos no quintal de sua casa, brincando com um passarinho dentro de uma gaiola, tendo ao fundo o verde das árvores, onde logo em seguida a ave aparece pousada livremente. Nesse cenário, o escritor conta, com eloquência e bom humor, o seguinte episódio:

> Há poucos dias, no Instituto dos Advogados, falando sobre Prudente de Morais Filho, na presença do meu querido Prudente de Morais Neto, eu rememorava a questão que se suscitou numa referência que eu fiz à casa do pai dele, há muitos anos, quando eu era deputado. Tratava-se da sala de jantar, onde existia uma gaiola com um pintassilgo. [O escritor faz uma pausa, preenchida com um canto de pássaro, que permanece depois como *background*.] Carlos Castelo Branco, então redator do *Diário Carioca*, retificou esta minha afirmativa, baseado em depoimento do senador José Eduardo de Macedo Soares, segundo o qual não se tratava de um pintassilgo, mas sim de um bicudo. O fato de ser um pintassilgo representa para mim uma situação psicológica que eu não quero destruir. Então, eu afirmei no Instituto dos Advogados e aqui insisto, dou por termo, presto depoimentos, lavro atas, faço tudo aquilo que a técnica forense exigir e apelo para todas as provas e

testemunhos históricos que possam ser elaborados e concluídos sobre... Era um pintassilgo!

Logo após essa pequena anedota, correm os letreiros de apresentação e o filme tem continuidade, mostrando sinteticamente a trajetória intelectual, política e familiar de Afonso Arinos por meio de fotos, depoimentos e tomadas originais do escritor, que aparece sozinho e na companhia de familiares e amigos como Pedro Nava e Prudente de Morais Neto. A sequência é amarrada por uma voz de narrador e acompanhada por uma música de fundo, na qual se destaca o solo de flauta, lembrando, como um ritornelo, o canto de um pássaro. Nas imagens e nas palavras do narrador e do próprio Afonso Arinos, encadeiam-se temas como o convívio com os intelectuais de sua geração, a importância de sua casa e sua biblioteca, suas raízes familiares e suas inclinações literárias e intelectuais, sua carreira como professor de História e Direito e sua atuação relevante como ministro das Relações Exteriores, chefe de missões diplomáticas e parlamentar, autor da primeira lei contra a discriminação racial no Brasil.[1]

Nesse rápido perfil biográfico, a trajetória do personagem mostra-se marcada pela tensão entre forças contrárias, como o "amor pelo passado" e o "sentimento de futuro", a "fixação" (remetendo às tradições familiares) e o "movimento" (representado pelos livros, que o colocam em contato com o mundo), a morte e a vida. Em meio a essas tensões, são particularmente significativas as palavras de Arinos sobre "essa espécie de destino literário" que o fez "cultivar preferencialmente o ensaio". "No meu caso", diz o escritor, "o ensaio é particularmente uma expressão vital, porque ele reúne a vocação literária, que eu acredito que, muito modesta, existe em mim, com a inclinação pela vida pública."

No final do filme, voltamos ao cenário inicial, e Afonso Arinos reaparece no quintal verdejante de sua casa, ao lado da gaiola com o passarinho, acrescentando à narrativa uma sóbria reflexão sobre a

---

[1] Lei n.º 1390, de 3 de julho de 1951, conhecida como "Lei Afonso Arinos", que enquadra atos de discriminação racial como contravenções penais.

velhice e a morte: "Todas aquelas virtudes que a maturidade existencial confere ao homem são de curta, melancolicamente curta, duração. O amor, a tolerância, a desambição, o perdão, a curiosidade pela natureza, a ternura universal, a recriação permanente do passado. Tudo isso que não tem importância quando a gente vive começa a ter importância quando a gente se prepara para morrer".

Em seguida, Afonso Arinos retira o passarinho da gaiola, acaricia sua cabeça e o solta no ar, olhando para cima e acompanhando seu voo com um sorriso no rosto. Logo após essa imagem, o filme termina abruptamente, sem nenhum letreiro ou qualquer forma de sinalização do final. Assim, as duas cenas referentes à anedota do pintassilgo, no início e no fim do filme, funcionam como uma moldura narrativa e simbólica, que enquadra o conjunto da obra e repercute tanto no modo como a história do personagem é contada quanto nos sentidos que ela suscita. De certa forma, todo o conteúdo entre as duas cenas, isto é, a própria narrativa biográfica, funciona como uma explicação sobre o sentido da "situação psicológica" representada pela história do pintassilgo.

Por essa rápida sinopse, já se pode ver que esse pequeno documentário reúne, de um modo leve e despretensioso, uma série de características que nos permitem explorar algumas das lições de Eneida sobre a crítica biográfica. Para além do fato de que são, tanto Sabino quanto Arinos, figuras relevantes de um cenário cultural que sempre esteve no foco da autora (as gerações de escritores e intelectuais mineiros ligados ao modernismo), o documentário se vale de recursos narrativos e poéticos que demonstram, com uma clareza singular, alguns dos pressupostos e procedimentos do pensamento teórico de Eneida e da crítica biográfica contemporânea. É isso, então, que tentarei fazer, daqui para diante, a partir da anedota do pintassilgo e da função que ela assume no conjunto do filme.

Biografia e ficção

Em primeiro lugar, é interessante notar que, ao começar com essa anedota, que se propõe ao mesmo tempo, e de forma propositalmente ambígua, como uma dúvida sobre o que realmente aconteceu e como uma afirmação peremptória sobre a verdade desse fato, o filme já coloca em suspenso os limites e a oposição de senso comum entre o real e a criação ficcional. Podemos relacioná-lo, portanto, a uma concepção de ficção que não a considera como o contrário da realidade, mas como uma operação de mediação, em alguma medida necessária a qualquer forma de apreensão humana do mundo e da experiência vital.

Nos relatos biográficos, assim como na história, no jornalismo e em outras formas de representação direta da realidade, a ficção se faz presente não apenas na invenção ou suposição, mais ou menos velada, de acontecimentos, cenas e diálogos, a fim de preencher as lacunas do material documental utilizado como fonte. Ela está também, e talvez isso seja o mais importante, nas formas de armação narrativa utilizadas para a reunião das informações colhidas nessas fontes, bem como nas técnicas narrativas utilizadas para apresentá-las. Talvez isso seja o mais importante porque, em grande medida, são justamente essas formas e técnicas narrativas as responsáveis por mediar as relações entre o texto e o leitor e, consequentemente, induzi-lo a uma apreensão da realidade a partir de um determinado viés interpretativo.

É com essa concepção que Eneida se mostra de acordo em seus trabalhos sobre as biografias de escritores, artistas e intelectuais, quando afirma, por exemplo, no ensaio "Notas sobre a crítica biográfica", que "não se acredita mais no estereótipo da totalidade e nem no relato de vida como registro de fidelidade e autocontrole".[2] Ou quando diz, em "A crítica biográfica", que, "se considerarmos que a realidade e a ficção não se opõem de forma radical para a criação do ensaio biográfico, não é prudente checar, no caso de autobiografias ou de biografias, se o acontecimento narrado é verídico ou não".[3] Esse pressuposto, na visão de Eneida, confere ao crítico certa margem de liberdade na elaboração de perfis literários, por meio da criação de episódios fictícios, da aproximação deslocada e anacrônica entre autores

---

[2] SOUZA. Notas sobre a crítica biográfica, p. 113.

[3] SOUZA. A crítica biográfica, p. 21.

e obras e da interpretação de elementos biográficos transpostos para as obras literárias e artísticas.

Percepção semelhante da presença da ficção nas narrativas biográficas consta também no trabalho de algumas referências importantes de Eneida, assim como na bibliografia teórica contemporânea sobre a biografia. Podemos lembrar, por exemplo, a página de abertura de *Roland Barthes por Roland Barthes*, na qual o autor recomenda: "Tudo isto deve ser considerado como dito por uma personagem de romance".[4] Ou o ensaio inicial do livro *Mortes imaginárias*, de Michel Schneider, em que o autor afirma que "toda biografia é um romance",[5] dedicando-se ao longo do volume ao estudo do processo de ficcionalização das narrativas sobre a morte e as últimas palavras de escritores. Da bibliografia mais geral sobre a biografia, vale a pena citar François Dosse, que, no livro *O desafio biográfico: escrever uma vida*, afirma que a biografia é um "gênero híbrido" que, para tentar se aproximar da riqueza e complexidade da experiência vivida, "se situa em tensão constante entre a vontade de reproduzir um vivido real passado, segundo as regras da *mimesis*, e o polo imaginativo do biógrafo, que deve refazer um universo perdido segundo sua intuição e talento criador".[6]

Dessa perspectiva, torna-se bastante significativo, no filme de Sabino e Neves, o procedimento de desnudamento da ficção realizado por meio da anedota com que ele se inicia. Ainda mais curioso é o fato de que Afonso Arinos lança mão de todo o seu conhecimento e experiência no campo jurídico para reafirmar a verdade de sua ficção, dizendo que daria por termo, prestaria depoimentos, lavraria atas e faria tudo aquilo que a técnica forense exigisse para comprovar sua versão da história. Se, como nos mostra Wolfgang Iser, no ensaio "Atos de fingir ou o que é fictício no texto ficcional", o desnudamento da ficção é um atributo distintivo dos textos que,

---

[4] BARTHES. *Roland Barthes por Roland Barthes*, p. 11.
[5] SCHNEIDER, *Mortes imaginárias*, p. 13.
[6] DOSSE. *O desafio biográfico: escrever uma vida*, p. 55.

diferentemente da biografia, dão-se a ler como ficcionais, a obra de Sabino e Neves já começa por embaralhar as cartas, desestabilizando as fronteiras entre realidade e ficção e propondo ao espectador um pacto ambíguo de leitura.

Obra e vida

No caso de artistas, escritores e intelectuais, essa dimensão construtiva da biografia ganha outra camada de complexidade, em função das possibilidades e dos procedimentos utilizados para se colocar em relação a obra e a vida, o que é mais propriamente a tarefa da crítica biográfica. Tradicionalmente, no mundo ocidental, desde a ascensão das concepções modernas de indivíduo e de autor, essa questão foi abordada a partir de um viés mimético, buscando-se relações de representação e causalidade entre a vida e a obra. Tratava-se, então, de explicar a obra por meio da biografia, considerando-se a primeira como um reflexo, por vezes direto e sem mediações, da segunda. Chamado, no campo dos estudos literários, de biografismo, esse tipo de abordagem teve seu auge no século XIX, com o trabalho de Sainte-Beuve e a consagração da fórmula textual sintetizada pela expressão "vida e obra de...".[7]

No trabalho de Eneida e da crítica biográfica contemporânea, a recusa à oposição entre biografia e ficção leva, também, à recusa do biografismo, que já havia sido amplamente contestado pelas abordagens imanentistas da literatura, ao longo do século XX. Em "A crítica biográfica", por exemplo, a autora observa que "não se deve argumentar que a vida esteja refletida na obra de maneira direta e imediata ou que a arte imita a vida, constituindo seu espelho", optando antes pela inversão do lugar comum operada pelo dândi e decadentista Oscar Wilde, segundo a qual é "a vida [que] imita a arte".[8] "A interpretação do fato ficcional como repetição do vivido", continua Eneida, "carece de formalização e reduplica os erros cometidos pela crítica

---

[7] DOSSE. *O desafio biográfico: escrever uma vida*, p. 80-95.

[8] SOUZA. A crítica biográfica, p. 19.

biográfica praticada pelos antigos defensores do método positivista e psicológico".[9]

Assim, para a autora, é preciso que o crítico esteja atento ao fato de que a "relação oblíqua entre arte e vida é passível de intervenções entre as duas instâncias", considerando "os acontecimentos como moeda de troca da ficção, uma vez que não se trata de converter o ficcional em real, mas em considerá-los como cara e coroa dessa moeda ficcional".[10] Em outras palavras, é necessário levar em conta, ao mesmo tempo, tanto a presença da ficção nas narrativas biográficas quanto os deslocamentos e as transformações a que os acontecimentos biográficos são submetidos pelas obras de arte e pela literatura.

Convergindo com essas observações, François Dosse vale-se do exemplo de Stefan Zweig (autor de uma biografia inacabada de Balzac, para quem a "vida verdadeira" e a "autenticidade" da biografia do escritor francês "está unicamente na obra"), a fim de afirmar a validade do "modelo ficcional de uma circularidade que fundamenta o direito de pensar em conjunto essas duas dimensões".[11] E Michel Schneider, explorando as ligações entre escrita e morte e a ideia impossível de "autotanatografia", lembra-nos que "por vezes [...] o escritor parece apenas o fantasma de si mesmo, e seu fim, uma citação tirada de sua obra". "É preciso, portanto, ler os livros que esses escritores escreveram", propõe Schneider, pois "é neles que sua morte é contada".[12]

No filme de Sabino e Neves, como vimos, a relação entre obra e vida se configura na forma de uma tensão entre a literatura e a vida pública, articulada pela narrativa da trajetória de Afonso Arinos e simbolizada pela anedota do pintassilgo. A princípio, podemos pensar que seja sobretudo a vida que incide na obra, determinando aquela "espécie de destino literário" que o fez optar pelo ensaio, a fim

---

[9] SOUZA. A crítica biográfica, p. 21.
[10] SOUZA. A crítica biográfica, p. 19, 21.
[11] DOSSE. *O desafio biográfico: escrever uma vida*, p. 94-95.
[12] SCHNEIDER. *Mortes imaginárias*, p. 14, 13.

de conjugar a vocação literária e a inclinação pela vida pública. Em outras palavras, teria sido essa inclinação a responsável por moldar sua obra intelectual, dedicada principalmente aos campos da historiografia, do direito e da política, embora marquem presença também, sobretudo nos anos 1930 e 1940, os ensaios de crítica literária e alguns poucos textos líricos e dramáticos. Interessante notar ainda que, a partir de 1961, com a publicação do livro *A alma do tempo*, Arinos dá início a uma série de obras memorialísticas, que se estende até a década de 1980, quando já se aproxima o final de sua vida, entregando-se àquela "recriação permanente do passado" a que faz menção na última cena do curta.

A anedota do pintassilgo e o próprio título do filme, no entanto, conferem a essa relação certo grau de reversibilidade. Embora as obrigações da vida pública funcionem como uma prisão, limitando e moldando o trabalho intelectual, trata-se ainda de um "escritor na vida pública", ou seja, de um pintassilgo, e não de um simples bicudo. A "vocação literária" permanece viva, ajudando a moldar sua atuação na política e na diplomacia, e o "destino literário" é também o destino do homem público. Assim, sua trajetória política é mostrada como a de um intelectual de grande densidade, habilitado para as mais altas funções de Estado e, ao mesmo tempo, sensível ao sofrimento dos humildes, como o de seu motorista negro, cuja história o motivou a propor e aprovar a primeira lei contra a discriminação racial no país.[13] Dessa forma, então, não é apenas a vida que se reflete na obra, mas também a obra que se reflete na vida e na narrativa biográfica, como forma particular de reflexão e saber que repercute em sua atuação política e institucional.

---

[13] Até mesmo os momentos mais controversos da atuação política de Arinos, que o filme não mostra, poderiam ser assimilados a essa lógica contraditória por meio da qual sua trajetória é narrada. Podemos lembrar, por exemplo, o célebre discurso, como líder da União Democrática Nacional (UDN) na Câmara dos Deputados, pedindo a renúncia do presidente Getúlio Vargas, 15 dias antes de seu suicídio, em agosto de 1954, e a colaboração com o golpe de Estado de 1964, contrabalançada posteriormente por uma atitude mais crítica e um relativo afastamento do regime.

Metáfora e ficção

Nessas relações circulares entre obra e vida, como vimos, o que interessa ao crítico já não é mais o valor documental dos acontecimentos biográficos, enquanto comprovação das fontes utilizadas pelo escritor, mas o modo como eles são transpostos e reelaborados na obra, quer se trate de sua produção ficcional/literária ou de sua narrativa biográfica ou autobiográfica. Como observa Eneida, mais uma vez em "A crítica biográfica", uma abordagem contemporânea dessas relações não deve mais "reduzir a obra à experiência do autor, nem demonstrar ser a ficção produto de sua vivência pessoal e intransferível".[14] "O que se propõe", afirma a autora, "é considerar o acontecimento – se ele é recriado na ficção – desvinculado de critérios de julgamento quanto à veracidade ou não dos fatos."[15] Por isso, "o elemento factual da vida/obra do escritor [só] adquire sentido se for transformado e filtrado pelo olhar do crítico, se passar por um processo de desrealização e dessubjetivação".[16]

Vista como um texto (a narrativa biográfica), a vida presta-se ao estabelecimento de relações de intertextualidade com a obra, nas quais o que mais interessa é o potencial simbólico dos acontecimentos biográficos. Como afirma a autora, no mesmo ensaio, "ainda que determinada cena recriada na ficção remeta a um fato vivenciado pelo autor, deve-se distinguir entre a busca de provas e a confirmação de verdades atribuídas ao acontecimento, do modo como a situação foi metaforizada e deslocada pela ficção".[17] Por isso, "é preciso distinguir e condensar os polos da arte e da vida, por meio do emprego do raciocínio substitutivo e metafórico, com vistas a não naturalizar e a reduzir os acontecimentos vivenciados pelo escritor".[18] Ou, como ela já propunha, no ensaio "Notas sobre

---

[14] SOUZA. A crítica biográfica, p. 21.

[15] SOUZA. A crítica biográfica, p. 21.

[16] SOUZA. A crítica biográfica, p. 20.

[17] SOUZA. A crítica biográfica, p. 19.

[18] SOUZA. A crítica biográfica, p. 19.

a crítica biográfica", interpretar a criação artística para "além de seus limites intrínsecos e exclusivos, por meio da construção de pontes metafóricas entre o fato e a ficção".[19]

No filme de Sabino e Neves, observamos que a anedota do pintassilgo assume claramente um valor simbólico mais geral, desdobrando-se na própria forma como a trajetória de vida do protagonista é narrada, isto é, na forma como essa trajetória é configurada como uma história significativa. As "virtudes que a maturidade existencial confere ao homem" são, também, as qualidades que definem "a vocação literária [...] muito modesta" de Afonso Arinos e determinam o "destino literário" que moldou, ao mesmo tempo, sua obra intelectual e sua atuação na vida pública.

O pintassilgo da anedota, portanto, é uma metáfora do "escritor na vida pública" – expressão que dá título ao filme. Isto é, de uma verdadeira vocação literária cuja produção foi aprisionada pelo empenho e pelas responsabilidades do homem público, mas que também ajudou a moldá-lo. Daquele que parcialmente abriu mão da vocação literária para dedicar-se aos afazeres da política e da diplomacia, mas que, no fundo, não deixou de ser também um passarinho, conservando um pouco daquela vocação por meio do cultivo do ensaio, do convívio dos amigos e, também, dos efeitos que essa vocação exerceu em sua atuação como homem público.

Dessa anedota, que não sabemos se é ou não verdade, o filme faz uma metáfora, e essa metáfora se desdobra na sua própria estrutura narrativa, determinando-a em sua apresentação e seu sentido global. Daí a importância especial que adquire o caráter indecidível da verdade dessa anedota, que o personagem faz saltar, no início do filme, ao utilizar, para afirmá-la e ao mesmo negá-la, todo o seu arsenal de recursos jurídicos e retóricos. Estamos, aí, num terreno pantanoso, em que já não é mais possível afirmar se é o referente (a trajetória de vida do personagem) que produz a situação metaforizada (ou seja, se falamos de uma metonímia, uma parte da vida, transformada em metáfora pelo

---

[19] SOUZA. Notas sobre a crítica biográfica, p. 111.

relato) ou se, pelo contrário, é a própria força metafórica do episódio que, como uma ficção, impõe-se ao relato, ocupando o lugar do referente. Como observou Paul De Man, no artigo "Autobiografia como des-figuração", ao leitor resta "permanecer em meio a esse torniquete", ou seja, na irresolvível dúvida se é "o referente [que] determina a figura, ou o contrário: não será a ilusão da referência uma correlação da estrutura da figura, quer dizer, não apenas clara e simplesmente um referente, mas algo similar a uma ficção, a qual, entretanto, adquire por sua vez um grau de produtividade referencial?".[20]

Em outras palavras, a operação que transforma o acontecimento biográfico em metáfora comporta sempre certo grau de ficção, colocando em suspenso seu caráter de verdade.

Ficção e conhecimento

Adepta de uma concepção não essencialista do conhecimento, Eneida não toma essa indecidibilidade entre realidade e invenção, própria do discurso ficcional e presente também na biografia e nos procedimentos da crítica biográfica contemporânea, como fonte de uma "ilusão biográfica",[21] que distorce e impossibilita uma apreensão correta do mundo e da experiência humana. Pelo contrário, a ficção aparece em seu trabalho como um caminho para novas formas de apreender e construir a realidade, para além de esquemas congelados e naturalizados pela hierarquia tradicional dos saberes, ressaltando assim os poderes heurísticos da arte e da literatura.

No final do ensaio "Notas sobre a crítica biográfica", ela já chamava a atenção para "o poder ficcional da teoria e a força teórica inserida em toda ficção".[22] E, no texto de apresentação do livro *Janelas indiscretas*, ela evoca o conceito de ficção apresentado por Jacques Rancière em *A partilha do sensível* para esclarecer sua própria

---

[20] DE MAN. A autobiografia como des-figuração, p. 3.
[21] BOURDIEU, A ilusão biográfica.
[22] SOUZA. Notas sobre a crítica biográfica, p. 120.

forma de abordagem das relações entre obra e vida e seu trabalho com a crítica biográfica:

> Fingir não é propor engodos, porém elaborar estruturas inteligíveis. A poesia não tem contas a prestar quanto à "verdade" daquilo que diz, porque, em seu princípio, não é feita de imagens ou enunciados, mas de ficções, isto é, de coordenação entre atos. [...] O real precisa ser ficcionado para ser pensado. [...] A política e a arte, tanto quanto os saberes, constroem "ficções", isto é, rearranjos *materiais* dos signos e das imagens, das relações entre o que se vê e o que se diz, entre o que se faz e o que se pode fazer.[23]

Podemos, então, ampliar o alcance metafórico da anedota do pintassilgo, contada por Afonso Arinos no início do filme de Sabino e Neves. Representando não necessariamente o que aconteceu, mas o que "poderia ter acontecido" – uma "situação psicológica" da qual o personagem não queria abrir mão –, a história do pintassilgo acaba funcionando como uma metáfora da própria ficção e de sua força heurística. Com essa estrutura narrativa articulada a partir da força metafórica da anedota do pintassilgo, o sentido do filme entra em relação com um dilema recorrente dos intelectuais da geração de Arinos, o da relação conflituosa entre a dedicação à atividade literária e o necessário trabalho na burocracia estatal, como forma de garantir a sobrevivência material; entre os compromissos impostos pela relação com o Estado e a independência e a liberdade reivindicadas pela arte e a literatura.

Por meio dessa anedota e de seus desdobramentos na estrutura discursiva do filme, o dilema pessoal de Afonso Arinos ecoa o de tantos outros escritores e intelectuais de seu tempo, que se dividiram entre o ofício de escritor e as obrigações, senão de uma vida pública tão destacada, pelo menos de uma atuação mais modesta no serviço público, na diplomacia e na assessoria de homens públicos proeminentes. Podemos, então, ver na inocente anedota do

---

[23] RANCIÈRE *apud* SOUZA. *Janelas indiscretas: ensaios de crítica biográfica*, p. 11.

pintassilgo, e na forma como ela é aproveitada no filme de Sabino e Neves, a possibilidade de ampliar o feixe de relações por meio do qual construímos e temos acesso à realidade, através de pontes metafóricas entre o fato e a ficção.

Referências

BARTHES, Roland. *Roland Barthes por Roland Barthes*. Tradução de Leyla Perrone-Moisés. São Paulo: Estação Liberdade, 2003.

BOURDIEU, Pierre. A ilusão biográfica. *In*: AMADO, Janaína; FERREIRA, Marieta de Moraes (coord.). *Usos e abusos da história oral*. 8. ed. Rio de Janeiro: Editora FGV, 2006. p. 183-191.

BURKE, Peter. A invenção da biografia e o individualismo renascentista. Tradução de José Augusto Drummond. *Estudos Históricos*, Rio de Janeiro, v. 10, n. 19, p. 83-97, 1997.

DE MAN, Paul. A autobiografia como des-figuração. Tradução de J. Wolff. *Sopro*, n. 71, p. 2-12, maio 2012.

DOSSE, François. *O desafio biográfico: escrever uma vida*. Tradução de Gilson César Cardoso de Souza. São Paulo: Edusp, 2009.

ISER, Wolfgang. Atos de fingir ou o que é fictício no texto ficcional. Tradução de Heidrun Krieger Olinto e Luiz Costa Lima. *In*: LIMA, Luiz Costa (org.). *Teoria da literatura em suas fontes*. 3 ed. Rio de Janeiro: Civilização Brasileira, 2002. v. 2. p. 955-987.

LEMOS, Renato (atual.). Afonso Arinos de Melo Franco. Verbete biográfico. FGV CPDOC, [s.d.]. Disponível em: http://www.fgv.br/cpdoc/acervo/dicionarios/verbete-biografico/afonso-arinos-de-melo-franco. Acesso em: 7 ago. 2022.

O ESCRITOR na vida pública. Produção de Fernando Sabino e David Neves. Bem-te-Vi Filmes, 1975. (10 min.).

RODRIGUES, Nelson. O passarinho. *In: A pátria em chuteiras: novas crônicas de futebol*. São Paulo: Companhia das Letras, 1994. p. 11-12.

SCHNEIDER, Michel. *Mortes imaginárias*. Tradução de Fernando Santos. São Paulo: A Girafa, 2005.

SOUZA, Eneida Maria de. A crítica biográfica. *In*: *Janelas indiscretas: ensaios de crítica biográfica*. Belo Horizonte: Editora UFMG, 2011.

SOUZA, Eneida Maria de. *Janelas indiscretas: ensaios de crítica biográfica*. Belo Horizonte: Editora UFMG, 2011.

SOUZA, Eneida Maria de. Notas sobre a crítica biográfica. *In*: *Crítica cult*. Belo Horizonte: Editora UFMG, 2002. p. 111-120.

Linhas de força de uma crítica epistolográfica

Marcos Antonio de Moraes

> *[...] sentindo-me como se estivesse sempre tentando abrir novas portas.*
> Eneida Maria de Souza.
> Discurso de Professora Emérita.

Logo no início de "O fim das ilusões", ensaio que examina a "classe intelectual universitária" do século XXI, Eneida Maria de Souza perfaz um autorretrato como "pessoa interessada e entusiasta de tudo aquilo que significa mudança nas ideias e no pensamento crítico da atualidade".[1] De fato, em sua admirável trajetória acadêmica, espelhada em substanciosos ensaios de crítica literária e cultural, bem como em instigantes testemunhos pessoais, ganha relevo o sentido de inquietude e de autonomia reflexiva que recusa a estagnação de balizas teóricas e hermenêuticas.

A notável contribuição de Eneida aos estudos de teoria literária no Brasil enraíza-se em suas densas leituras de textos engendrados no âmbito do estruturalismo, da semiologia, do pós-estruturalismo e dos estudos culturais, deles preservando, contudo, apenas aquilo que lhe pudessem oferecer em termos de produtiva funcionalidade instrumental e de potência interpretativa. No horizonte de sua atuação no campo universitário, como professora, pesquisadora e crítica literária, sobretudo a partir de sua tese de doutorado sobre *Macunaíma*, de

---

[1] SOUZA. *Tempo de pós-crítica: ensaios*, p. 135.

Mário de Andrade, vigoravam as perenes indagações sobre "o estatuto de sujeito, da autoria, da escritura e da linguagem".[2]

Na "Apresentação" de *Janelas indiscretas: ensaios de crítica biográfica* (2011), Eneida registra uma destacada etapa na fermentação de seu ideário crítico sobre a literatura e arredores discursivos, decisiva na escolha de seus futuros objetos de análise, tanto quanto na fundamentação de inovadoras abordagens hermenêuticas. O "convívio permanente com arquivos de escritores",[3] a partir de 1989, nas atividades de acolhimento, organização arquivística e exploração dos acervos de Henriqueta Lisboa, Abgar Renault, Murilo Rubião, entre outros, na UFMG, estimulou a laboriosa pesquisadora, tanto quanto seus companheiros da Faculdade de Letras, a reavaliar a própria concepção de literatura e de texto literário. O trabalho em arquivo fazia emergir o autor, sua vida, seus vínculos de sociabilidade letrada e a sua criação estética, a partir da observação de "manuscritos, cadernos de notas, papéis esparsos, correspondência, diários de viagem e fotos".[4] Na origem da formalização de uma "crítica biográfica", concebida e sistematizada por Eneida, encontrava-se o "trabalho de edição da correspondência entre escritores – Mário de Andrade, Henriqueta Lisboa, Murilo Rubião", na medida em que esses documentos da vida privada lhe ofereciam a "oportunidade de esclarecer dados até então nebulosos de suas obras, soluções que possibilitaram sistematizar com mais rigor a poética defendida por eles".[5]

A proposta de uma corrente crítica abrangente que se detivesse nos liames autor e texto, para "repensar o tênue limite entre a Literatura e outros discursos",[6] firma contornos e apresenta seus primeiros resultados nos ensaios reunidos em "Grafias do desejo", na terceira parte do livro *Traço crítico* (1993). Em posteriores retomadas

---

[2] SOUZA. *Tempo de pós-crítica: ensaios*, p. 100.

[3] SOUZA. Apresentação. In: *Janelas indiscretas: ensaios de crítica biográfica*, p. 9.

[4] SOUZA. Apresentação. In: *Janelas indiscretas: ensaios de crítica biográfica*, p. 9.

[5] SOUZA. Apresentação. In: *Janelas indiscretas: ensaios de crítica biográfica*, p. 10.

[6] SOUZA. *Traço crítico*, p. ii.

exploratórias, Eneida sedimenta a ossatura teórica de uma crítica biográfica, singularizando também a escrita ensaística que lhe dá corpo. Em contraponto, desacredita a equivocada crítica biográfica nos estudos literários, irradiada a partir da França no século XIX. Essa crítica, pobre em mediações, "visava ao deciframento oculto e da origem do texto a partir da relação naturalista e causal entre vida e obra".[7] Renovada, a crítica biográfica não pretendia "reduzir a obra à experiência do autor, nem demonstrar ser a ficção produto de sua vivência pessoal e intransferível".[8]

A crítica biográfica, na proposição de Eneida Maria de Souza, considera a "ampliação das categorias de texto, de narrativa e da própria literatura",[9] como também reconfigura a relação do crítico com o texto que se oferece para o seu trabalho de análise. Se a teoria literária, enquanto disciplina, em seus primórdios, engajou-se na busca da estrita delimitação de um campo científico e de seu respectivo objeto de estudo (literatura, literariedade), a nova crítica biográfica efetivou a expansão do diâmetro da varredura do radar, captando tanto a produção (caracterizada como) literária, quanto a matéria "documental" produzida pelos escritores, tais como "correspondência, depoimentos, ensaios, crítica".[10] Assim, poder-se-ia conceber a literatura para além "de seus limites intrínsecos e exclusivos", promovendo a "construção de pontes metafóricas entre o fato e a ficção".[11] Em seu memorial para o concurso de titularidade na UFMG – substancioso excurso (auto)investigativo que recenseia e problematiza a recepção de correntes críticas estrangeiras no Brasil –, Eneida evoca o autor de *Pauliceia desvairada*, a fim de exemplificar a transposição de fronteiras estetizantes. O exercício crítico defronta-se, agora, com um desafiador território discursivo, em sua

---

[7] SOUZA. Notas sobre a crítica biográfica. *In: Crítica cult*, p. 119.

[8] SOUZA. A crítica biográfica. *In: Janelas indiscretas: ensaios de crítica biográfica*, p. 21.

[9] SOUZA. Notas sobre a crítica biográfica. In: *Crítica cult*, p 119.

[10] SOUZA. Notas sobre a crítica biográfica. In: *Crítica cult*, p. 111.

[11] SOUZA. Notas sobre a crítica biográfica. In: *Crítica cult*, p. 111.

caracterização difusa, heterogênea e em florescente expansão. Para a estudiosa do modernismo, "a crescente publicação dos inéditos de Mário de Andrade, além da correspondência mantida com os amigos, possibilita o claro traçado da sua obra e abertura para diferentes perspectivas analíticas". Em face dessa constatação, em seu entender, "torna-se cada vez mais inoperante debruçar-se sobre o 'grande texto' do escritor, esquecendo-se de sua produção marginal, dos comentários e notas escritas ao lado da obra e dos inúmeros papéis que permanecem à espera de uma leitura mais cuidada".[12]

Essa massa discursiva transbordante exige uma ferramenta analítica multifocal (interdisciplinar, transcultural). Propicia igualmente a modelagem de uma expressão crítica revigorada, vivamente autoral, deixando entrever a figuração do próprio crítico. Eneida empreendeu um conjunto expressivo de "ensaios de teor biográfico",[13] sendo eles breves (mas contundentes) escorços, ou mais extensos, como os consagrados ao memorialista de *Baú de ossos* (*Pedro Nava, o risco da memória*, 2004) e ao criador de *Ficções* (*O século de Borges*, 1999). A "recriação de personagens históricas ou literárias", supunha, para ela, simultaneamente, o "tratamento distanciado por parte do crítico e uma aproximação interpretativa".[14] O desafio de encontrar (e calibrar) uma "distinta dicção"[15] crítica resultou em uma profícua discussão teórica sobre a (inelutável) presença (biográfica) do crítico na práxis analítica. Ao relacionar crítica literária a "uma prática vinculada à experiência",[16] a crítica biográfica, segundo Eneida, poderia oferecer "maior liberdade criativa por parte do crítico, por revigorar o enredo narrativo e permitir associações entre texto e contexto, obra e vida, arte e cultura".[17] Nesse espaço de experimentalismos (embasado em seguras proposições teóricas), o crítico podia, ele também, "brincar

---

[12] SOUZA. *Tempo de pós-crítica: ensaios*, p. 99.

[13] SOUZA. Apresentação. In: *Janelas indiscretas: ensaios de crítica biográfica*, p. 9.

[14] SOUZA. Notas sobre a crítica biográfica. In: *Crítica cult*, p. 117.

[15] SOUZA. Apresentação. In: *Janelas indiscretas: ensaios de crítica biográfica*, p. 9.

[16] SOUZA. Discurso de Professora Emérita. In: *Tempo de pós-crítica: ensaios*, p. 131.

[17] SOUZA. Apresentação. In: *Janelas indiscretas: ensaios de crítica biográfica*, p. 9.

um pouco de ficção",[18] dando concretude a um sedutor "gênero ensaístico-narrativo".[19] Diferentemente da crítica literária mais tradicional, "cujo foco se reduz à matéria literária e à sua especificidade", a crítica biográfica, diante dos vínculos entre vida e obra, promoveria o "exercício de ficcionalização da crítica, no qual o próprio sujeito teórico se inscreve como ator no discurso e personagem de uma narrativa em construção".[20]

Como interpretar autobiografias, correspondências e diários, reconhecidos em um poroso perímetro do literário? A mirada analítica do crítico de literatura mais ortodoxo esbarra em limitações instransponíveis, em razão da natureza do discurso memorialístico, comprometido com a referencialidade histórica. A crítica biográfica, segundo Eneida Maria de Souza, considera o escritor "na sua condição de personagem",[21] ou, em outros termos, "a personalidade do autor como personagem que nasce de sua obra".[22] Na gestação dessa postura hermenêutica avulta a exemplar formulação da ensaísta, fixada em 1989, no ensaio "Relíquias da casa", ao referir-se ao "texto em que Mário de Andrade ia-se transformando".[23] Em 2000, Eneida oferece uma síntese da operacionalização da crítica biográfica, evocando o caudaloso registro testemunhal legado por Pedro Nava:

> Por se tratar de uma obra de teor memorialístico, a única maneira de ir além dos dados biográficos aí narrados consistiu no procedimento relativo à ficcionalização e teorização do que já havia sido registrado pelo autor. Essa prática ensaística não pretende distorcer nem embelezar os fatos narrados, mas interpretá-los segundo sua relação com o contexto e com a ajuda de instrumental teórico exigido para tal. Ficcionalizar os dados significa considerá-los como

---

[18] SOUZA. Discurso de Professora Emérita. *In: Tempo de pós-crítica: ensaios*, p 131.

[19] SOUZA. Entrevista. *In: Tempo de pós-crítica: ensaios*, p. 192.

[20] SOUZA. Notas sobre a crítica biográfica. *In: Crítica cult*, p. 111.

[21] SOUZA. Discurso de Professora Emérita. *In: Tempo de pós-crítica: ensaios*, p. 132.

[22] SOUZA. Discurso de Professora Emérita. *In: Tempo de pós-crítica: ensaios*, p. 98.

[23] SOUZA. Relíquias da casa. *In: Traço crítico*, p. 136.

metáforas, ordená-los de modo narrativo, sem que haja qualquer desvio em relação à "verdade" factual.[24]

A metáfora, em virtude de sua "potência imaginativa e conceitual",[25] ocupa, na qualidade de instrumental operatório da interpretação dos discursos, um lugar central na crítica biográfica delineada por Eneida Maria de Souza.

Em 2021, no prefácio a *Narrativas impuras*, Eneida reconhece que os estudos coligidos nesse alentado volume ainda rebatiam na "mesma tecla" da crítica biográfica. Afinal, "na abordagem de obras de literatura ou de outra ordem, como correspondência, teoria e crítica", prevalecia "o enfoque biográfico, na relação metafórica produzida entre criação e vida".[26] A leitura de correspondências, que lhe possibilitara que o "interesse pela literatura se ampliasse para os textos paraliterários e para a construção de biografias intelectuais",[27] perdurava (destacadamente) na ordem do dia. Eneida, ao longo do tempo, apurava as empreitadas interpretativas das cartas do modernismo. Talvez fosse inteiramente plausível especular que, em algum momento, ela, em sua desassossegada escavação investigativa, viesse a formalizar as linhas de força de uma crítica epistolográfica (certamente não desconectada da crítica biográfica e de seus pressupostos hermenêuticos).

Os que hoje se devotam ao estudo das cartas produzidas no campo literário nos séculos XIX e XX se ressentem da inexistência de um instrumental canônico para interpretá-las. Sabem que não podem contar, no elenco bibliográfico da epistolografia, com postulados metodológicos e críticos cristalizados na forma de um sistema (susceptíveis, portanto, a contínuas reavaliações). As correspondências demandam, prioritariamente, uma abordagem inter e multidisciplinar, beneficiando-se dos fundamentos operatórios da retórica e da linguística, dos estudos literários, históricos, sociológicos e antropológicos, da psicanálise etc.

---

[24] SOUZA. Notas sobre a crítica biográfica. *In*: *Crítica cult*, p. 11.
[25] SOUZA. *Tempo de pós-crítica: ensaios*, p. 63.
[26] SOUZA. Ensaios em pauta. *In*: *Narrativas impuras*, p. 8.
[27] SOUZA. Entrevistas (2007). *In*: *Tempo de pós-crítica: ensaios*, p. 192.

A questões se somam. Como interpretar um texto que se constrói a quatro mãos, circunscrito em uma temporalidade, sem a definição de um projeto constitutivo prévio? De que maneira enfrentar um discurso memorialístico que nos chega, salvo raras exceções, fragmentado, muitas peças importantes irremediavelmente extraviadas? Que tipo de ferramenta favoreceria uma avaliação mais frutífera da (possível) organicidade de uma correspondência, com a sua economia interna produtora de sentidos? Como encarar o inerente caráter alusivo das cartas, as rarefações no fluxo epistolar, os silenciamentos e as rasuras mentais que mal se divisam na textualidade? Como caracterizar nos diálogos epistolares os "estilos" que se atritam? Como tratar a (possível) literariedade das cartas? Qual o limite entre a adequada compreensão das missivas e as projeções pessoais ou superinterpretações?

Embora não seja ainda possível reconhecer um método analítico já estruturado, é significativa a contribuição de muitos estudiosos, no Brasil e no exterior, para a área dos estudos de cartas. Na variada palheta de procedimentos destinados a interpretar correspondências, distinguem-se sólidas investidas para discernir ambiências dialógicas; as encenações dos correspondentes; a constituição de pactos epistolares; a figuração da simetria/assimetria dos interlocutores; os temas (reiterados) definidores de afinidades; as diversas representações da subjetivação, das sensibilidades e da sociabilidade; os espelhamentos ideológicos e questões de gênero enraizados nas cartas etc. Não é pouco, evidentemente, mas reflete uma deriva teórica, uma nebulosa hermenêutica. Terreno da fenomenologia, e não da teoria, portanto, na instigante percepção de João Cezar de Castro Rocha.[28]

---

[28] Ao apreciar o heterogêneo conjunto de ensaios, assinados por diversos autores, coligidos no livro *Prezado senhor, prezada senhora: estudo de cartas*, organizado por Walnice Nogueira Galvão e Nádia Battella Gotlib, o crítico e teórico da literatura João Cezar de Castro Rocha pondera: "como articular conceitos e abordagens gerais para tratar de objetos irredutivelmente particulares? Como estabelecer um único método se os caminhos são tão vários quanto numerosos os missivistas? [...] não há propriamente uma 'teoria da carta', mas tão-só uma 'fenomenologia de cartas'. [...] Os 'estudos sobre cartas' deverão respeitar o caráter plural do objeto e, na medida do possível, apresentar uma análise de tipo fenomenológico,

Eneida Maria de Souza considerava a correspondência de Mário de Andrade (difundida em livros desde 1958 e atualmente ultrapassando o montante de 40 volumes) um "material de importância biográfica e estética".[29] Em vista da profícua interação do polígrafo paulista com os mineiros, reconhece-a "como mediação para as trocas" literárias ou no campo das artes plásticas.[30] Discerne também na "obsessiva" epistolografia mariodeandradeana uma "das mais significativas provas de uma prática mundana de legitimação do cânone literário modernista", o escritor "convertendo-se em guardião de um programa estético que era necessário preservar".[31]

Em seus livros, Eneida, em pelo menos seis oportunidades, debruçou-se sobre a correspondência de Mário de Andrade. Em 1993, insere em *Traço crítico* o estudo "Mário retorna a Minas", sublinhando "o lado confessional e reflexivo"[32] do autor paulistano, nas cartas dirigidas a Henriqueta Lisboa. Em 1999, a segunda edição de *A pedra mágica do discurso* acolhe dois ensaios de fôlego, "A Dona Ausente" e "Autoficções de Mário". Em 2010, assina "A Dona Ausente", prefácio da *Correspondência: Mário de Andrade & Henriqueta Lisboa*, edição por ela própria organizada, que fez jus ao Prêmio Jabuti. Em 2011, em *Janelas indiscretas: ensaios de crítica biográfica*, insere "Amizade modernista", reescrita da resenha devotada a *Carlos & Mário: correspondência entre Carlos Drummond de Andrade – inédita – e Mário de Andrade: 1924-1945* (edição exemplar levada a termo por Silviano Santiago), texto primeiramente estampado, em 2003, na revista *Margens/Márgenes*. E, por fim, em 2021, "Conversa de compadres", ensaio coligido no livro *Narrativas impuras*, enfoca a correspondência trocada entre Mário e o norte-rio-grandense Luís da Câmara Cascudo, ambos fascinados pela cultura popular.

---

    da correspondência, considerando as circunstâncias da sua produção e recepção" (ROCHA. Exercícios críticos: leituras do contemporâneo, p. 153).

[29] SOUZA. A Dona Ausente. In: *A pedra mágica do discurso*, p. 217.

[30] SOUZA. *Pedro Nava, o risco da memória*, p. 79.

[31] SOUZA. Nostalgia do cânone. In: *Crítica cult*, p. 89.

[32] SOUZA. Mario retorna a Minas. In: *Traço crítico*, p. 146.

Notam-se, nesses ensaios, os variados ângulos de análise escolhidos por Eneida para abordar cartas e alguns dos diálogos epistolares de Mário de Andrade. Seu apurado instrumental crítico fez frente a uma correspondência da qual, na época, só se conhecia uma das vozes do diálogo (*Querida Henriqueta*, congregando as cartas dirigidas a Henriqueta Lisboa, em 1991, organizada pelo Pe. Lauro Palú); facultou a compreensão da dinâmica, da singularidade constitutiva e da temática de diferentes interlocuções (Mário e Henriqueta; Mário e Drummond; Mário e Cascudo); efetivou, em "Autoficções de Mário", a leitura de missivas do autor de *Pauliceia desvairada* a diferentes interlocutores mineiros, circunscritas no período de 1940 a 1945. Na abertura desse último ensaio, Eneida explicitou os fundamentos metodológicos que julgava mais adequados para "melhor operacionamento temático e conceitual" das missivas que estudava, discutindo os pressupostos na seleção do *corpus*, fornecendo a justificativa para a delimitação de uma cronologia e distinguindo nas mensagens os seus núcleos temáticos. Ou seja, reforça a ideia de que diferentes configurações de um conjunto de cartas prescrevem diferentes tipos de aproximação crítica.

Eneida enfatiza as particularidades da exploração do gênero epistolar. A correspondência, enquanto materialização do dialogismo (sujeitos em situação de diálogo), requer interpretações atentas às figurações elaboradas pelos interlocutores envolvidos. A carta enseja a criação de *personae*, ou seja, de autorrepresentações do remetente diante do destinatário, imagens de si moduladas em uma linha cronológica. Em "Mário retorna a Minas", a ensaísta mostra a instabilidade na configuração do perfil do modernista ao longo dos anos 1920 e 1940, afinal, "mudam não somente os destinatários como o emissor das cartas". Assim, "o Mário dos últimos anos de vida não é o mesmo dos áureos tempos do Modernismo, o que irá propiciar o gradativo e sistemático esboço de seu múltiplo perfil".[33] Para Eneida, a correspondência, diferentemente da "sisudez dos tratados de memórias",[34]

---

[33] SOUZA. Mario retorna a Minas. *In*: *Traço crítico*, p. 146.

[34] SOUZA. Mario retorna a Minas. *In*: *Traço crítico*, p. 148.

produz "autorretratos", que vão se "delineando com a ajuda de várias mãos e por um amálgama de diversos tons".[35] A carta prefigura, assim, o "perfil de face dupla que se estrutura pelo olhar que atravessa ambos os lados, *o eu no outro*".[36] Nesses termos, o procedimento crítico deve supor a volubilidade, a incompletude, a heterogeneidade do sujeito epistolar. Ou seja, atentar-se às "distintas dobras do sujeito".[37]

Eneida Maria de Souza desqualifica leituras ingênuas, superficiais ou mecânicas das cartas. Em "Autoficções de Mário", nas páginas de *A pedra mágica do discurso*, a ensaísta assegura que "a importância revelada pelo documento biográfico não incide apenas nos aspectos anedóticos da biografia do autor, mas na oportunidade de se refletir sobre a relação entre arte e vida, produção epistolar e ficcional, projeto estético e projeto político".[38] Demonstra como a correspondência, erigindo a figuração dos interlocutores, forja "o corpo fragmentado que vai sendo repartido com variados [destinatários]", pois as "cartas representam ainda a imagem das migalhas do eu que se manifesta de forma esquiva ou confidencial".[39] A carta, celeiro de autorrepresentações, moldadas e reconfiguradas sem repouso, espelharia o "biografema" de Roland Barthes, célula autobiográfica "que zomba da estrutura fechada da biografia, procedendo obliquamente, na leitura de fragmentos, restos e sobras dos sujeitos".[40] Na conjunção dos fragmentos autobiográficos gerados nas cartas, Eneida constata "imagens discordantes", Mário sendo esboçado por meio de "traços de uma imagem intelectual eivada de contradições".[41] Nesse sentido, o método crítico, no estudo das cartas, deve pressupor o enfrentamento das discrepâncias, posto que as diversas (e diferentes) imagens

---

[35] SOUZA. Mario retorna a Minas. *In*: *Traço crítico*, p. 152.
[36] SOUZA. Mario retorna a Minas. *In*: *Traço crítico*, p. 152.
[37] SOUZA. Mario retorna a Minas. *In*: *Traço crítico*, p. 153.
[38] SOUZA. Autoficções de Mário. *In*: *A pedra mágica do discurso*, p. 191.
[39] SOUZA. Autoficções de Mário. *In*: *A pedra mágica do discurso*, p. 197.
[40] SOUZA. Autoficções de Mário. *In*: *A pedra mágica do discurso*, p. 195.
[41] SOUZA. Autoficções de Mário. *In*: *A pedra mágica do discurso*, p. 194.

emparelhadas não se excluem mutuamente, mas se friccionam, para gerar figurações autobiográficas mais complexas, pois radicadas na instabilidade.

Eneida, em seus ensaios, fomenta o debate sobre as relações entre epistolografia e literatura. No ensaio "A Dona Ausente", recolhido no mesmo volume de 1999, tangencia a questão da interpretação polissêmica da correspondência, a qual, assim como o texto literário, preserva o estatuto de obra aberta, pois não se "esgota" em uma "primeira leitura".[42] Em "Amizade modernista", resenha do livro *Carlos & Mário*, na versão ampliada coligida no livro de 2011, adensa a discussão sobre as porosas fronteiras do gênero epistolar: "As confissões pessoais expressas na correspondência não se restringem a revelar segredos ou a apontar desavenças e dissabores entre os missivistas/personagens. Ao serem lidas no seu estatuto de texto, as cartas se integram no domínio da ficção, sendo, portanto, motivo de interpretações contraditórias".[43]

Essas conexões entre carta e ficção, assentada a *"estetização da existência"*,[44] corporificam-se na modelar interpretação levada a termo por Eneida no prefácio à *Correspondência: Mário de Andrade & Henriqueta Lisboa*, publicada em 2010, texto que retoma, amplia e aprofunda as considerações presentes no estudo de mesmo tema, difundido em 1999. Em face de um universo epistolar delimitado, orgânico, reunindo a quase totalidade das peças da correspondência, circunscritas aos anos 1939 a 1945, Eneida vislumbra uma engrenagem literária: a "trama ficcional",[45] suas peças e movimentos, as personificações dos missivistas (a imagem da Dona Ausente estruturando o enredo), o "jogo amoroso" ("o convívio poético suplementando o encontro amoroso"[46]). Entretanto, a correspondência, gesto privado (protegido pelo segredo), difere da literatura na sua condição de

---

[42] SOUZA. A dona ausente. *In: A pedra mágica do discurso*, p. 225.

[43] SOUZA. Amizade modernista. *In: Janelas indiscretas: ensaios de crítica biográfica*, p. 163.

[44] SOUZA. Mario retorna a Minas. *In: Traço crítico*, p. 147.

[45] SOUZA. A dona ausente. *In: A pedra mágica do discurso*, p. 27.

[46] SOUZA. A dona ausente. *In: A pedra mágica do discurso*, p. 26.

posicionamento do escritor em face do público. Eneida determina, assim, para o estudioso da epistolografia a "necessidade de se respeitar a fala do outro e de obedecer a determinadas regras e limites éticos".[47]

Em 2019, no ensaio "Conversa de compadres", em tela a correspondência trocada entre Mário de Andrade e Câmara Cascudo, Eneida ressalta as contradições que podem ser percebidas no fluxo de um diálogo epistolar. Ensina a ler as cartas à luz de contextos históricos que se modificam, modificando o modo como os correspondentes os compreenderam e como reagiram em face deles. Mostra que os enunciados epistolares "devem ser considerados no contexto da situação política do momento".[48] Esse mesmo estudo propõe importante arrazoado sobre a interpretação de ideias, concepções e valores formulados e emitidos pelos correspondentes modernistas, em relação aos mesmos conceitos atualmente em circulação, sinalizando perigos (leituras enviesadas de contextos pretéritos) e sua potência (a percepção de ideários enraizados no campo cultural brasileiro).

Nesses textos publicados em livros entre 1993 e 2011, explorando as cartas de Mário de Andrade, Eneida Maria de Souza, na plenitude da imaginação crítica, toca em questões fundamentais de natureza metodológica (por exemplo, modos de interpretação de diálogos postais), teórica (a figuração de *personae* nas cartas, as (as)simetrias nas redes de sociabilidade, a definição de contratos epistolares etc.), assim como hermenêuticas (quando flagra a dimensão simbólica, o funcionamento e a economia interna de uma correspondência, sob o ângulo dos estudos literários). Para a ensaísta, pensar a epistolografia significa igualmente colocar na ordem do dia o debate sobre as relações entre carta e literatura, sobre a dimensão ética do trabalho com fontes primárias em arquivos de escritores etc.

Essas questões, posicionadas na base de uma (factível) "crítica epistolográfica", são, para Eneida, peças constituintes de uma engrenagem hermenêutica bem mais complexa, que toma a forma de um sistema, no empuxo da crítica biográfica. Ler correspondência,

---

[47] SOUZA. A dona ausente. In: *A pedra mágica do discurso*, p. 36.

[48] SOUZA. *Narrativas impuras*, p. 60.

para ela, significa efetivar a aproximação entre vida e literatura, ou, em suas palavras próprias, "revitalizar associações de ordem pessoal e literária".[49] Nessa direção, tomando conjuntos de cartas como estruturas que guardam organicidade (mesmo quando lacunares), a fim de melhor compreendê-las, lança mão de imagens paradigmáticas (metáforas) que podem nascer da própria correspondência, para consubstanciar pontos de fuga da interpretação. Essas metáforas modulam o trabalho analítico, potencializando a leitura da correspondência. Entre outras imagens simbólicas exploradas pela ensaísta, contam-se a "Dona Ausente" (o sequestro e a sublimação da sexualidade) e o "desencontro", nos vínculos entre Mário e Henriqueta; a emergência do "autorretrato" nas mensagens dirigidas a escritores mineiros nos anos 1940; o grão da voz corporificado na expressão escrita, nas cartas do intercâmbio intelectual entre Mário e Cascudo.

Os seminais escritos de Eneida Maria de Souza dedicados à epistolografia de Mário de Andrade não anseiam intepretações cabais, pois deixam entrever o sentido do inacabamento como proposta reflexiva, sempre *work in progress*, sendo também testemunhado nas reescrituras de seus ensaios, quando transitam de periódicos para os seus livros. A professora generosa, sempre atenta ao tempo presente, ensejou uma crítica abrangente, pulsante, densa e arejada, marcada pela expressão fluente e elegante. Logrou ampliar fronteiras do conhecimento, abrindo incansavelmente novas portas teóricas e instaurando fecundas inquietações no campo letrado. A Eneida, que tanto colaborou para revigorar a visada crítica sobre os discursos autobiográficos nos estudos literários, também devemos essa robusta contribuição ao campo da epistolografia.

Referências

ANDRADE, Mário de; LISBOA, Henriqueta. *Correspondência: Mário de Andrade & Henriqueta Lisboa*. Organização, introdução e notas de Eneida Maria de Souza. Notas de Pe. Lauro Palú. Estabelecimento de

---

[49] SOUZA. Cartas ao mágico Rubião [apresentação], p. XV.

texto das cartas: Maria Sílvia Ianni Barsalini. São Paulo: Edusp; IEB; Peirópolis, 2010.

ROCHA, João Cezar de Castro. *Exercícios críticos: leituras do contemporâneo.* Chapecó: Argos, 2008.

SOUZA, Eneida Maria de. *A pedra mágica do discurso.* 2. ed. rev. e ampl. Belo Horizonte: Editora UFMG, 1999.

SOUZA, Eneida Maria de. Cartas ao mágico Rubião [apresentação]. *In*: ANDRADE, Mário de; RUBIÃO, Murilo. *Mário e o pirotécnico aprendiz: cartas de Mário de Andrade e Murilo Rubião.* Organização, introdução e notas de Marcos Antonio de Moraes. Belo Horizonte: Editora UFMG; São Paulo: IEB-USP; Giordano, 1995. p. XV.

SOUZA, Eneida Maria de. *Crítica cult.* Belo Horizonte: Editora UFMG, 2002.

SOUZA, Eneida Maria de. *Janelas indiscretas: ensaios de crítica biográfica.* Belo Horizonte: Editora UFMG, 2011.

SOUZA, Eneida Maria de. *Narrativas impuras.* Recife: Cepe, 2021.

SOUZA, Eneida Maria de. *Pedro Nava, o risco da memória.* Juiz de Fora: Funalfa, 2004.

SOUZA, Eneida Maria de. *Tempo de pós-crítica: ensaios.* 2. ed. Belo Horizonte: Veredas & Cenários, 2012.

SOUZA, Eneida Maria de. *Traço crítico.* Belo Horizonte: Editora UFMG; Rio de Janeiro: Editora UFRJ, 1993.

MÁRIO DE ANDRADE

Eneida: épica pétrea

Raul Antelo

> *A pedra impassível instala-se por uma vez nos espaços da vida e mimetiza as suas formas, nichos, alvéolos íntimos. Estranho privilégio para uma substância fugitiva, que não é sequer o calcário friável que são as conchas e que, em vez de apodrecer, recebe do inerte a imortalidade física que os embalsamadores são impotentes para proporcionar, exceto de forma irrisória, ao evasivo invólucro humano. Tudo o que obtêm é a efígie enrugada de uma marionete deslocada. A pedra, forte e astuta, tem mais poder.*
>
> Roger Caillois[1]

Em 1982, Eneida Maria de Souza defende sua tese de doutorado, orientada por Julia Kristeva, na Université Paris-Diderot (Paris VII). Essa sua pesquisa sobre *Macunaíma*, antecipada em 1984 por um texto em *O Eixo e a Roda*, seria finalmente editada quatro anos depois[2] e acolhida, nesse mesmo ano, na edição canônica, a da Coleção Archives, da Unesco.

O arcabouço estrutural de Lévi-Strauss, que perpassa a tese, não chega a obliterar, contudo, o apreço que o antropólogo francês sentia por um seu precursor alemão, Robert Lehmann-Nitsche, particularmente, por suas cosmologias, citadas em *O cru e o cozido* (1964). Eneida encontra essas pedras mágicas do discurso inseridas, na rapsódia de Mário de Andrade, muito mais pelo efeito significante do que por um

---

[1] CAILLOIS. *Pierres réfléchies*, p. 31.
[2] SOUZA. *A pedra mágica do discurso*.

hipotético fascínio quanto à materialidade do objeto. A pedra é, de um lado, um objeto que traz consigo o vestígio de tudo que testemunhou, viu e viveu, mas é, igualmente, o objeto sem memória nem linguagem, uma simples presença muda, algo que nos espreita, em silêncio. O primeiro aspecto impõe a logorreia; o segundo, um mutismo beckettiano. Ambas as vertentes, porém, traduzem-se em dois grandes colecionadores, Freud e Lacan, de atitudes antagônicas. Freud questiona a Pedra de Roseta, nela inquirindo um código oculto que auxilie a hermenêutica do mundo; já Lacan interroga a pedra para além do significante, preocupado com aquilo que a cultura conhece como objeto e que ele mesmo se permite nomear, com o auxílio de Tristan Tzara ("Manifesto do Senhor Aa o antifilósofo", 1920), de *objeto (a)*. A de Auschwitz. Um objeto-causa. Um fragmento de Real. Um véu do excesso, tal como na coleção do ricaço Piaimã, fantasiado de francesa:

> Foi lá dentro e voltou carregando um grajaú tamanho feito de embira e cheinho de pedra. Tinha turquesas esmeraldas berilos seixos polidos, ferragem com forma de agulha, crisólita pingo d'água tinideira esmeril lapinha ovo-de-pomba osso-de-cavalo machados facões flechas de pedra lascada, grigris rochedos elefantes petrificados, colunas gregas, deuses egípcios, budas javaneses, obeliscos mesas mexicanas, ouro guianense, pedras ornitomorfas de Iguape, opalas do igarapé Alegre, rubis e granadas do rio Gurupi, itamotingas do rio das Garças, itacolumitos, turmalinas de Vupabuçu, blocos de titânio do rio Piriá, bauxitas do ribeirão do Macaco, fósseis calcáreos de Pirabas, pérolas de Cametá, o rochedo tamanho que Oaque o Pai do Tucano atirou com a sarabatana lá do alto daquela montanha, um litóglifo de Calamare, tinha todas essas pedras no grajaú.[3]

Mas essas pedras todas nada mais são do que a materialização acumulada pelo destino. Antes, porém, de jazerem no rio dos Carajás, esses fragmentos de fogo, iscas de tempo, foram o brilho inútil das estrelas, na abóbada celeste do *epos* acéfalo modernista.

---

[3] ANDRADE. *Macunaíma*, p. 50.

Walter Benjamin nos persuadiu de que a narrativa moderna já não transmite a vivência do pastor nem a do viajante. Perda da experiência, do saber *ex perire*. Em vez da aventura, a ficção contemporânea é simples portadora de um silêncio lapidar e torna-se uma mera coleção de pedras, enfileiradas, montadas ou amontoadas. A coleção, enquanto tal, opõe-se à massa de objetos-eles-mesmos, destacando a existência de objetos dissímeis, os objetos-não-mesmos, as singularidades, e, nessa reviravolta, reencontra a série, ao criar a classe paradoxal dos objetos singulares, porém, colecionáveis. Toda coleção (a ficção, a literatura, por exemplo) é a exposição de singularidades colocadas em série.

No caso de *Macunaíma*, essa singularidade concentra-se numa estrela precisa: a Ursa Maior, sina do herói. João Ribeiro foi o primeiro, em outubro de 1928, a mencionar a engenhosa concepção de Lehmann-Nitsche, que, na Ursa Maior, vira um *sgambato*, uma figura manca, como o Saci.[4] Mais adiante, baseado na *Geografia dos mitos brasileiros*,

---

[4] Ou como Édipo. Em um artigo de 1938 para a *Encyclopédie Française*, Jacques Lacan referia-se ao Édipo como um "canibalismo", mas um canibalismo fusional, inefável, a um mesmo tempo ativo e passivo. "O complexo de Édipo revela-se, na experiência, não apenas capaz de provocar por suas incidências atípicas todos os efeitos somáticos da histeria, mas também de constituir normalmente o sentimento da realidade" (LACAN. Formulações sobre a causalidade psíquica (1946), p. 182). E mais adiante: "O complexo de Édipo não surgiu com a origem do homem (se é que não é insensato tentar escrever sua história), mas no alvorecer da história, da história 'histórica', no limite das culturas 'etnográficas'. Ele só pode surgir, evidentemente, na forma patriarcal da instituição familiar, mas nem por isso deixa de ter um valor liminar incontestável; estou convencido de que, nas culturas que o excluíam, sua função devia ser exercida por experiências iniciáticas, como aliás a etnologia nos permite ver ainda hoje, e seu valor de fechamento de um ciclo psíquico decorre de ele representar a situação familiar, na medida em que, por sua instituição, esta marca no cultural o recorte do biológico e do social" (p. 185). Anos mais tarde, em "Subversão do sujeito e dialética do desejo" (1960), Lacan dirá que o Édipo, todavia, não pode manter-se indefinidamente em cartaz em formas de sociedade nas quais se perde cada vez mais o sentido da tragédia. É o que expressa, fulminante, e finalmente, em "Lituraterra" (1971): de pouco adianta à psicanálise ficar pendurada do Édipo para poder ler o texto de Sófocles. O *aturdito* cata pedras (não tropeça nelas).

de Câmara Cascudo, possível mediador entre Lehmann-Nitsche e Mário de Andrade, Cavalcanti Proença identificou Lehmann como o "professor naturalmente alemão" mencionado no capítulo X de *Macunaíma*. Gilda de Melo e Souza, em quem Eneida se baseou para refutar a leitura estrutural *hardcore* de Haroldo de Campos, ratificou a versão, numa edição crítica da rapsódia publicada na Venezuela, na Biblioteca Ayacucho (sutil devolução da muiraquitã às suas fontes originárias), e Telê Ancona López, por último, não só corroborou a procedência da imagem do *sgambato*, tomada da cosmologia mitológica de Lehmann-Nitsche, como também, de quebra, confirmou-nos que não há nenhum capítulo da *Mitologia sul-americana* (1919, em diante) do etnólogo alemão na biblioteca do Mário. Mas há, no entanto, um vestígio das pesquisas de Lehmann-Nitsche, inequivocamente trabalhado na posterior redação de *Macunaíma*, que são as fontes às quais o antropólogo apelou para urdir a interpretação do herói como *sgambato ursico*. Vejo nesse trajeto uma sublimação do objeto que, na forma destituinte de dejeto, tem acesso ao prestígio do poder, a potência do objeto.

Apontaria, fundamentalmente, o *Coelum Astronomico-Poeticum* (1662), de Philipp von Zesen, que, de certa forma, recolhe um saber disperso acerca da estrela em questão, que recebeu, por sinal, inúmeras outras apelações: *Arctos Major*, *Fera Major*, *Hygino Máxima*, *Septentrio Major*. Ovídio denomina-a *Magna minorque Ferae*, ao passo que Horácio e Virgílio conheceram-na como *Gelidae Arcti*. A Ursa Maior, assunto de lendas medievais centradas na figura da ninfa Kallisto, teria também recebido o nome hebreu de *Ash*, cinza que foi traduzida por são Jerônimo, na Vulgata, como *Arcturus*, termo adotado, em 1611, pelo rei James. Desse modo, Macunaíma e o ciclo arturiano ganham nova amarração. Os árabes a chamavam *Dubbe*, Thahr al Dub al Akbar, nome que sobrevive como *Dob*, em Robert Browning, mas o astrônomo normando Guillaume Postel (1510-1581) nos oferece uma interpretação muito interessante.

Sabemos que Macunaíma, escrevendo às icamiabas, parodia as *Cartas persas*, mas Postel é o anverso, ou talvez mesmo o suplemento antecipado de Montesquieu. Linguista, astrônomo, cabalista, diplomata e erudito, ele se educara com os jesuítas, e lembrando-se das pioneiras observações de Roland Barthes, mas também das mais recentes de Pierre-Antoine Fabre, Postel teria descoberto, com Loyola, a escrita de si, o caráter variado, plural e rapsódico de toda escritura. Todavia, como todo *telos* é igualmente destituição, tornado novicio, em Roma, em 1544, Postel abandona a ordem dois anos depois, viajando extensamente pelo Oriente, como assessor de Francisco I. Sua obra *De universitate libri duo: in quibus astronomiae doctrinaeue coellestis compendium* foi publicada, pela primeira vez, no Colégio Romano, em 1552, quando Postel ali lecionava, e teve, ainda, mais uma reedição romana, em 1563. Trata-se de uma cosmografia, cuja primeira parte, como de hábito, era dedicada ao Sol e aos planetas; e descrevia, a seguir, a Terra com seus climas, para, concluindo, ensaiar uma geografia descritiva, quase uma glosa de seu primeiro livro, *De orbis terrae concordia*, acrescida agora, porém, com dados colhidos na segunda viagem de Postel ao Oriente. Na edição de *De universitate libri duo* publicada em Leiden, Postel nos diz: "*Ursa major quam dubbe vocant Muhamedici*".[5] Em outras palavras, a Ursa Maior torna-se mensageira de Moisés, e, como tal, *Macunaíma* bem pode aspirar a ser um fragmento de texto mosaico, temporalmente reversível, o que nos mostra, entretanto, sermos todos póstumos. Lembremos o tópico de Braz Cubas, seu óbito:

> Algum tempo hesitei se devia abrir estas memórias pelo princípio ou pelo fim, isto é, se poria em primeiro lugar o meu nascimento ou a minha morte. Suposto o uso vulgar seja começar pelo nascimento, duas considerações me levaram a adotar diferente método: a primeira é que eu não sou propriamente um autor defunto, mas um defunto autor, para quem a campa foi outro berço; a segunda é que o escrito ficaria assim mais galante e mais novo. Moisés, que também contou a sua morte, não a pôs no introito, mas no cabo; diferença radical entre este livro e o Pentateuco.[6]

Ora, nem Mário de Andrade, ao redigir *Macunaíma*, nem Eneida de Souza, ao ler essa escritura prévia, hesitam estarem buscando o final

---

[5] POSTEL. *De universitate libri duo: in quibus astronomiae doctrinaeue coellestis compendium*, p. 14.

[6] ASSIS. *Memorias posthumas de Braz Cubas*, p. 9.

no começo. Um epílogo introdutório e propedêutico. A propósito, outro pesquisador de remotas fontes prototemporais, Roger Caillois, embrenhou-se longamente nessa Ur-história.[7] Pierre-Emmanuel Dauzat traçou um singular paralelismo entre Caillois e Lévi-Strauss.[8] Não por acaso, Caillois era, para Flávio de Carvalho, que o entrevistou no *Diário de S.Paulo* em setembro de 1935, uma peculiar fusão de ciência e lirismo. No caderno de anotações da viagem que Flávio, "*infatigable chercheur d'or intellectuel*",[9] fez à Europa, entre setembro de 1934 e fevereiro de 1935, e logo no ano seguinte publicado pela Editora Ariel, com o título de *Os ossos do mundo*, o sociólogo *sacer* surge assim petrificado:

> Tinha encontrado Roger Caillois vagando pelas planícies da Rússia Subcarpática e da Eslováquia, era um homem estranho, magro, alto, jovem, pálido e anguloso, e era demonólogo. Excessivamente intelectual e nervoso, tipicamente francês, Caillois quando falava, falava com todo o corpo e até mesmo com a ponta dos dedos. O vinho de Samos era generoso. Bebemos diversos copos, e a conversa que se havia iniciado sobre o tema popular "mulheres" já se achava nos versos que se supunham do século XII, falsificados no século XVII. Os famosos versos falsificados enganando especialistas e entendidos haviam sido traduzidos para um grande número de línguas. O próprio Louis Léger, grande cientista francês, autor da tradução francesa, achou os versos inimitáveis e extremamente característicos da poesia popular medieval. A beleza medieval dos

---

[7] LOUIS. Étoiles d'un ciel étranger: Roger Caillois et l'Amérique latine.

[8] DAUZAT. Vies paralèlles de Roger Caillois et Claude Lévi-Strauss. Les thèses et le papillon; DAUZAT. Malversations sur le sexe des pierres. Caillois et le mythe (Postface).

[9] CAILLOIS, Roger. Dedicatória a Flávio de Carvalho no exemplar de *El hombre y lo sagrado* (México: Fondo de Cultura Econômica, 1942), hoje no Instituto de Estudos da Linguagem, da Universidade Estadual de Campinas (Unicamp). Sobre a ambivalência ativo-passiva de achar e ser achado, ver RESENDE, Otto Lara. Roger Caillois: o descobridor descoberto. In: *O príncipe e o sabiá e outros perfis*. Edição de Ana Miranda. São Paulo: Companhia das Letras; Instituto Moreira Salles, 1994. p. 157-160.

versos falsos impressionava tanto e a autenticidade era tão segura e garantida pelos entendidos, que houve diversas traduções importantes para o alemão, e até mesmo Goethe chegou a achá-los incomparáveis como poesia antiga. Naturalmente a palavra de Goethe sobre o assunto era como a última sanção, ninguém mais ousou duvidar da autenticidade dos versos, até o fim do século XIX, quando um grupo de sábios chefiados por Masarik mostrou a falsificação, e o erro de Goethe foi posto de lado e esquecido e apagado pelo seu valor e pela sua grande personalidade. Abandonando o vinho de Samos e outros, despedi-me de Caillois e segui sozinho rumo ao Museu do Reino da Boêmia VII: Caillois me havia informado que o museu alojava importantíssima coleção de conchas.[10]

Nessa discussão sobre autenticidade e falsidade (é o documento falso que dá valor ao autêntico), Caillois recomenda a Flávio (que, em agosto de 1935, aliás, entrevistara também a Tristan Tzara[11]) um museu projetado por Jan Kotěra, apanágio da coleção como série. O sociólogo sagrado está começando então a pensar seu livro sobre

---

[10] CARVALHO. *Os ossos do mundo*, p. 73-74. Pensemos que a "Série trágica" (1947), de Flávio de Carvalho, não deixa de ser uma série heterológica, ao estilo da dos colegiados em sociologia, que já não obedece à linguagem, mas a uma negatividade insistente: é a Mãe que morre, e ela não cessa de não morrer.

[11] Caillois e Tzara (cujo nome artístico é homônimo do equivalente romeno de "terra") pertenciam ao Groupe d'Études pour la Phénoménologie Humaine, integrado por Louis Aragon, Jules Monnerot, Gaston Bachelard, René Crevel, Pierre Robin e Jacques Spitz, que editaram, em 1936, o único número da revista *Inquisitions*. Ver HEIMONET, Jean-Michel. Rupture et continuité dans l'itinéraire intellectuel et politique de Roger Caillois. *Littérature*, n. 170, p. 33-48, 2013/2; JENNY, Laurent. Roger Caillois: esthétique généralisée ou esthétique fantôme?. *Littérature*, v. 85, n. 85, 1992; JENNY, Laurent (ed.). *Roger Caillois: la pensée aventurée*. Paris: Belin, 2000; LASERRA, Annamaria. *Materia e immaginario. Il nesso analogico nell'opera di Roger Caillois*. Roma, Bulzoni, 1990. *Jean Painlevé: les pieds dans l'eau*, uma exposição sobre o surrealismo zoológico, no museu do Jeu de Paume (jun.-set. 2022), resgata as filmagens de Painlevé (*La Pieuvre*, 1928), um espírito totalmente caillosiano.

pedras, que só concluiria em 1966.[12] Em "Caillois: fascinação do mineral" (1986), um dos seus exercícios de admiração, Emil Cioran dele nos fornece sutil leitura:

> *Pedras* começa com um hino-prefácio e continua, página após página, em um tom de entusiasmo, moderado apenas pela minuciosidade. Deixo de lado as razões secundárias de seu fervor para indicar unicamente a principal, que me parece residir na busca e na nostalgia do primordial, na obsessão pelos começos, pelo mundo anterior ao homem, por um mistério "mais lento, mais vasto e mais sério do que o destino de uma espécie passageira". Retroceder não apenas para além do humano, mas para além da própria vida, chegar ao início dos tempos, tornar-se contemporâneo do imemorial: eis o propósito deste exaltado mineralogista que se alegra ao descobrir num módulo de ágata anormalmente leve um ruído de líquido, água nele escondida desde a aurora do planeta, água "anterior", "água das origens", "fluido incorruptível" que dá a sensação, ao ser vivo que o contempla, de estar no universo apenas como um "intruso abobado". A busca pelos começos é a mais importante de todas a ser realizada. Todos nós a tentamos, mesmo que por breves momentos, como se fazer esse retorno fosse o único meio que temos para nos apreender e superar a nós mesmos, de triunfar sobre nós mesmos e sobre todos os outros. É também a única maneira de se evadir que não seja uma deserção ou um engano. Mas nos acostumamos a nos agarrar ao futuro, a colocar o apocalipse acima da cosmogonia, a idolatrar a explosão e o fim, a confiar, até o ridículo, na Revolução ou no Juízo Final. Toda a nossa arrogância profética vem daí. Não seria melhor irmos para o passado, para um caos muito mais rico do que aquele que esperamos? Caillois se volta preferencialmente para o momento em que esse caos inicial, que vai se abrandando, almeja chegar a uma forma, a uma estrutura, àquela fase em que as pedras, depois do "momento ígneo de sua gênese", tornam-se "álgebra, vertigem e ordem". Mas, quer as invoque incandescentes, em plena fusão, ou irremediavelmente frias, ele sempre mostra um ardor incomum no modo como as descreve. Penso, muito

---

[12] CAILLOIS. *Pierres*.

especialmente, na sua forma quase visionária de apresentar um cobre nativo extraído do Lago Michigan e cujas malhas quebradiças, "ao mesmo tempo frágeis e duras, oferecem à imaginação o paradoxo de uma esclerose hiperbólica. Superam inexplicavelmente o inerte, agregam o rigor da morte ao que nunca foi vivo e desenham na superfície do metal as dobras de um sudário supérfluo, ostentoso, pleonástico".[13]

Cioran compreende, ao remontar o pensamento de Caillois até sua gênese, próximo de uma iluminação, obviamente profana, que nos aproximamos de uma sorte de abismo em que se dissolve a experiência. Essa iluminação sem futuro, da mesma maneira como o objeto é *sine causa*, tendo tocado o vórtice, alerta-nos, da maneira mais clara possível, sobre a inexistência do divino, que não passa de matéria, lavas, fusões, tumulto cósmico indiferenciado. Pedras. Fracasso extremamente original que, mesmo sem qualquer transcendência, inscreve a vida na contingência mais absoluta, no âmago de alguma experiência extrema. Assim, em plena guerra, ao resenhar a obra de Johan Huizinga, Caillois observa:

> *Mundo sin sagrado, sin fiestas, sin juegos y, por consiguiente, sin jalones fijos, sin principio de devoción y sin vuelo creador; mundo donde el interés inmediato, el cinismo y la negación de toda norma no sólo existen, sino que están por dueños absolutos en el lugar de las reglas que suponen todo juego, toda actividad noble y competencia honorable: nadie se extrañe si son pocas las cosas que se encuentran en él que no conduzcan rápidamente a la guerra; y, por voluntad de aquellos precisamente que rechazan todo código como convención y traba, no a la guerra-torneo, sino a la guerra-violencia; no a aquélla en que los fuertes miden su valentía y su destreza, sino a aquélla en que los más numerosos y mejor armados aplastan y asesinan a los débiles. Porque aún en la guerra y en el corazón mismo del combate hay cultura, hasta tanto que la pérdida o el rechazo del elemento lúdico no lleve todo a la pura y simple barbarie. No hay civilización sin juego y sin juego limpio, sin convención establecida conscientemente*

---

[13] CIORAN. Caillois: Fascination du minéral, p. 133-140.

y libremente respetada; no hay cultura allí donde no se quiere o no se sabe ya ganar o perder lealmente, sin segundas intenciones, con dominio sobre sí en la victoria y sin rencor en la derrota: como buen jugador. No hay moralidad, en fin, si más allá del provecho del individuo o del grupo no subsiste un principio sagrado que quede por encima de ellos, que nadie ponga en discusión y respecto al cual parezca valer la pena sacrificarlo todo, aun la vida del individuo, aun la existencia de la colectividad.[14]

Anos mais tarde, em *Mimesis: désarticulations*, Sylviane Agacinski, Jacques Derrida, Sarah Kofman, Philippe Lacoue-Labarthe, Jean-Luc Nancy e Bernard Pautrat marcam um para além do motivo historiográfico mimético, ainda presente em Auerbach, e, seguindo a lição de Caillois, descobrem uma analogia entre a escritura das pedras e a escritura humana, o que provoca a disseminação do sagrado na natureza, conforme essa lei de ruptura que Caillois associa com a ética do jogo mimético: a vertigem da dissimetria, a ontologização do caos, como estrutura material da autoridade. A escritura das pedras estrutura assim um alfabeto de figuras, espectralmente humanas, situada, porém, para além do próprio humano. Há um prodigioso fascínio que desse modo define sua economia, a *economimese* de Derrida, que mais tarde se tornará ainda mais claro a esse respeito.

> É evidente que, muito tempo antes, quando generalizei os conceitos de rastro, de escrita, de arquiescrita, de texto, podia-se ter a impressão de que, atento ao rastro, ao traço diferencial, eu escolhia de algum modo o espaço contra o tempo: a palavra falada é o tempo, a fala se desenvolve em uma temporalidade não visível; assim, quando eu contestava o privilégio temporal da fala, era possível ter a impressão de que eu optava pelo privilégio do espaçamento e, portanto, do traço diferencial, enquanto visível, espacial, em oposição ao traço musical, vocal ou temporal. Entretanto, de fato, o que estava em jogo

---

[14] CAILLOIS, Roger. Huizinga, Johan. Homo Ludens. El juego y la cultura. *Sur*, n. 108, Buenos Aires: Fondo de Cultura Económica, set. 1943, p. 77-78; CAILLOIS, Roger. Lo lúdico y lo sagrado, *Cuadernos Americanos*, México, ano IV, v. 22, jul.-ago. 1945, p. 110-111.

naquele deslocamento não era a substituição de uma hierarquia por outra, mas o questionamento radical, e com consequências ilimitadas, de todos os pares de oposição, de toda lógica binaria que opusesse precisamente o sensível e o inteligível, a passividade e a atividade – uma vez que regularmente, de Platão a Kant, colocou-se o sensível do lado da passividade e o inteligível do lado da atividade. Quando Kant define seu conceito de experiência, que, de fato, ele considera homogêneo ao da ciência, ele opõe a percepção à experiência. A experiência engaja o conceito, mas a partir de uma receptividade sensível: Kant nos explica que um ser finito, o homem, por exemplo, é finito na medida em que não cria seus próprios objetos, isto é, na medida em que ele os *recebe* (é a intuição no sentido kantiano); ele não os cria. E o que ele chama de *intuitus derivatus*, isto é, a intuição derivada de alguém que, por ser finito, recebe esses objetos passivamente; ao passo que Deus, do lado numenal, é *intuitus originarius*, o que significa que Deus produz os objetos que vê: como ser infinito, ele cria o mundo. O *intuitus derivatus*, que é a intuição finita do homem, consiste em ser exposto em sua passividade ao que está aí e forma o conteúdo sensível da experiência. Essa oposição entre atividade e passividade estrutura toda a história da filosofia, e aquilo de que estamos falando é justamente uma experiência que é, como diz um certo número de pensadores de quem me sinto muito próximo hoje, Lévinas ou Blanchot, mais passiva do que a própria passividade: por exemplo, em minha relação com o Outro, aquilo que Lévinas chama de Rosto, através do que, justamente, o outro fala comigo, me olha, é infinitamente mais outro do que eu, e diante dele sinto-me responsável. Sou refém do outro numa situação que é mais passiva que a passividade, pois o conceito de passividade não basta para dizer essa extrema passividade, essa paciência, essa paixão que me entrega ao que recebo e me torna responsável por ele.[15]

O primeiro Caillois, como o entomologista Walter Benjamin ou mesmo Jacques Lacan, questionando-se sobre a paranoia e a passividade, estudou a *mantis* soberana como um fenômeno místico, em que a anulação voluntária do saber abria passagem à reminiscência poética: talismã, autoridade, segredo. A poesia, como gramática da

---

[15] DERRIDA. Pensar em não ver, p. 86-87.

sintaxe geral da imaginação, torna-se, assim, para Caillois, um saber diagonal. Mas isso implica redefinir a vida. Sendo seus alvos a fixação e a estabilidade, a vida é aquilo que se percebe na pedra, uma vida captada como vestígio, que aponta, entretanto, perspectivas sempre futuras, a partir de sua condição fóssil, de mero signo em transição. A pedra é assim cifra temporal que permite traçar a divisão entre a vida e o vivido, a vivência, aderida às formas, e a gramatologia do espaço, vida mineralizada como escritura. A vida é uma potência sem tempo, cujas marcas se reconhecem na escrita do mimetismo.

Em *L'Écriture des pierres*, mas notadamente em *Pierres réfléchies*, Caillois vai consolidando a noção de que as formas, nas pedras, são signos em busca de uma semiologia. A escritura das pedras permite, então, vislumbrar uma outra comunidade emocional, regida por outras leis, que vêm alterar a economia do carisma, isto é, a relação do homem contemporâneo com a tradição. O novo paradigma não possui temporalidade nem se define pela conservação; antes trabalha pela disseminação, que, longe da universalidade cosmológica humanista, prepara um definido caráter metapolítico, que, não raro, em anos recentes, tornar-se-ia não político. Nicolas Petel-Rochette sumariza exemplarmente esse processo:

> *La economía de la presencia que implica la mímesis general, aquella escritura poética que dice imitar el lenguaje perenne de la materia, pone ante todo en perspectiva el desvanecimiento de las categorías de la ontología política moderna, y en particular la morfología de la guerra, fenómeno esencial de su manifestación. En última instancia, creemos que el concepto de enemigo político, fundamental en la antropología de la Modernidad, se ve desarmado por la ontología mística cailloisiana. La mímesis deshace la teleología que une los motivos de la guerra y el disparo concreto de los fusiles, ampliamente alentado por los autoritarismos carismáticamente legitimados. La política estética del acontecer inherente a la anarquía ecológica de Caillois propone otro escenario para el desenvolvimiento de una guerra ritual sin finalidad, una fiesta de la materia que sacrifica su orden en pos de un ordenamiento mayor, transversal a todo el cosmos. Descentrar la decisión y la finalidad, pues, provoca la subversión de la teleología y del reconocimiento, y con ella la de la*

guerra como proceso civilizacional de la Modernidad. Incluso las armas pueden significar cualquier cosa, y no sólo la ley o el poder de matar y la imposición de un silencio sin régimen de memoria. Así, el enemigo existencial pasa a ser una forma de vida antagónica, una ética enemiga que lleva la máscara mimética de una realidad sin duda enfrentada en su manifestación política-estética, pero no de forma esencial; a pesar del conflicto, sigue siendo prescindible para que brote la alegría. La cada vez mayor confusión entre política y carisma, extendida en el ejercicio moderno del poder, además de hacer encallar la noción de mímesis, convirtió al enemigo en una realidad ontológica imprescindible para conservar intacta la ficción de la pobreza de la naturaleza, insuficiente para vivir la soberanía sin identificación. La mímesis cailloisiana niega esta escasez del acontecer anárquico; emite la hipótesis de su unidad, explorable a través del hacer común de las formas límites de la vida.
En este sentido, la mímesis sería un nuevo nomos de la tierra, que partiría de la naturaleza como único espacio donde generar subjetividades desatadas de la jaula de hierro moderna y de su entropía carismática. Caillois proponía invertir la proporcionalidad entre la infinitud de la imaginación y la limitación de la razón; una racionalidad infinita recorrería los caminos de concordancia de una physis al fin y al cabo limitada. Este nomos estético-político abriría el paso a una reflexión sobre la relación entre técnica y teleología; una técnica sin incidencia profana, pero sí sagrada, podría plantear nuevos acercamientos a la autoridad y a la legitimidad, desprendidas de su antropocentrismo moderno y de la figura del soberano absoluto; el carisma, puesto al servicio de esta ley mimética, implicaría otra relación entre poder y conflicto, entre religión y política, entre sagrado y acción. La puesta en marcha de una técnica inútil, impulsadora de la autocreación de la identidad dentro de un tiempo mitológico a la medida de las analogías efectivas del mundo, liberaría la vida de su telos identificativo y de su búsqueda del siempre evanescente y ficticio equilibrio entre la presencia y la subsunción del presente a necesidades trascendentales ausentes del mundo.[16]

---

[16] PETEL-ROCHETTE. *Carisma y mímesis: ensayo de antropología política desde Roger Caillois*, p. 342-343, editada como *Carisma sin líderes: ensayo sobre mímesis, arte y naturaleza en Roger Caillois*. Prol. José Luis Villacañas. Madrid: Guillermo Escolar, 2019. Ver também KAUFMANN. Communautés sans traces.

A escritura das pedras, o fascínio do talismã cósmico falam-nos de uma indeterminação, isto é, de uma economia que nós não determinamos autonomamente, quer em sua fase de economia de trocas (economia restrita), quer como economia generalizada (a poética). Não há oposição possível entre essas duas economias, que não estão vinculadas, entre si, nem pela identidade nem pela contradição. A economimese, própria do homem, mostra-nos, contudo, que o sujeito pode encontrar prazer numa reflexão completamente livre, de pura produtividade, sem valor de câmbio, como puro dispêndio, ou valor de uso do impossível. É essa a lógica que Eneida Maria de Souza soube encontrar na pedra mágica do discurso.

Referências

AGACINSKI, Sylviane *et al*. *Mimesis des articulations*. Paris: Auber-Flammarion, 1975.

ANDRADE, Mário de. *Macunaíma*. Edição crítica de Telê Ancona Lopez. 2. ed. Madrid etc.: ALLCA XX, 1996.

ASSIS, Machado de. *Memorias posthumas de Braz Cubas*. Rio de Janeiro: Typographia Nacional, 1881.

CAILLOIS, Roger. Huizinga, Johan. *Homo Ludens*. El juego y la cultura. Fondo de Cultura Económica, 1943. *Sur*, Buenos Aires, n. 108, p. 75-78, set. 1943.

CAILLOIS, Roger. Lo lúdico y lo sagrado. *Cuadernos Americanos*, México, ano IV, v. 22, p. 152-194, jul.-ago. 1945.

CAILLOIS, Roger. *L'Écriture des pierres*. Genève: Éditions d'Art Albert Skira, 1970.

CAILLOIS, Roger. *Pierres*. Paris: Gallimard, 1966.

CAILLOIS, Roger. *Pierres réfléchies*. Paris: Gallimard, 1975.

CARVALHO, Flávio de. *Os ossos do mundo*. Organização de Rui Moreira Leite e Flávia Carneiro Leão. 2. ed. rev. e ampl. Campinas: Editora da Unicamp, 2014.

CIORAN, Emil. Caillois: Fascination du minéral. *In*: *Exercices d'admiration: essais et portraits*. Paris: Gallimard, 1986. p. 133-140.

DAUZAT, Pierre-Emmanuel. Malversations sur le sexe des pierres. Caillois et le mythe (Postface). *Diogène*, n. 208, p. 169-174, 2004/4.

DAUZAT, Pierre-Emmanuel. Vies paralèlles de Roger Caillois et Claude Lévi-Strauss. Les thèses et le papillon. *Conférences*, n. 35, 2012, p. 83-116.

DERRIDA, Jacques. Pensar em não ver. *In*: *Pensar em não ver: escritos sobre as artes do visível (1979-2004)*. Edição de Ginette Michaud *et al*. Tradução de Marcelo Jacques de Moraes. Florianópolis: Editora da UFSC, 2012. p. 63-90.

KAUFMANN, Vincent. Communautés sans traces. *In*: HOLLIER, Denis (ed.). *Georges Bataille après tout*. Orléans: Belin, 1995. p. 61-80.

LACAN, Jacques. Formulações sobre a causalidade psíquica (1946). *In*: *Escritos*. Tradução de Vera Ribeiro. Rio de Janeiro: Jorge Zahar, 1988. p. 152-185.

LOUIS, Annick. Étoiles d'un ciel étranger: Roger Caillois et l'Amérique latine. *Littérature*, Paris, n. 146, 2007.

PETEL-ROCHETTE, Nicolas. *Carisma y mímesis: ensayo de antropología política desde Roger Caillois*. 2017. Tesis (Doctorado en Filosofía) – Universidad Complutense, Madrid, 2017.

POSTEL, Guillaume. *De universitate libri duo: in quibus astronomiae doctrinaeue coellestis compendium*. Lugduni Batauorum, Ex officina Joannis Maire, 1635.

SOUZA, Eneida Maria de. *A pedra mágica do discurso*. Belo Horizonte: Editora UFMG, 1988.

Uma crítica literária no *Banquete* musical de Mário de Andrade

Roniere Menezes

Intérprete do Brasil

Conhecemos bem uma das marcas centrais do trabalho crítico de Eneida Maria de Souza: o trânsito transdisciplinar entre criações artístico-literárias, teorias e contextos sociopolíticos. Para Eneida, "o texto ficcional ou artístico assume funções próximas àquelas do texto teórico, podendo ser interpretado como imagem em movimento na qual a rede metafórica é produtora de redes conceituais".[1]

A professora foi grande amante das artes. As afinadas leituras, as constantes idas a cinemas, teatros, shows musicais, apresentações de balé etc. revelam faces do desejo de "sabença" da intelectual. Nem todos sabem que Eneida estudou piano quando adolescente, em Manhuaçu. Sempre que estava na cidade, tocava o instrumento que enfeita a sala do sobrado familiar. Às vezes tocava em casas de amigos em Belo Horizonte. O repertório incluía clássicos da música popular, como canções de Vinicius de Moraes em parceria com Tom Jobim e Baden Powell. Em seu apartamento, situado à Rua Benvinda de Carvalho, no bairro Santo Antônio, em Belo Horizonte, podemos vislumbrar objetos de artesanato adquiridos em suas viagens pela "Oropa, França, Bahia". Ela sempre apresentava aos visitantes algum lançamento musical, uma nova cantora,

---

[1] SOUZA. *Crítica cult*, p. 43.

um CD de artista estrangeiro pouco conhecido; nas agradáveis e longas conversas à mesa de restaurantes ou por telefone, indicava e comentava novos filmes ou livros de literatura e crítica. Quando chegava de viagem, apresentava as aquisições bibliográficas e, não raramente, presenteava amigos e amigas com livros que tinham relação com as pesquisas realizadas por eles. Assim, a teórica revelava seu infinito apreço à arte e à cultura brasileira e internacional, demonstrando trânsitos existentes entre estudo e experiência estético-cultural cotidiana, além de demonstrar um de seus dons maiores: a generosidade.

Em seu trajeto, a professora amplia o lugar dos objetos artísticos na crítica acadêmica. Em 13 de janeiro de 1972, Eneida escreve, no jornal *Estado de Minas*, o importante artigo "Atrapalhando o sábado", sobre a canção recém-lançada por Chico Buarque: "Construção". Em 1978, realizando pesquisa sobre literatura de cordel, publica, na revista *Inéditos*, de Belo Horizonte, o ensaio "Cordel em desafio". Ao lembrar-se do trabalho, escreve a autora: "Ressaltava o aspecto metalinguístico dos textos, o diálogo entre temas afins e diferenciados, a intertextualidade de ordem mítica, literária e social, a questão autoral dos folhetos, ou o desafio como expressão do gesto antropofágico, no qual os contendores são metaforicamente devorados um pelo outro, pela força ilusória da linguagem".[2]

Além dos amplos estudos feitos à época sobre, por exemplo, livros de Mikhail Bakhtin e Lévi-Strauss, Eneida ressalta que o projeto relativo ao cordel baseava-se no método antropológico lévi-straussiano e voltava-se para o estudo das respostas dos textos à "verdade comunitária". No ensaio, escreve:

> [...] o desafio do cordel poderá ser visto através da metáfora do espelho cuja imagem da realidade social apresenta-se desprovida de inversões. Na maioria dos folhetos, sentem-se os reflexos enganadores da verdadeira situação social brasileira, imagem turva e mascarada capaz de fornecer saídas mágicas e reduplicadoras da ideologia, do poder instituído. Sem

---

[2] SOUZA. *Tempo de pós-crítica: ensaios*, p. 84.

desvendá-lo, o endossam, criando textos que reiteram uma solução socialmente utópica.[3]

A ensaísta não levou adiante o trabalho, pois, segundo ela, não percebeu, na época, dados que poderiam ser acrescentados à leitura mais textual, "como o exame das formas discursivas, da enunciação narrativa do cantador anônimo ou da *performance* desses rapsodos do sertão".[4] Com a tese de doutorado, sobre *Macunaíma*, irá articular o material recolhido no projeto sobre o cordel a estudos sobre a cultura popular empreendidos por Mário de Andrade. Nos anos 1970, realiza, entre outras, pesquisas relativas à música popular, ao tropicalismo e às suas relações com a poética oswaldiana.

Acreditamos que os mergulhos iniciais no cordel, nos desafios nordestinos e, na etapa seguinte, na obra mariodeandradeana, associados à mente sempre aberta às inovações artístico-literárias, possibilitam a produção de singulares textos que foram surgindo ao longo da trajetória da autora, como os relativos às obras de Caetano Veloso, Chico Buarque e Carmen Miranda. Antes de defender a tese de doutorado, intitulada *Des mots, des langages et des jeux: une lecture de Macunaíma de Mário de Andrade*, em 1982, Eneida escreveu, em 1979, no período do doutorado na França, ensaio, ainda inédito, sobre o livro *O banquete*, intitulado *Le Banquet de Mário de Andrade: la déglutition d'une culture*. O trabalho foi realizado como dissertação para obtenção do título de Diplôme d'Études Approfondies (D.E.A.) na Universidade Paris VII. Talvez essa tenha sido a primeira produção mais densa da pensadora mineira sobre a obra do intelectual paulista. O texto de Eneida, ao avaliar *O banquete*, trata da relação entre a cultura popular e a erudita por meio do discurso musical.

Livro inacabado

Mário de Andrade deixa, com o *O banquete*, espécie de testamento estético, confluência de suas reflexões sobre arte desde a gestação

---

[3] SOUZA. *Cordel em desafio*, p. 21.

[4] SOUZA. *Tempo de pós-crítica: ensaios*, p. 84-85.

do modernismo até aquele momento. Em sua estrutura, o texto articula os códigos alimentar, artístico e sociopolítico. O livro é escrito a partir de crônicas musicais de rodapé, publicadas semanalmente, de fevereiro de 1943 até a morte de Mário, em fevereiro de 1945. Os artigos saíam às quintas-feiras, na *Folha da Manhã*, sob o título Mundo Musical. *O banquete* apresenta-se em forma de diálogos entre cinco personagens presentes em um banquete servido na residência de Sara Light, milionária racista israelita, nascida nos Estados Unidos.

Em *Le Banquet de Mário de Andrade: la déglutition d'une culture*, Eneida assinala que o trabalho empreendido por Mário de Andrade visava a uma nova descoberta do Brasil, de sua cultura. Nesse sentido, são colocados em relevo os materiais míticos, folclóricos e populares. No entanto, a pensadora faz questão de frisar que esse projeto distancia-se de uma perspectiva "folclorista", ingênua, regional. A "paisagem" nacional deve ser avaliada por meio de uma visão crítica. Evita-se, desse modo, a transformação das criações brasileiras, tropicais, em "espetáculo folclórico".

A avaliação de Eneida a respeito do livro inacabado de Mário demonstra a convivência com autores e linhagens crítico-teóricas que marcam o seu caminho. Entre os nomes, podemos citar, além do próprio Mário de Andrade, pensadores como Gilles Deleuze, Jacques Derrida e Claude Lévi-Strauss. Um dos textos analisados pela ensaísta em seu trabalho é *Raça e história*, de Lévi-Strauss. O antropólogo contribui com os argumentos de Eneida relativos ao questionamento do eurocentrismo. O pensador francês assinala, em seu livro: "A humanidade acaba nas fronteiras da tribo, do grupo linguístico, por vezes mesmo, da aldeia".[5]

Nas investigações presentes em *Le Banquet de Mário de Andrade: la déglutition d'une culture*, a autora revela dados que estarão no cerne de suas pesquisas relativas à literatura comparada. Para a autora:

> O uso, na análise literária, de um método realizado no domínio da antropologia, não pode ser concebido sob a forma de uma

---

[5] LÉVI-STRAUSS. *Raça e história*, p. 21.

transposição direta. Torna-se necessário levar em conta as diferenças que existem entre os objetos que caracterizam cada disciplina e como ocorre a articulação interdisciplinar. O método estruturalista, tendo como objetivo a pesquisa das características que constituem a estrutura lógica de um determinado sistema, é chamado a utilizar, constantemente, o mecanismo comparativo.[6]

Nessa linha de raciocínio, Eneida termina por assegurar que a prática estrutural estabelece distinções entre os termos por meio da observação da encenação da função assumida por eles em cada contexto particular. Notamos, na passagem, a força da corrente estruturalista, a contribuir não apenas com a análise do livro *O banquete*, mas também com diversos outros estudos levados adiante pela mestre. Devemos salientar, nesse ponto, os cruzamentos muitas vezes inusitados entre textos literários, canções, documentários, filmes de ficção, fotografias, cartas etc. realizados pela autora.

As leituras e pesquisas que levam à escrita de *Le Banquet de Mário de Andrade* favoreceram para acentuar, na intelectual, o olhar para as peculiaridades da cultura popular brasileira – questão abordada pela professora até seus últimos escritos e cursos de pós-graduação – e para a importância do jogo comparatista ligado à arte inacabada, à abertura para posições da alteridade, dado que poderia ser associado à noção derridiana de "indecidível", ao questionamento da racionalidade cartesiana. Em seu ensaio, aponta a pesquisadora: "O texto realiza-se por meio de ambiguidade, ou seja, as questões colocadas – música, cultura brasileira – ainda permanecem abertas, assim se confirma que elas são, em princípio, dotadas de contradição".[7]

A estrutura polifônica da narrativa difere-se do monólogo oficial. Desse modo, de forma muitas vezes inconclusas, os pontos de vista das personagens são colocados em cena a partir de um objeto, no caso, a música – lembremo-nos de que no caso do *O banquete*, de Platão, o tema era o amor. Durante a refeição, as personagens vão assumindo

---

[6] SOUZA. *Le Banquet de Mário de Andrade: la deglutition d'une culture*, p. 14.

[7] SOUZA. *Le Banquet de Mário de Andrade: la deglutition d'une culture*, p. 26.

papeis distintos, com posições diversas, e não há o interesse de se chegar a um consenso absoluto. As ideias ressoam, convidando o leitor a tirar suas conclusões, estas, por sua vez, também inacabadas, abertas a reformulações, desdobramentos. Segundo Eneida, a escrita do livro lembra ainda a forma de uma fuga musical, pois um argumento posto é sempre colocado em causa por outro.[8]

Sara Light oferece o banquete com o intuito de facilitar a ajuda profissional do político aristocrata Felix de Cima e da cantora erudita e elitista Siomara Ponga a Janjão: "O artista pode ser interpretado como um prato de banquete, um prato exótico destinado a ser consumido pelos convidados. Funciona como símbolo da cultura popular brasileira e, aos olhos das personagens do banquete, é dotado de um valor menor em relação à cultura dominante".[9]

A situação vivida por Janjão é contraditória dentro do enredo, já que se apresenta como músico erudito, mas trabalha com obras da tradição popular. O artista pensa ser a arte folclórica inútil quando tratada apenas como exótica, funcionando, dessa forma, a serviço do poder político totalitário. Ele acredita possuir um lado elitista, e sua obra representa perspectivas populares distintas das suas, pois é formado na linhagem erudita.

Em 1942, época próxima à escrita de *O banquete*, Mário escreve "O folclore no Brasil". O texto, publicado em 1949, ressaltava a apropriação que o Estado e as classes dirigentes realizavam em relação ao folclore:

> Na verdade este "folclore" que conta em livros e revistas ou canta no rádio e no disco, as anedotas, os costumes curiosos, as superstições pueris, as músicas e os poemas tradicionais do povo, mais se assemelha a um processo de superiorização social das classes burguesas. Ainda não é a procura do conhecimento, a utilidade de uma interpretação legítima e um anseio de simpatia humana.[10]

---

[8] Ver SOUZA. *Le Banquet de Mário de Andrade: la deglutition d'une culture*, p. 26.

[9] SOUZA. *Le Banquet de Mário de Andrade: la deglutition d'une culture*, p. 18.

[10] ANDRADE. *Aspectos do folclore brasileiro*, p. 26-27.

A preocupação de Mário termina por ressoar na relação entre músicos eruditos e a produção popular tradicional do país. Na perspectiva do músico Janjão, para se tentar fugir da manipulação da expressão popular pelos "donos do poder", seria necessário distanciar-se de uma visão sentimentalista em relação ao povo e produzir uma obra que fosse revolucionária, destrutiva, uma arte que incomodasse as formas gastas e acomodadas da vida. Nesse sentido, o protagonista assevera haver, entre os compositores do país, muito diletantismo e "nenhuma consciência da função histórica do brasileiro atual".[11] Critica a ausência de esforço técnico nos artistas e a grande premência de "negrismo" – exagero de temática negra exótica em composições. Faltaria, ao músico brasileiro, uma compreensão do fenômeno universal e mesmo histórico do aproveitamento do folclore em criações modernas. Tratando da ideia da exportação da cultura do país, o músico lembra que a melhor maneira de nos tornarmos universais seria nos tornarmos nacionais.[12] Para Janjão:

> O problema da nacionalização duma arte não reside na repisação do folclore. O problema verdadeiro era "expressar" o Brasil. Mas como os iniciadores desta expressão, noutros países, se aproveitavam "também" dos temas tradicionais, o que os compositores brasileiros pescaram quase todos [...], foi só isso: temática folclórica. Em vez de expressarem o Brasil, "cantaram" o Brasil.[13]

A personagem segue o raciocínio observando que cantiga de roda, batuque, negrismo etc. não definiam a música brasileira, não significavam uma criação musical do país. O importante não seria, porém, falar do Brasil, mas expressar o Brasil.

Em "Atração do mundo: políticas de globalização e de identidade na moderna cultura brasileira", ensaio presente em *O cosmopolitismo do pobre*, Silviano Santiago, tratando da questão da busca da identidade

---

[11] ANDRADE. *O banquete*, p. 155.

[12] ANDRADE. *O banquete*, p. 155.

[13] ANDRADE. *O banquete*, p. 155.

nacional, retoma Machado de Assis. Em "Instinto de nacionalidade", o autor carioca assinala a importância do "sentimento íntimo" na construção de um traço de singularidade brasileiro. Mesmo com diferenças existentes entre Machado e Mário, algumas proposições machadianas contribuem com nossa reflexão. De acordo com Silviano: "Machado de Assis rechaça as exterioridades triunfalistas do movimento nativista que lhe é contemporâneo (discursos, romances, poemas, símbolos, hinos, bravatas públicas etc.). Encontra nessas manifestações apenas força e forma *instintivas* de nacionalidade".[14]

Almoço: canibalismo e dissonância

As personagens presentes no almoço, pela heterogeneidade étnica, demonstram a formação racial do povo brasileiro. Revelam, inclusive, a divisão social existente no país. Janjão, moreno, artista-criador, brasileiro, está em "desvantagem" na hierarquia social do encontro.

A burguesa Sarah Light, nascida em Nova York, representa um conjunto de traços culturais que acabam se transformando num vazio identitário. Revela-se má ouvinte e porta visão burguesa de arte: "[...] A obra-de-arte deve sempre funcionar como arte pura! Os caipiras, os analfabetos não exercem as belas artes, é o que nos distingue deles. As belas artes são um fenômeno de aprimoramento do espírito, de valor pessoal".[15]

Como artista nacional, Janjão era o prato principal a ser servido no banquete, prato exótico. Os convivas iriam saborear uma "ave rara". O músico, ajudado por Sarah, precisaria ser deglutido pela classe dominante, por Siomara Ponga e Felix de Cima, para alcançar lugar de destaque como compositor de Mentira. A cidade imaginária espelha São Paulo e Rio de Janeiro, revelando ainda a falsidade e o jogo de aparência presentes na vida artístico-cultural do país. Devido a suas posições político-estéticas, Janjão acaba entrando em desacordo com

---

[14] SANTIAGO. Atração do mundo: políticas de globalização e de identidade na moderna cultura brasileira, p. 17.

[15] ANDRADE. *O banquete*, p. 92.

os convivas. Sua voz o trai e ao mesmo tempo contribui para o resgate de sua dignidade, ainda que tenha sido expulso do almoço e do círculo cultural da cidade.

No banquete, ao mesmo tempo que consomem os pratos, as personagens dialogam, vão se mostrando por suas ideias, que passam a transitar e a ser também consumidas pelos convivas. O assunto do almoço centra-se em cultura, música, política, e, "nas entrelinhas", aparece a crítica a uma burguesia que se diz culta, mas adora os exageros sentimentais e virtuosísticos de um pianista ou cantor lírico.

Felix de Cima apresenta-se como um político cujo interesse pela arte é, antes de tudo, uma forma traiçoeira de permanecer junto ao poder, desconsiderando os artistas nacionais e protegendo os estrangeiros. Via na arte apenas o prazer sensual que encontrava nas bebidas e comidas. Jorge Coli, no prefácio do livro, aproxima-o do gigante Piaimã, o vilão Venceslau Pietro Pietra de *Macunaíma*. Felix pretendia conseguir vantagens através de um falso apoio às manifestações artísticas. Por via dessa imagem de político, Mário desconstrói as aparências democráticas que escondem a ditadura, as corrupções, o desinteresse pelo desenvolvimento cultural do país. Felix, tendo construído a imagem de mecenas, horrorizava-se diante de manifestações artísticas mais modernas, que para ele significavam comunismo.

Pastor Fido, acadêmico de Direito, simboliza as ilusões da juventude, portava uma cultura mais geral que o músico, podendo funcionar como complemento de Janjão. Desse modo, seria formada a imagem ideal do músico brasileiro: a da esperança juvenil, da rebeldia, da cultura geral, da importância dada às relações interartísticas e interculturais, do ser imbuído do espírito de luta e transformação (não sem a ironia de Mário). Fido revela maior entendimento político que Janjão. Trata da situação do país – dominado pela ditadura Vargas –, onde imperam a censura e a repressão. Interessante notar que os dois se encontram num parque, chegam juntos à festa e são os únicos convidados que não pertencem à classe dominante. Sobre a personagem, ressalta Eneida:

> Sua atitude em relação à música brasileira é racional e séria. Desafia o ponto de vista da crítica europeia que deforma a cultura brasileira,

na medida em que os valores artísticos nacionais são considerados em sua natureza exótica, portanto, primitivista e decorativa. Os elementos folclóricos são reduzidos a um cenário "tropicalista", onde a natureza grandiosa, virgem de qualquer contato humano, torna-se "paradisíaca", no que diz respeito a uma "ideologia" muito difundida pelos primeiros cronistas europeus da terra brasileira.[16]

Fido questiona a crítica de arte nacional que se coloca contrária a empréstimos culturais estrangeiros visando a erigir uma arte "autêntica" e "original". Posicionando-se a partir de um ponto de vista ligado às noções de "antropofagia" e de "traição da memória" e pensando na produção de sentido como movimento, montagem, Eneida observa que, para Fido, a arte deve combater a instância regionalista e abrir-se, com seus traços distintos ao espaço cosmopolita: "Para ele, a arte brasileira deve ser considerada como parte do movimento da arte universal, onde as influências estrangeiras são assimiladas e transformadas".[17] Desse modo, a ensaísta aproxima Fido de posições oswaldianas, mariodeandradeanas e mesmo suas.

Sequências do almoço: conduções sonoras

O aperitivo do banquete, um *cocktail* verde e amarelo, é consumido pelo seu aspecto exterior, exótico. Importam as cores, o prazer sensual. Não é bebido com os cuidados com os quais merece ser vista a cultura brasileira. Nesse momento do encontro, Pastor Fido irá dizer que "Mozart é o Vicente Celestino do Século Dezoito".[18] O político ofende-se com a crítica. Para ele, o desrespeito aos gênios do passado reflete o desrespeito da juventude a valores instituídos socialmente, como Deus, pátria e família, signos do Integralismo brasileiro e que voltaram a fazer parte do vocabulário político nacional nos últimos anos.

---

[16] SOUZA. *Le Banquet de Mário de Andrade: la deglutition d'une culture*, p. 23-24.

[17] SOUZA. *Le Banquet de Mário de Andrade: la deglutition d'une culture*, p. 25.

[18] ANDRADE. *O banquete*, p. 101.

O primeiro prato do banquete, um vatapá, de origem africana, impõe-se pelo seu cheiro. Representa a cultura tropical, sua sensualidade, e traz desconfianças do protagonista, Janjão. Em seu estudo, Eneida argumenta que o prato representa, ao mesmo tempo, um alimento real e um alimento fictício: a cultura do país, servida como um "prato quente". O vatapá demonstra ainda um status ambivalente, pois se revela, ao mesmo tempo, como expressão de uma cultura exótica e reflexo do sofrimento dos escravizados.[19]

O cheiro do prato revela-se forte. Para Siomara Ponga, seu gosto aponta para uma arte de mau gosto: a arte negra. Esse contato desperta a postura artística elitista e preconceituosa da cantora. A "violência" do prato vai de encontro a suas maneiras refinadas. Siomara não gosta de vatapá, prato brasileiro, pois estraga a voz, mas se entrega com volúpia à salada americana, último prato servido no encontro. Podemos comparar a salada aos concertos em que era apresentada apenas uma pecinha de compositor brasileiro e eram exaltadas as composições estrangeiras. Sobre as composições de Janjão, podemos ler no texto: "Escritas em língua nacional, elas exigem toda uma emissão nova, todo um trabalho de linguagem e de impostação, todo enfim um 'belcanto' novo e nacional, que valorizasse essa fonética ignorada dos belcantos europeus. [...] Mas tudo isso exigia tanto trabalho novo, tantas experiências, adquirir técnicas novas...".[20]

Siomara Ponga prefere cantar essas peças de forma descuidada, escondendo o texto nas palmas da mão para não ter o trabalho de decorá-las. Cantava pouco em língua nacional, apenas uma pequena peça de compositor brasileiro em cada concerto, e isso somente porque o governo obrigava por lei.

Janjão enxerga o prato como representativo do exotismo folclórico. Tomado de forma decorativa, é apropriado, de maneira corruptora, pelo populismo do poder e da burguesia dominante, reforçando, assim, uma política totalitária que se apropria da produção e,

---

[19] Ver SOUZA. *Le Banquet de Mário de Andrade: la deglutition d'une culture*, p. 34.

[20] ANDRADE. *O banquete*, p. 51-52.

metaforicamente, da força de trabalho popular. O folclore brasileiro, representado pelo vatapá, deveria ser digerido com consciência, com a percepção do valor cultural e social que o compõe.

O contato com o vatapá desperta, em Felix de Cima, a visão da relação entre o poder político e as classes populares. O "prato quente", ao ser consumido, traria mais vigor às classes dirigentes, ao governo. Revela-se, assim, uma ideia de superioridade racial e social ligada, para a personagem, ao período da escravidão. Contrário à noção de democracia, Felix reforça a ideia de um governo populista autoritário, um "governo-vatapá". Evidencia-se, nessa postura, a crítica de Mário a alguns dos projetos levados adiante na área cultural pelo Governo Vargas. Eneida associa esse contato com o processo de devoração canibal: "A classe popular é devorada pelo poder totalitário, da mesma forma que o canibal devora suas vítimas a fim de assimilar seus principais poderes. A incorporação do outro reforça esse poder de dominação".[21]

Na condução argumentativa de seu texto sobre *O banquete*, Eneida apresenta a função do "vatapá" como "expressão da cultura brasileira" tendo uma face positiva e outra negativa. O lado positivo seria ligado à tradição popular, principalmente negra, ao folclore, que deveria ser assimilado e tratado de modo sério e respeitoso. O lado negativo seria marcado pela apropriação da cultura popular pelo poder, incluindo no processo a desconsideração por suas riquezas e valores.

A salada americana é o último prato a ser servido no encontro. Opondo-se ao vatapá, não apresenta aroma nem sabor e seduz pela cor e beleza da decoração. Representa, pelas combinações aleatórias de elementos estrangeiros e nacionais, a falta de caráter identitário bem definido.

Os alimentos servidos no banquete podem ser vistos como saudáveis ou maléficos, dependendo da posição antropófaga ou não dos comensais. Eneida, analisando o banquete como a deglutição de uma cultura, trabalha tanto com o sentido literal dos pratos quanto com

---

[21] SOUZA. *Le Banquet de Mário de Andrade: la deglutition d'une culture*, p. 37.

o sentido metafórico. Em relação ao consumo da salada americana, escreve:

> [...] *les personnages sont placés en tant que consommateurs de la culture brésilienne [...] conçue par rapport à la culture étrangère. De même, dès qu'ils se trouvent dominés par la séduction d'un repas bien préparé qui va les mettre en jeu, ils sont tombés dans un piège, dans la mesure où la nourriture (et la culture qui y est symbolisée) dévore les personnages au lieu d'être dévorée par eux.*[22]

Ao "comer" as personagens, a refeição introjeta-lhes características culturais descontextualizadas, enfraquecendo assim uma identidade que deveria ser construída. A imagem utilizada pela ensaísta acaba por simbolizar o revés do conceito de "antropofagia", pois neste haveria uma deglutição crítica. Ser devorado pela salada, na verdade, significa comer sem consciência, isto é, ser manipulado. Ao contrário da antropofagia, que fortaleceria o corpo e a alma, temos, no caso, um enfraquecimento que propicia o domínio realizado por aqueles que não estabelecem vínculo nenhum com a terra de chegada, com os repertórios, os saberes locais.

Ao nos dizer que fora servida uma salada americana, o autor pode estar se referindo às "influências deletérias" que assolavam a cultura brasileira. O perigo estaria contido no fato de a "salada americana" ser ingerida sem a "sabença", sem a visão crítica do modernismo antropofágico, conforme esclarece Eneida Maria de Souza:

> O ato antropofágico deve ser compreendido em seu caráter ambivalente, uma vez que comer e ser comido são apenas duas ações intercambiáveis, em que o sujeito (o consumidor) é substituído

---

[22] SOUZA. *Le Banquet de Mário de Andrade: la deglutition d'une culture*, p. 30-31. [Os personagens são dispostos como consumidores da cultura brasileira [...] pensada esta por meio da relação estabelecida com a cultura estrangeira. Assim que eles se encontram dominados pela sedução de uma bem preparada refeição que os colocará em jogo, eles caem em uma armadilha, na medida em que a comida (e a cultura simbolizada por ela) devora os personagens em vez de ser devorada por eles.]

pelo objeto (o alimento) e vice-versa. Os personagens encontram-se, por analogia, em uma situação de "autocanibalismo" de ordem metafórica em que a autodevoração é vista como uma perda de identidade de si mesmos, pela falta de uma posição crítica em relação à realidade nacional ou estrangeira.[23]

O narrador assim se refere à cena em que Fido oscila, vacila ao encantamento de cores e à ausência de cheiro da salada que lhe era servida: "Esperemos que ele saiba escolher dela apenas o que era útil à sua saúde humana".[24] Ainda na mesma cena, podemos ler o seguinte: "Tínhamos de esperar até que a mocidade nossa madurasse a experiência e soubesse aceitar talvez o sorvete de creme, e recusar o suco de pedregulho".[25]

As palavras de Mário eram medidas e lapidadas para caberem bem em seu objetivo de sugerir novos caminhos para a cultura nacional. A milionária Sarah Light almeja atrair, conquistar a criatividade do país. Com a salada sem cheiro, estava-se oferecendo a falta de caráter, a mistura que elimina traços identitários de um povo. Era uma salada traiçoeira, cegante, dominava num "totalitarismo simplório", dominava pela aparência.

Felix de Cima, subordinado ao poder político, é devorado pela salada, imaginando que a devora; Siomara Ponga, cantora conformista diante da vida e da arte, revela-se seduzida pelo prato, fato que demonstra sua falta de interesse em construir algo novo e diferencial, o que Mário denominaria por "fazer milhor" ou "estesia". Mesmo Pastor Fido apresenta-se enlaçado, seduzido pelos "segredos" daquela culinária. O jovem parece ter sido envenenado pela comida.

Janjão revela-se o único dos convivas a observar o "canto sedutor" do prato, evitando lançar-se ao seu encontro. Termina por perceber a relação entre a salada e Sara Light. Ambas visam a se sobrepor às diversas vozes de um país por meio de valores culturais

---

[23] SOUZA. *Le Banquet de Mário de Andrade: la deglutition d'une culture*, p. 31.

[24] ANDRADE. *O banquete*, p. 161.

[25] ANDRADE. *O banquete*, p. 162.

externos. A crítica se faz em relação à imposição de uma cultura estrangeira, superficial, que não se acomoda aos caracteres íntimos da vida nacional. Não seria necessário tratar a salada americana de forma "xenófoba", mas sim degluti-la de maneira "espertalhona", por meio da releitura e da recriação de seu conteúdo a partir de um ponto de vista local, como almeja Mário de Andrade em diversos de seus escritos.

Eneida, trabalhando com o conceito platônico de *pharmakon*, retomado por Derrida em *A farmácia de Platão*, mostra-nos que os conflitos culturais brasileiros podem ser vistos ao mesmo tempo como remédio e veneno:

> [...] A exploração da riqueza folclórica de uma cultura deve ser feita de forma a afastar os preconceitos de ordem etnocêntrica, não a considerando como um objeto folclórico, um "prato quente" a ser usado pelo poder. Essa cultura, dotada de força e vida, pode ser transformada em remédio para melhor expressar as aspirações de um povo. Por outro lado, a morte da cultura, do folclore, associa-se ao envenenamento de seus materiais, ricos e particulares, devido aos interesses nacionais ou estrangeiros.[26]

De acordo com a pesquisadora, o vatapá, prato folclórico e símbolo da difícil e rica vida dos negros brasileiros, é desprezado e envenenado pelas forças políticas. Ao mesmo tempo, revela-se como remédio, substância que nutre o poder dominante. A salada americana também se apresenta como remédio, alimento sedutor que se transforma em veneno pelo caráter de imposição unilateral e não de abertura a trocas culturais. Devemos nos lembrar de que *O banquete* estava sendo escrito no período da Política da Boa Vizinhança, projeto político e cultural que favorecia, por exemplo, trocas entre artistas brasileiros e norte-americanos. Mas logo que a II Guerra termina e os Estados Unidos saem vencedores, a proposta deixa de existir. Mário desconfiava da seriedade de uma parceria existente entre a grande potência e o país tropical periférico.

---

[26] SOUZA. *Le Banquet de Mário de Andrade: la deglutition d'une culture*, p. 41.

No texto, o músico Janjão encontra-se em crise diante de sua relação com o seu trabalho. O público é visto por ele como alimento e veneno em face de sua obra e de suas decisões pessoais. Essa questão ressoa os dilemas do próprio Mário de Andrade captados de modo agudo por Eneida em seu texto.

Como vimos, Fido deixa-se levar pelos encantos da salada, mostrando assim uma identidade ainda não definida. Apresenta-se, inicialmente, com espírito crítico bem formulado, não se conformando com a situação de dependência da cultura brasileira em relação às culturas estrangeiras, representando a juventude que ainda poderia se coletivizar. Mas termina por decepcionar Janjão pelo desejo de aceitar a salada americana sem posicionar-se de modo mais arrojado. A salada, como engodo, termina por conquistá-lo. Desse modo, o jovem entrega-se aos seus cuidados, cena já preconizada pelos afetos que recebe de Sarah Light sem nenhum temor. A personagem revela-se sereia *yankee* capaz de "envenenar" a cultura nacional.

Em prefácio deixado inédito para *Macunaíma*, Mário de Andrade compara o brasileiro a um jovem que ainda não possui um caráter bem definido:

> O brasileiro não tem caracter porquê não possui nem civilização própria nem consciencia tradicional. Os francêses têm caracter e assim os Iorubas e os mexicanos. Seja porquê civilização própria, perigo eminente ou consciência de século tenha auxiliado o certo é que êsses uns têm caracter. Brasileiro não. Está que nem o rapaz de vinte anos: a gente mais ou menos pode perceber tendencias gerais, mas ainda não é tempo de afirmar coisa nenhuma. Dessa falta de caracter psicológico creio optimistamente, deriva na nossa falta de caracter moral [sic].[27]

Esse Brasil, representado pela personagem "sem nenhum caráter", pode agora ser visto em Fido, que, como o herói, sente a atração pelo diferente, pelo que é estranho à sua cultura. O encanto da salada americana, despatriada, liga-se à sedução que Macunaíma

---

[27] ANDRADE. *Macunaíma: o herói sem nenhum caráter*, p. 219.

sente pela Europa, como é demonstrado no episódio em que trai o juramento feito a Vei, a Sol, de casar-se com uma de suas filhas ao brincar com uma portuguesa, ou no momento em que visualiza, numa fonte, um navio que segue para a Europa e deseja ir também para lá. Esquece, assim, o compromisso que teria assumido com a civilização solar, tropical.

Sabendo consumir a salada americana por meio da avaliação criteriosa de seus ingredientes e valorizando o vatapá, destituindo-o de apelos exóticos, a cultura brasileira poderia ganhar força para se impor no "concerto das nações", com sua contribuição mestiça, diferencial, como pensa Mário. Em 1928, o pensador escreve, no *Ensaio sobre a música brasileira*: "Se a gente aceita como brasileiro só o excessivo característico cai num exotismo que é *exótico até para nós*. O que faz a riqueza das principais escolas europeias é justamente um caráter nacional incontestável, mas na maioria dos casos indefinível porém".[28] O caráter "incontestável" e ao mesmo tempo "indefinível" seria realizado por meio de diálogo espontâneo entre a formação do compositor, sua criatividade e a expressão da cultura popular tradicional. O artista deveria se colocar numa espécie de "entre-lugar" para produzir uma obra nacional, mas não fechada no regional. Compositores eruditos do país deveriam criar música brasileira sem se esquecer das fontes folclóricas, do "timbre nacional", e, ao mesmo tempo, sem exagerar no uso de estruturas de músicas de origem ameríndias, africanas ou portuguesas.

Segundo Mário, o regionalismo contribui para tornar a pátria exótica, esfacelando-a e deixando-a imprecisa. Para o modernista, o regionalismo em nada contribui "para a consciência da nacionalidade. Antes a conspurca e a depaupera, lhe estreitando por demais o campo de manifestação e por isso a realidade. O regionalismo é uma praga antinacional".[29] Ao contrário de muitas leituras apressadas que colocam Mário preso à arte e à literatura popular tradicional, regional, em oposição a outros nomes tidos como mais

---

[28] ANDRADE. *Ensaio sobre a música brasileira*, p. 7.

[29] ANDRADE. Regionalismo. *Apud* RUFFATO. No meio do caminho, p. 367.

avançados esteticamente, Eneida conhecia bem a ampla e sutil visão mariodeandradeana a respeito das incongruências sociais, culturais e políticas do país. A partir desse espaço, de suas fronteiras e limiares, Mário e Eneida desenvolvem suas singulares análises que sobrevivem abertas a novas indagações.

Para o musicólogo, a função social da arte não está somente no assunto, mas também na própria técnica. A técnica é perigosa quando repete, quando se academiza. Ao contrário das proposições da mimese clássica, o intelectual, ao mesmo tempo que assinala a questão da permissividade do plágio, da rede de citações presente na obra, elege a *estesia* como maneira de a arte não se "academizar". *Estesia*, em Mário, significa o estímulo de um fazer constante, o desejo de se aperfeiçoar, de não se acomodar diante da própria obra.[30] Ao lado de *estesia*, Andrade desenvolve a noção de *charitas*, que porta o sentido de doação, de entrega do artista a seu material de trabalho.

Eneida escreveu diversos textos retomando a noção de plágio e questionando a noção tradicional de autoria. A famosa passagem da resposta de Mário de Andrade a Raimundo Moraes, por quem o autor fora acusado de plágio na escrita de *Macunaíma*, foi retomada por ela em muitos textos, sempre ampliando as reflexões.

Quanto à noção de autoria, observa Janjão: "A criação, com toda a sua liberdade de invenção que eu não nego, não passa de uma reformulação de pedaços de memória".[31] Mais adiante, lemos sobre o modelo de composições de Villa Lobos: "É o próprio Villa, aliás, quando se vê aproveitado, em vez de compreender o valor social que isso tem, é o primeiro a berrar que houve plágio e o estão roubando!". A crítica em relação ao plágio, feita ao maestro e também a Raimundo Moraes, altera-se para outra atitude quando o próprio Mário se vê "aproveitado" pela discípula Oneyda Alvarenga. Segundo Eneida: "O comportamento distinto de Mário frente ao plágio, quando este é detectado na criação artística ou na produção científica, demonstra [...] a flexibilidade do lugar ocupado

---

[30] ANDRADE. *O banquete*, p. 60.

[31] ANDRADE. *O banquete*, p. 150.

pelo intelectual, ao se expressar de maneira controvertida quando se coloca como escritor ou como professor".[32]

Chico Antônio: improviso e traição da memória

Em "Mário de Andrade, o empalhador de passarinho", primeiro capítulo de *Narrativas impuras*, Eneida observa que Mário trabalhava com a noção de intertextualidade "*avant la lettre*". Ao responder ao folclorista paraense Raimundo Moraes, o escritor articula noções que estavam sendo propostas no mesmo período pelos formalistas russos e por Mikhail Bakhtin, ainda que esses pensamentos tenham sido apresentados pela crítica francesa apenas nos anos 1960, por meio de nomes como Tzvetan Todorov, Julia Kristeva, Roland Barthes, Gérard Genette. Para Eneida:

> Os conceitos de interdiscursividade e intertextualidade não haviam sido ainda introduzidos na linguagem acadêmica e Mário já apresentava o argumento em defesa do comércio livre dos signos e do trânsito de vozes circulando sem autoridade nem leis específicas. Na tentativa de reunir e ao mesmo tempo desconstruir a hegemonia do termo plágio sobre as manifestações artísticas, o mais plausível em termos de interpretação comparativa seria repensar o amálgama entre intuição, improvisação e técnica, ou em outras palavras, a crítica impressionista e a acadêmica.[33]

A questão da criação como "traição da memória", falha da memória arquivística, aparece também em textos de Mário de Andrade sobre o cantador de cocos Chico Antônio, conhecido pelo poeta paulista no Rio Grande do Norte, em 1929. Em "Um turista nem tão aprendiz", presente em *Narrativas impuras*, declara a manhuaçuense: "A admiração do autor pela performance e pelo talento do cantador condensa as imagens do artista nativo, da improvisação e das

---

[32] SOUZA. *A pedra mágica do discurso*, p. 41.

[33] SOUZA. *Narrativas impuras*, p. 32.

variações melódicas criadas ao sabor do momento".[34] Chico Antônio iria se tornar protagonista do romance inacabado *Café*, que estava sendo escrito no mesmo momento que *O banquete*. Em seu ensaio, a professora observa que as performances de Chico Antônio podem ser relacionadas ao próprio interesse de Mário em viver a vida como dispêndio, gasto, e não como retenção:

> A arte de viver sem limites, a entrega à dor como felicidade espelha-se na atitude artística/vital de Chico Antônio, no seu lado humano proletário e sensível às manifestações populares. A encenação musical do artista remete ainda aos rapsodos e ao processo paródico de *Macunaíma*, quando Mário evoca o improviso e a "traição da memória" como instrumento criativo e esquecimento dos modelos hegemônicos europeus.[35]

A intelectual mineira observa que as famosas viagens de Mário ao Norte e ao Nordeste traziam o intuito de buscar ingredientes para a arte moderna brasileira no interior do próprio país. As dissonâncias percebidas nas cantorias de Chico Antônio superariam, na perspectiva do viajante paulista, as "chiques dissonâncias dos modernos". As pesquisas mariodeandradeanas funcionam como estratégias de resistência e intervenção que trazem à tona criações excluídas do que se entendia por cultura.

Além da arte inacabada, sempre em mutação, em processo, o escritor também propôs, em *O banquete*, uma técnica do inacabado. Esta teria como função, ao incomodar o público, não permitir que este se acomodasse e acabasse servindo às "formas gastas da vida". Tal técnica, ao não visar ao acabamento artístico tradicional, pretendia questionar as estruturas sociais estabelecidas e injustas. Valoriza-se, assim, uma arte "malsã". Como parceira de Mário de Andrade, Eneida lia-o realizando processo de desconstrução aprendido com Jacques Derrida, buscando acentuar o que foi recalcado no momento da escrita e mesmo averiguando fragmentos, passagens muitas vezes

---

[34] SOUZA. *Narrativas impuras*, p. 43.

[35] SOUZA. *Narrativas impuras*, p. 45.

desconsideradas por certa crítica que procura ver no autor apenas o lado "professoral", ligado ao folclore etc., como salientamos. Nesse sentido, vale observar passagem de *O banquete* em que o musicólogo relaciona as técnicas do acabado com as do inacabado. As técnicas do acabado seriam afirmativas, dogmáticas, não permitiriam a discussão. Como exemplo, poder-se-ia citar que a escultura, "a mais acabada de todas as artes, foi a mais ensinadora das artes ditatoriais e religiosas de antes da Idade Moderna".[36] Já a técnica do inacabado poderia ser representada pelo desenho e pelo teatro: "as artes mais inacabadas por natureza as mais abertas e permitem a mancha, o esboço, a alusão, o conselho, o convite".[37] Se existem as artes do inacabado, existem também as técnicas do inacabado, as que até mesmo pela insatisfação presente no inacabamento maltratam e excitam a recepção.[38] Ambas são as mais propícias para o combate. Assim, o escritor parece encontrar mais sentido para a arte formalista, desde que esta não se descarte o *ethos*.

Em seus trabalhos, Eneida incorpora as noções de *estesia* e *charitas* desenvolvidas pelo paulista. Nunca se dava por satisfeita em seu trabalho sempre inovador. A cada estudo, projeto, disciplina ou orientação, entregava-se de modo inteiro, dispondo tudo de si no mínimo que construía, como disse o poeta português. Seu copo era grande demais para ela e ainda bebia no copo de Mário e de outros escritores, poetas, artistas, pensadores. Sua produção articulava, com alegria e inteligência, Minas e o mundo, o espaço local e o cosmopolita. Sua presença generosa pautava-se pela ideia do inacabado, pela abertura a vozes da outridade. Do banquete cultural servido por Mário, participa, como uma das convivas, personagem que, com seu ativa posição crítico-teórica, faz-nos escutar melhor as nuanças discursivas, os ritmos, as melodias, os sentidos produzidos pelo compositor de "Viola quebrada".

---

[36] ANDRADE. *O banquete*, p. 61.

[37] ANDRADE. *O banquete*, p. 62.

[38] Sobre as noções mariodeandradeanas de acabado e inacabado, conferir também o texto "Do desenho", presente no livro *Aspectos das artes plásticas no Brasil*.

Referências

ANDRADE, Mário de. *Aspectos do folclore brasileiro*. Estabelecimento do texto, apresentação e notas de Angela Teodoro Grillo. Edição coordenada por Telê Ancona Lopes. São Paulo: Global, 2019.

ANDRADE, Mário de. Do desenho. *In*: *Aspectos das artes plásticas no Brasil*. São Paulo: Martins, 1975. p. 69-77.

ANDRADE, Mário de. *Ensaio sobre a música brasileira*. Organização de Flávia Camargo Toni. São Paulo: Editora da Universidade de São Paulo, 2020.

ANDRADE, Mário de. *Macunaíma: o herói sem nenhum caráter*. Edição crítica de Telê Porto Ancona Lopez. Rio de Janeiro: Livros Técnicos e Científicos; São Paulo: Secretaria da Cultura, Ciência e Tecnologia, 1978.

ANDRADE, Mário de. *O banquete*. Prefácio de Jorge Coli e Luiz Carlos da Silva Dantas. 2. ed. São Paulo: Duas Cidades, 1989.

ANDRADE, Mário de. Regionalismo. *Diário Nacional*, São Paulo, 14 fev. 1928, p. 3. *Apud* RUFFATO, Luiz. No meio do caminho. *In*: ANDRADE, Gênese (org.); SCHWARTZ, Jorge (consult.). *Modernismos: 1922-2022*. São Paulo: Companhia das Letras, 2022. p. 348-379.

LÉVI-STRAUSS, Claude. *Raça e história*. Tradução de Inácia Canelas. 2. ed. Lisboa: Editorial Presença; São Paulo: Livraria Martins Fontes, 1975.

RUFFATO, Luiz. No meio do caminho. *In*: ANDRADE, Gênese (org.); SCHWARTZ, Jorge (consult.). *Modernismos: 1922-2022*. São Paulo: Companhia das Letras, 2022. p. 348-379.

SANTIAGO, Silviano. Atração do mundo: políticas de globalização e de identidade na moderna cultura brasileira. *In*: *O cosmopolitismo do pobre*. Belo Horizonte: Editora UFMG, 2004. p. 11-63.

SOUZA, Eneida Maria de. *A pedra mágica do discurso*. 2. ed. Belo Horizonte: Editora UFMG, 1999.

SOUZA, Eneida Maria de. Cordel em desafio. *Estado de Minas*, Belo Horizonte, 23 de abril. 1978. p. 19-21.

SOUZA, Eneida Maria de. *Crítica cult*. Belo Horizonte: Editora UFMG, 2002.

SOUZA, Eneida Maria de. *Le Banquet de Mário de Andrade: la déglutition d'une culture*. Travail présenté en vue de l'obtention du D.E.A. à l úniversité de Paris VII, par Eneida Maria de Souza, sous la Direction de M. Soriano. Paris: Université de Paris VII, 1979. Datiloscrito.

SOUZA, Eneida Maria de. *Narrativas impuras*. Recife: Cepe, 2021.

SOUZA, Eneida Maria de. *Tempo de pós-crítica: ensaios*. 2. ed. rev. Belo Horizonte: Veredas & Cenários, 2012. (Obras em Dobras).

"O passado é uma lição para se meditar", ou estes retalhos do arlequim de *Pauliceia desvairada*[1]

Telê Ancona Lopez

> *Eu, nesta veste de retalhos*
> *Sou tudo que te convém.*
> Manuel Bandeira

Leitura e lição

"O passado é lição para se meditar, não para reproduzir."[2] Essa premissa estética prende-se ao fragmento ou aforismo 51 da poética de "Prefácio interessantíssimo", de Mário de Andrade, em *Pauliceia desvairada*, livro-marco do modernismo brasileiro, lançado em 1922.[3] O aforismo enseja a proposta de interrogar o passado da escritura,

---

[1] O presente texto é uma parcela de um estudo maior, ainda em elaboração, no qual me valho desta diretriz da Galleria Civica d'Arte Moderna e Contemporânea, a GAM, de Turim – "A verdadeira arte sempre foi moderna". Amplio pesquisa iniciada no estudo "Riqueza de pobre", em: SCHWARZ (org.). *Os pobres na literatura brasileira*, p. 123-128.

[2] Todas as citações das *Poesias completas*, de Mário de Andrade, vêm da edição de texto apurado, anotada e acrescida de documentos, por Tatiana Longo Figueiredo e Telê Ancona Lopez (Rio de Janeiro: Nova Fronteira, 2013). Nesse caso, consultar o "Prefácio interessantíssimo", *Pauliceia desvairada*, p. 74.

[3] As economias do autor pagaram a impressão do livro que saiu, em julho de 1922, das "oficinas da Casa Mayença Editora", em São Paulo.

a gênese na captação de veios remotos ou coetâneos, sintonias ou afinidades nos quais se vislumbra essa lição impalpável, múltipla e abrangente, fornecedora de pistas ou de hipóteses a respeito da criação do Arlequim emblema de *Pauliceia desvairada*. Interessam-me, neste estudo, retalhos da criação do Arlequim.

A proposta inclina-se basicamente sobre algumas leituras do escritor, testemunhadas por sua biblioteca e fortalecidas por sua correspondência. Antes de examinar certos títulos por ele abordados na segunda metade da década de 1910 e no início dos anos 1920, possivelmente componentes da criação de *Pauliceia desvairada*, este estudo julga necessária uma palavra sobre bibliotecas de intelectuais, no legado por elas conferido à humanidade.

Raízes de obras de poetas, ficcionistas ou críticos literários, de filósofos, cientistas, compositores, artistas plásticos, cineastas, intérpretes das diversas artes estão nas bibliotecas por eles constituídas. Mostram-se como diálogos intertextuais, inter e transdisciplinares que se materializam como manuscritos na marginália, e se firmam como matrizes nas apropriações; diálogos que a produção desses especiais leitores ressoa, no campo das artes ou da ciência. Quando se trata dos literatos, a presença da marginália e de matrizes possuidoras ou não de anotações autógrafas autoriza estimar que a biblioteca se transmuta em seara e celeiro, onde a criação viceja e armazena; que a análise dessas estantes depara-se, em certos autores ali enfileirados, com vestígios de textos desse mesmo escritor, e se processa simultânea à leitura de éditos e inéditos que plasmam diálogos ou influências, conforme se caminha na esfera da crítica genética ou da literatura comparada. Nas estantes quedam-se obras *in statu nascendi*, isto é, marcas, fragmentos ou textos integrais, substancializados na marginália, e indícios de obras editadas ou inéditas, começos ou parcelas que se ocultam em leituras sem anotações do lápis ou da caneta. No âmbito da crítica genética, ajuizar os livros e periódicos colecionados por esse escritor como espaço da escritura, *locus creationis* ou seara e celeiro da criação significa, a meu ver, não apenas decodificar diálogos e matrizes geradoras ou definir a marginália como manuscrito, mas rastrear fios em uma rede sem remate, cuja trama ora se desvela, ora se faz indelével. O trabalho em uma biblioteca desse tipo suscita leitores de um singular leitor, cujas marcas espertam multiplicadas interrogações.

Desses sinais procedem perguntas que encaminham ao conjunto do espólio, à fragmentada autobiografia dispersa na biblioteca, no arquivo e nas coleções diversas por ele formadas na clave do ofício, do gosto, do prazer intelectual na construção do cotidiano. Tarefa complexa, serve-se também de todas as informações que consegue recolher no texto-testemunho, externo, relembrando que correspondência, crônica, memórias ou diário carregam, na subjetividade que lhes é inerente, o desejo e o prazer da invenção de si, a encenação.

A biblioteca de Mário de Andrade contém, nos títulos que a compõem, elementos fundamentais do processo de formação de um pensamento moderno e trajetos de um viajante ao redor de seus livros; na profusa marginália que a caracteriza, consolida-se um diálogo fecundo e o exercício incansável da escritura. Nesse sítio, o intelectual e artista moderno, em todas as suas facetas de polímata, pode ter raízes suas desencavadas.[4] Em 1924, ele demarca a natureza dessa conexão: "Muitas vezes um livro revela pra gente um lado nosso ainda desconhecido. Lado, tendência, processo de expressão, tudo. O livro não faz mais que apressar a apropriação do que é da gente".[5]

É necessário realçar que o exame dos livros e revistas publicados antes de 1922, na disposição ultimada pelo poeta de *Pauliceia desvairada*, desnuda o interesse pelo que se arroja, transforma, na literatura, nas artes plásticas, na música. Nessa jazida privilegiada da matéria do passado e do presente que se renova na apropriação, venho à São Paulo de Mário de Andrade.

Lição e renovação

O aforismo 51 – "O passado é lição para se meditar, não para reproduzir" – objetiva-se, de pronto, na capa de losangos multicoloridos

---

[4] As dimensões mostram-se também nos documentos do arquivo e da coleção de artes do escritor (Instituto de Estudos Brasileiros da Universidade de São Paulo – IEB-USP).

[5] ANDRADE, Carlos Drummond de; ANDRADE, Mário de. *Carlos & Mário: correspondência de Carlos Drummond de Andrade e Mário de Andrade*, p. 116. Carta a Carlos Drummond de Andrade; data atestada [1924].

de *Pauliceia desvairada* que glosa o traje do arlequim da *commedia dell'arte*, sugerindo polissêmicas dimensões.[6] E requer um esclarecimento sobre o sentido de meditar, que, para Mário de Andrade, equivale a empreender, criar, inventar. Gilda de Mello e Souza considera *Clã do jabuti*, poesia, uma essencial meditação sobre o Brasil; em "A meditação sobre o Tietê", o eu lírico redimensiona os caminhos da poesia de Mário. No "Prefácio interessantíssimo", costura coerente de aforismos ou retalhos da própria e da alheia tessitura, dentre aqueles derivados possivelmente dos aforismos antiaforismáticos do dadaísmo, o quinquagésimo primeiro completa-se com a citação dos versos 88-89 do terceiro canto, "Inferno", da *Commedia*, de Dante Alighieri (1265-1321), a *Divina Commedia*:

> O passado é lição para se meditar, não para reproduzir.
> 'E tu che se' costì, anima viva,
> Pàrtiti da cotesti che son morti'.[7]

Caronte, o barqueiro que conduz ao inferno as almas dos condenados, tem dois passageiros extras para visitar o *"mondo dell'Aldilà"*. São eles: Dante, *"anima viva"*, poeta do renascimento e um renovador radical, guiado por Virgílio, poeta romano do século I a.C., autor de *Eneida*, obra devotada a Roma, berço da latinidade. Caronte expulsa o primeiro e logo aquiesce diante do consentimento de Deus. Ancorado no século XX, o teórico da modernização e poeta de *Pauliceia desvairada* declarara, no aforismo anterior, serem os modernistas "os primitivos duma era nova", tanto quanto "os primitivos das eras passadas, expressão mais humana e livre de arte".

---

[6] Rubens Borba de Morais, em entrevista a Telê Ancona Lopez (1983), atribui a Guilherme de Almeida a autoria da capa de *Pauliceia desvairada*. Encontro no *Arlecchino*, de Ardengo Soffici (Firenzi: Della Voce, 1918), obra da biblioteca de Mário, a matriz da concepção gráfica dessa capa.

[7] ANDRADE. *Poesias completas*, p. 74. Na biblioteca de Mário de Andrade, encontra-se *La divina commedia*, de Dante Alighieri, com notas de leitura a tinta preta e a grafite (Edição de Raffaelo Fornaciari. Milano: Ulrico Hoelpi, 1911). Os versos 88-89 citados estão à p. 27, sem marcas autógrafas.

A esses primitivos o eu lírico se abraça nos dois versos iniciais de "O trovador", sua profissão de fé – "Sentimentos em mim do asperamente/dos homens das primeiras eras…".[8] Enceta uma postura audaz, vanguarda, definida pelo adjetivo "arlequinal", sinônimo, aqui, do facetamento e da clivagem. O poeta se acompanha; oscila em sua *anima* e na sonoridade do verso. Para Maria Augusta Fonseca, determina a sua tarefa de bem cantar: "Cantabona! Cantabona!".[9] Dobra como o potente sino da igreja paulistana de São Bento e a ele se funde na onomatopeia – "Dlorom".

O trovador moderno desdenha projeções amenas, na definição do seu projeto estético. Sua razão de trovar (e de se encontrar!) prefere o sarcasmo, mais forte que a ironia. Sabe da clivagem, do convívio inelutável com angústia, com ancestral dor do homem. E se sabe brasileiro.

Para se exprimir, escolhe o seu instrumento e, *luthier* nas letras, corporifica-o. Não adota a lira secularmente abonada pela poesia brasileira, e sim o alaúde dos trovadores medievais. Com ele, Musset, em "La nuit de mai", alicerçou o valor primordial da nacionalidade, repercutindo em Gonçalves Dias romântico e no moderno que se define – "Sou um tupi tangendo um alaúde!" – para canalizar "Sentimentos em mim do asperamente/dos homens das primeiras eras…".[10] Profere seu rumo no aforismo 55 do "Prefácio": com o alaúde "vário", múltiplo ou desvairado, "que construí, *me parto por* essa selva selvagem da cidade (grifei). Cindido, fragmentado

---

[8] Ver "O trovador", em ANDRADE. *Poesias completas*, p. 74: "Sentimentos em mim do asperamente/dos homens das primeiras eras…/As primaveras de sarcasmo/ intermitentemente no meu coração arlequinal…/Intermitentemente…/Outras vezes é um doente, um frio/na minha alma doente como um longo som redondo…/Cantabona! Cantabona!/Dlorom…//Sou um tupi tangendo um alaúde!".

[9] Maria Augusta Fonseca, em "Ensaio de leitura sobre dois poemas de *Pauliceia desvairada*", é quem decifra "Cantabona" como a missão do grande sino, nele gravada. Eduardo Sterzi, em "O trovador", fornece a frase inteira ali cinzelada: "*Cantabona sacrosanctae et individuae Trinitati*" (p. 111).

[10] Ver LOPEZ. A biblioteca de Mário de Andrade, seara e celeiro da criação, e ANDRADE. Trovador, versos 20 e 1-2, p. 78.

e multiplicado – "me parto por" –, entrega-se a aventura estética, ideológica e linguística similar à de Dante, ao se debruçar sobre o presente e ao expandir sua criação na língua portuguesa falada no Brasil. Arrisca-se arrimando-se no poeta florentino quando este se reporta à criação, nos versos 4-6 do primeiro canto da *Commedia* – "*Ahi quanto a dir qual era è cosa dura/esta selva selvaggia e aspra e forte/che nel pensier rinova la paura!*".[11]

O poeta brasileiro desembarca no tema prioritário do século XX, a cidade moderna. O espaço da Pauliceia-microcosmo, "selva selvagem", hipérbole (não pleonasmo!) a desbravar, crisma-lhe advérbio "asperamente". Personifica-se, irreverente, como Anfião caixa d'óculos, mestiço e modernizado que paga o preço do renovar, de acordo com o epigrama 55 do "Prefácio interessantíssimo" – "Como o homem primitivo cantarei a princípio só".

Em 1917, a criação de Mário de Andrade já se empertigara: sozinha, diferenciada, destemida. As economias do jovem professor no Conservatório Dramático e Musical tinham custeado, em plena Guerra Mundial, *Há uma gota de sangue em cada poema*, livro de cunho pacifista, sob o pseudônimo Mário Sobral, distante dos temas em voga. Poesia acima de tudo católica, fora premida a anexar ao volume uma folha de "Explicação", apoiando a entrada do Brasil na guerra.[12] A crítica, na imprensa, louva a sinceridade e os "pensamentos elevados"; denuncia, entretanto, "impropriedades e exageros", bem como "rimas defeituosas" que "afeiam"; não enxerga aspectos renovadores nem a transição.[13] Em 1944, Mário de Andrade prezará esse traço da

---

[11] Recorro à tradução de Augusto de Campos para os versos 1-6 do canto I, "Inferno", da *Commedia*, de Dante Alighieri: "No meio do caminho desta vida/me vi perdido numa selva escura,/solitário, sem sol e sem saída.//Ah, como armar no ar uma figura/desta selva selvagem, dura, forte,/que, só de eu a pensar, me desfigura?" (Ver CAMPOS. *Invenção: de Arnaut e Raimbaut a Dante e Cavalcanti*, p. 193).

[12] Em São Paulo, o prelo de Pocai & Cia. encarregou-se da edição paga pelo autor.

[13] Ver MARQUES. Restituir *Obra imatura*.

sua estreia de 1917, ao abrigá-la no volume *Obra imatura*, o primeiro em suas Obras Completas, pela Livraria Martins Editora.

Há uma gota de sangue em cada poema surpreende porque achega Sobral a traços renovadores da Abadia, do unanimismo, de Francis Jammes e notadamente de António Nobre, nas imagens e metáforas decalcadas na liturgia católica.[14] Porque, sem se distanciar do parnasianismo de modo talhante, atreve-se nas sinestesias, nas orações curtas, algumas telegráficas, na onomatopeia e no *enjambement* com letra minúscula inicial. E porque avança na direção de uma pontuação renovadora, na qual as reticências ensaiam o verso harmônico a ser teorizado em *Pauliceia desvairada*, com o aporte de outras fontes. Hoje, essa minha asserção se sabe enriquecida, e de modo indubitável, pela tese de doutoramento de Lígia Rivello Baranda Kimori, *"Sou passadista, confesso": Mário de Andrade leitor dos parnasianos brasileiros e franceses*. Em dois volumes – o ensaio nomeando a tese e, na recolha do material da pesquisa, *Os livros parnasianos brasileiros e franceses na biblioteca de Mário de Andrade: títulos e marginália* –, a pesquisadora analisa e interpreta o que obteve no registro e na classificação do diálogo intertextual do leitor crítico e poeta com as obras, diálogo maioritariamente a grafite, nas margens e em outros espaços em branco das páginas por ele palmeadas. A pesquisa de Lígia Kimori ilumina a talvez primeira fonte do uso recorrente das reticências nos versos de Mário Sobral, que deixam aberto o sentido, sonora e graficamente, antecedendo o verso harmônico. O lápis de Mário frisa essa lição do passado ou a apropriação subjacente em *Apotheoses*, de Hermes Fontes (2. ed., 1915),[15] e Alberto de Oliveira, *Poesias* (Terceira série, 1913), editados pela Livraria Francisco Alves, e em mais títulos. No poema "As ondas", à p. 155 de *Apotheoses*, o jovem estudioso sublinha o verbo do oitavo verso, ao qual a onomatopeia "'…ão…!'" outorga plenitude ao sentido da metáfora; ao sofrimento intenso, canino:

---

[14] LOPEZ. Uma estreia retomada; LOPEZ. A estreia poética de Mário de Andrade.

[15] Cabe lembrar, escudando-me na pesquisa de Lígia Kimori, que *Apotheoses*, de Hermes Fontes (2. ed. Rio de Janeiro: Livraria Francisco Alves, 1915), fez parte do conjunto de livros doados por Mário de Andrade à Biblioteca Pública de Araraquara, quando da organização desta, em 194[?].

> E o Mar é eterno... e enfeixa em suas notas graves
> bocas sem pão, que estão lamentando-se, em vão...
>
> E as ondas vêm e vão *cainnando* às praias: '...ão!...'[16]

A onomatopeia de Hermes Fontes e as reticências ressurgem no poema do pacifista de 1917 "Inverno", no qual a dor, o desamparo são projetados na paisagem ominosa, com ironia:

> O vento reza um cantochão...
> Meio-dia. Um crepúsculo indeciso
> Gira, desde manhã, na paisagem funesta...
> De noite tempestuou
> Chuva de neve e granizo...
> Agora, calma e paz. Somente o vento
> Continua com seu oou...[17]

Primeiros losangos

Em 1922, a capa de *Pauliceia desvairada*, nos losangos que também lhe concedem uma brasileira geometria nesse traje de arlequim, recorta novas dimensões no personagem da *commedia dell'arte*. Ao centralizar o singelo cartão branco votado a autor e título, a capa costura elementos do presente e do passado, oriundos de um crivo crítico que, na força de uma criação atualíssima, ultrapassa, na poesia brasileira do século XX, um assunto inspirado no teatro das praças da Itália dos séculos XVI, XVII e XVIII, ou nas fantasias costumeiras nos carnavais em São Paulo e no Rio, nos quais Arlequim, Pierrô e Colombina, foliões e máscaras, reiteram esses perenes personagens.[18] Teatro plebeu, Goldoni, seduzido, franqueara-lhe o

---

[16] FONTES. As ondas, p. 155.

[17] ANDRADE. Inverno, p. 38.

[18] Vale lembrar que a morte do pai de Mário de Andrade ocorre em 15 de fevereiro de 1917, antecedendo o Carnaval; no quarto do filho, fica pendurada a fantasia de Pierrô, em cetim cor de alface.

espaço da elite; ao se distanciar do seu meio, fixara-se na literatura, nas demais artes cultas e no carnaval dos salões na Europa e na América, prolongando-se em recriações, com menor ou maior liberdade. Na poesia brasileira do pré-modernismo, em *Carnaval*, 1919, Manuel Bandeira liga-se aos crepusculares italianos; ironiza Pierrot, Colombina e Arlequim, mesmo sem abandonar o comportamento tradicional do trio e preferindo o Arlequim. Em 1920, tem lugar a aposta entre Menotti del Picchia e Martins Fontes para a produção de uma obra que retomasse o triângulo amoroso. Menotti escreve *As máscaras*, em que, em uma perspectiva decadentista, Arlequim, sarcástico, padece o mal do amor. *As máscaras* fazem grande sucesso, justificando, no mesmo 1922 da primeira edição, a tiragem de luxo. Paim Vieira, o ilustrador, secciona o traje do Arlequim, aplicando losangos nas divisões da obra. Quanto a Martins Fontes, sua *Arlequinada* hesita entre o parnasianismo de má construção e um modernismo que apalpa sem conhecer, provocando as mais severas censuras de Mário de Andrade.

Trata-se realmente de moda: Di Cavalcanti estampara em *Panóplia*, 1918, uma *Arlequinada* e, em 1920, no tateante modernismo paulistano, Ferrignac (Inácio da Costa Ferreira), preocupado, aliás, em dar a seus quadros títulos alusivos às vanguardas europeias, dedica-se a arlequins e colombinas. Nesse ano, no primeiro número de *Papel e Tinta*, revista de anseio modernizante, Ferrignac (que a crítica aproxima à ilustração de Di Cavalcanti) delineia "Carnavalada", de Guilherme de Almeida. Na esteira de certas soluções do cubismo, mas aterrizando no "*art-nouveau*", o Arlequim abre a cortina para o poema francamente decadentista, frisando-lhe a dimensão de passado e a melancolia.

Na biblioteca do poeta de *Pauliceia desvairada*, na casa da Barra Funda, a classificação, por ele instituída em 1921, matricula *Les deux pierrots ou le souper blanc*, de Edmond Rostand, de 1890. A peça, um opúsculo improvisado com as páginas 459-486 arrancadas do n. 70 de novembro, 1910, número "noel" do magazine *Je Sais tout*, insinua-se como matéria de memória do admissível primeiro encontro de Mário de Andrade com a transgressão do enredo tradicional e como herança do pai, Carlos Augusto de Andrade.[19] Não afiança a leitura naquele ano, mas o culto do teatro, na década de 1910, em uma família cujo chefe escrevia e encenava peças na própria residência, no largo do Paiçandu.[20] Gracioso e irreverente, o texto de Rostand desenrola, com ilustrações de Manuel Orazi, o conflito de dois Pierrôs vestidos de branco – o usual, macambúzio, choroso, e o risonho e matreiro, quase um Arlequim. Disputam o amor da Colombina colorida e brejeira que escolhe o segundo, no desenlace.

Rostant, todavia, não infunde modificação radical à *commedia dell'arte*, cujos personagens e enredos vão e vêm sem grandes abalos; não comunga a virada de 1884, na série de 50 pequenos poemas do belga Albert Giraud, *Pierrot lunaire: rondels bergamasques*.[21] Giraud aparta-se do simbolismo e da etérea lua branca de Verlaine quando reúne, no espaço sideral, Pierrô, Colombina e Arlequim à Lua no feitio de uma tuberculosa, de omelete ou lavadeira. Zoa o comportamento tradicional do trio. Torna-se um dadaísta *avant la lettre*, contestador bem ao gosto do compositor moderno Arnold Schönberg, cuja transposição de 21 dos poemas nos *Lieder des Pierrot Lunaire*, traduzidos por Otto Erich Hartleben, vinca a vanguarda em 1912, atendo-se ao Pierrô. Está aí o passado rejuvenescido! Mas que não chega, nesse 1912, ao jovem Mário de Andrade, aluno do Conservatório que está entre os fundadores da Sociedade de Cultura Artística

---

[19] No sistema de etiquetas desenvolvido por Mário para organizar os títulos em suas estantes, na casa na Rua Lopes Chaves, 546, a E/I/f/266 encaixava a peça de Rostand como o n. 266, na prateira f da estante I da sala E (hol do andar superior). Ver ROSTAND, Edmond. *Les deux Pierrots ou le souper blanc*. Lever de rideau inédit en vers d'Edmond Rostand. Illustrations de Manuel Orazi, em *Je Sais Tout*, Paris, ano 6, n. 70, p. 459-486, 15 nov. 1910, extraídas do magazine editado por Pierre Lafitte & C., *Je Sais Tout*, mencionado esse título como de "noel", o que norteou sua classificação na biblioteca de Mário de Andrade, no acervo do escritor, no IEB-USP. A referência completa da peça localiza-se na nota 14 de DEGOTT. Le Comique en vers chez Rostand: le sous-rire du lecteur.

[20] Carlos Augusto de Andrade foi sócio do Teatro São Paulo

[21] O rondel é uma composição poética de origem francesa; formada por duas quadras e uma quintilha, em versos de oito sílabas, possui apenas duas rimas.

e não falta aos concertos na cidade, avesso a experimentações. Mesmo assim, põem-se nas mãos dele, mas com atraso, os *Lieder des Pierrot Lunaire*, no programa da primeira apresentação a 16 de outubro, 1912, impresso pelo Konzert-Bureau Emil Gutmann, de Berlim.[22] Supõe-se, então, que o Arlequim de Giraud, solar e safado, portador de um arco-íris de sedas, coleante serpente, personagem excluído dos *Lieder*, não tenha granjeado o olhar do poeta paulista, mas que esse "meditar" moderno sobre a *commedia dell'arte* na poesia e na música tenha lhe sugerido novas trilhas, quebrando a tradição. No arquivo de Mário, o opúsculo ajusta-se, como em um *puzzle*, ao programa do III Congresso da Internationalen Musikgesellschaft de Viena, entre 25 e 29 de maio em 1909, em que, na fotografia dos participantes, a assinatura a tinta preta – "G[uido] Adler", aponta o musicólogo especialista em Wagner. Opúsculo e foto levam a "Teutos mas músicos", crônica n'*O Estado de S. Paulo*, na qual, no último dia de 1939, Mário de Andrade evoca seus estudos do idioma alemão, nascidos do intento de se familiarizar com uma arte e uma cultura que contrabalançassem o "exagerado francesismo" da própria formação,[23] incrementando talvez seu aprendizado da música erudita germânica no Conservatório Dramático e Musical – Bach, Mozart, Beethoven, Wagner. O cronista não desvela o nome da primeira professora, a "musicalíssima senhora" wagneriana que documentos, na biblioteca e no arquivo do escritor modernista, trazem à tona – Else Schöler-Eggebert.

Essa lembrança, em "Teutos mas músicos", puxa a pesquisa de datas em documentos correlatos. A primeira é 21 de fevereiro, 1916,

---

[22] Opúsculo classificado na biblioteca de Mário de Andrade, no IEB-USP. As informações sobre a data e a sala – a Choralion Saal, na capital alemã –, inexistentes no opúsculo, estão hoje universalmente acessíveis na classificação da Ernst Henschel Collection: Berlin: Choralion Saal (1908-1917): "[16 October 1912]: Schönberg, *Lieder des Pierrot Lunaire* (first performance) (box 7/ii)".

[23] ANDRADE. Teutos mas músicos. Crônica em *O Estado de S. Paulo*, São Paulo, 31 dez. 1939. As datas no texto de 1939 não correspondem à realidade dos fatos, conforme o relato dos documentos.

quando Mário de Andrade, congregado mariano e irmão da Ordem Terceira do Carmo, endereça, ao vigário-geral do Arcebispado de São Paulo, petição para acesso aos "livros interditos pelo Santo Ofício".[24] A solicitação, prudentemente engavetada, arrola "*Madame Bovary, Salammbo, Reisebilder* e *Neue Gedichte* de Heine, *Oeuvres* de Balzac, Maeterlinck e o *Grand Dictionnaire Larousse*". O requerente tem 23 anos; em 1911 havia comparecido, como ouvinte, às preleções, no Mosteiro de São Bento, do primeiro ano da Faculdade de Filosofia e Letras de São Paulo, agregada à Universidade de Louvain, na Bélgica. Na classe do Monsenhor Charles Sentroul,[25] percorrera o verso livre, simbolistas e unanimistas da França e da Bélgica. Em 1913, guardara um folheto ilustrado da primeira exposição do pintor russo Lasar Segall em São Paulo. No dia da abertura, 1º de março, *O Estado de S. Paulo* sublinhara a "técnica moderna e às vezes ousada" que manifestava, todavia, uma "verdadeira alma de artista".[26] O folheto acende esta pergunta de ordem biográfica: teria a exposição descerrado para Mário de Andrade a perspectiva alemã no plano da arte e da cultura europeia?

Em 1916, cruzam-se então as duas vertentes, alemã e francesa? É plausível. Entrementes, deve-se focalizar, olhos postos no ano do requerimento e nas duas obras pleiteadas, as aulas de alemão com Else Schöler-Eggebert, que responde à admiração do aluno por Heine; que com ele palmilha a poesia do romantismo, a poesia e a ficção contemporâneas, bem como a "uma vastíssima literatura musical moderna,

---

[24] Requerimento na série Documentação Pessoal, no Arquivo Mário de Andrade, no IEB-USP, no qual Mário não grafou o substantivo "*Gedichte*" (poesia) com maiúscula inicial, conforme a regra gramatical alemã.

[25] Charles Sentroul (1876-1933), sacerdote belga e professor de Filosofia e Literatura na Faculdade de Filosofia, Ciências no Mosteiro de São Bento, entre 1908 e 1916.

[26] O folheto pertence à biblioteca de Mário de Andrade, em seu acervo, no IEB-USP. A data e a citação, tirada da notícia, vêm da substanciosa pesquisa de Vera Beatriz Siqueira (UERJ), "Um outro moderno? As exposições de Segall, Malfatti e Goeldi no início do modernismo brasileiro", apresentada no 17º Encontro Nacional da ANPAP, em 2008.

só alemães e russos, e alguns espanhóis".[27] Conta-lhe de Schönberg? Entre 1916 – presume-se – e julho de 1921, quando regressa à Alemanha, a professora de alemão, inglês e francês, cujo cartão exibe o endereço da Livraria Transatlântica, teria lecionado ao frequentador dessa loja importadora.[28] Sua pedagogia, baseada em leituras de interesse pessoal do estudante e tradução, concretiza-se num caderninho em que, a lápis, Mário dispõe em coluna palavras ou segmentos de frases no idioma alemão, passando-os para o francês, na sequência de um texto não identificado.[29] E no livro de Emil Otto, *The German Reader: 3rd. part: Selected German Comedies* (Heidelberg: Julius Groos, 1878), com vocabulário traduzido e marginália no exemplar. Tomando-se 1916 como possível baliza do leitor, a instrução espalha-se nas incontáveis traduções de palavras ou trechos nas obras de teor literário, estético e musical em edições a partir desse ano, nas estantes do polígrafo brasileiro. Heine, a leitura almejada, conserva-se em tiragens bem mais antigas, em gótico, transferidas quiçá da biblioteca de Frau Schöler. São elas: *Gedichte*, da Verlag des Volksbildungsvereins de Wiesbaden, 1909, volume da Deutsche Bibliothek, e *Heines Buch der Lieder*, sem data, mas, ao que tudo indica, do final do século XIX. Nas *Gedichte*, onde se acham os *Reisebilder*, há poucas notas do lápis de Mário: traduzem palavras no quarto *Lied*.[30] Em Heine, matriz entre

---

[27] ANDRADE. Teutos mas músicos. "Teutos mas músicos" refere-se ao empréstimo de "uma vastíssima literatura musical moderna, só alemães e russos, e alguns espanhóis". Nessa época, conforme estuda Flávia Toni, Mário conhece e anota obras de Adler, Riemann, Ferruccio Busoni e Hermann Deiters.

[28] LOPEZ. Fragmentos de um diálogo: Mário de Andrade e a cultura alemã. O cartão, integrado à correspondência passiva de Mário de Andrade, propaga: "Aulas de allemão, inglez e francez/cursos primários em portuguez/Sra. Else Schöler Eggebert/Professora diplomada/Alameda Rocha Azevedo, 23/Teleph. Central 1416/(Livraria Transatlântica)/S. Paulo". Muito pouco se conhece sobre Frau Schöler; a oferta de aulas em português sugere sua permanência, com o marido, há algum tempo na capital paulista, tendo fugido da Primeira Guerra.

[29] Documento no arquivo de Mário de Andrade, no IEB-USP.

[30] Título na coleção Wiesbadener Volksbücher, n. 126; as notas no exemplar de Mário estão na parte II, "Lieder", às p. 32-32.

as mais recuadas e as mais determinantes não apenas da poesia, como também de toda a produção mariodeandradeana, emerge a exploração da criação popular no propósito estético e ideológico de afirmar o país de origem na esfera erudita, assim como a solidariedade aos deserdados da fortuna e a condenação do capital.[31]

A observação de documentos engasta Else Schöler na literatura, na música, na estética e artes plásticas, no ensinamento de um passado distinto e na eclosão do contemporâneo – romantismo e expressionismo literário; Bach, Wagner e Hindemith; o gótico Grünewald, os pintores e escultores expressionistas da Alemanha e da Áustria. Planta esta hipótese: Mário de Andrade, na exposição de Anita Malfatti, em dezembro de 1917, simplesmente se reassegura perante o expressionismo. A gargalhada que lhe explode na sala (faz parte da história do modernismo) é possível que tenha refletido júbilo, não o escárnio e a incompreensão que cercaram a inusitada mostra, em São Paulo. Essa hipótese advém das suas repetidas assinaturas no registro dos visitantes. A crítica Marta Rossetti Batista pontua que a duradoura amizade da pintora com o poeta estreita-se no reencontro, durante a segunda exposição de Anita, em novembro de 1920, solda-se no ano seguinte, durante a propaganda modernista; a correspondência de ambos se inicia no mês de dezembro de 1921.[32]

---

[31] Aliás, nesse ideário, que enlaça também António Nobre, expoente do simbolismo português, sobrevive igualmente o diálogo da criação de Mário com os poemas de *Só*, no exemplar na terceira edição ilustrada, de 1913, diálogo virtual ou patenteado nas marcas a lápis, cingindo motivos e soluções formais (Paris; Lisboa: Livrarias Aillaud e Bertrand; Rio de Janeiro; São Paulo; Belo Horizonte, 1913).

[32] A grande estudiosa de Anita Malfatti destaca: "O início da correspondência parece confirmar mais uma vez que a amizade entre eles se firmou a partir de 1921, época da arregimentação do grupo modernista, e não após a polêmica exposição individual de AM, em dezembro de 1917, quando os dois se conheceram. MA reencontrara AM na individual de novembro de 1920 e, finalmente, escrevera sua primeira crítica à obra da artista no *Jornal dos Debates*, em 5 de outubro, 1921" (Ver BATISTA (org.). *Correspondência Mário de Andrade & Anita Malfatti*, no prelo).

Dentre as leituras do expressionismo, realizadas junto a Else, desaguam na escritura de *Pauliceia desvairada*, em 1920-1922, por exemplo, *Timur*, de Edschmid, e *Göttinnen*, de Heinrich Mann, 1916; desse último, *Kaiserreich: Die Armen*, em 1917;[33] *Weltende*, de Van Hoddis, 1918, e, em 1920, a coletânea de Kurt Pintus, *Menschheitsdämmerung: Symphonie Jüngster Dichtung*, matriz de vários poemas no livro do modernista brasileiro de 1922. Entre os periódicos, em 1919, os números de abril e maio – este ilustrado por Lasar Segall – da revista de Dresden, *Neue Blätter für Kunst und Dichtung*,[34] ao lado da *Deutsche Kunst und Dekoration*, de Darmstadt, mensário no horizonte do *déco-art* e do expressionismo que propala pinturas, esculturas, fotografias; que acolhe textos teóricos, o *design* e trabalhos

---

[33] O ano 1917, na edição de Heinrich Mann, *Die Armen* (Leipzig: Kurt Wolff Verlag), não significa a data da leitura que emerge da ligação de uma carta de Mário com a sua marginália. A carta a Manuel Bandeira relata, em 31 de maio de [1925], o nascimento do poema "Sambinha" (*Clã do jabuti*): "Dia 13 de maio, no bonde, escrevi este poema num livro de Heinrich Mann que estava lendo. Veio de repente por causa de duas meninas que passaram enquanto eu estava esperando o bonde. Não é engraçado? Não foi 13 de maio não, foi num feriado de abril, creio que 21, eu ia no concerto da Sinfônica, me lembro muito bem" (ver MORAES. *Correspondência Mário de Andrade & Manuel Bandeira*, p. 213). O organizador da correspondência dos dois poetas informa que o ano 1925 advém da menção do missivista à máquina de escrever, a Remington Manuela, cuja aquisição é narrada ao amigo em 18 de abril de 1925. Acrescenta que Bandeira, na sua edição das cartas recebidas (Rio de Janeiro: Simões, 1958, p. 81), identifica o texto no rodapé: "Sambinha". E que o poema, ainda sem título, está esboçado a grafite nas p. 162-163 do exemplar do romance de Heinrich Mann, *Die Armen* (Leipzig: Kurt Wolff Verlag, 1917), na biblioteca do escritor. Vale comentar: as costureirinhas, que figuram em "Sambinha", aproximam os pobres do expressionista alemão a suas predecessoras em *Pauliceia desvairada*, irmãs das *midinettes* de Baudelaire.

[34] Devo essa informação à tese de doutoramento de Rosângela Asche de Paula, bolsista da Fundação de Amparo à Pesquisa do Estado de São Paulo (Fapesp), por mim orientada, *O expressionismo na biblioteca de Mário de Andrade: da leitura à criação*, defendida em 2007, no Programa de Pós-Graduação em Literatura Brasileira da Faculdade de Filosofia, Letras e Ciências Humanas da Universidade de São Paulo (FFLCH-USP).

manuais.³⁵ No único número de 1919, na coleção sequenciada até 1930, a tradução a grafite sobreposta a palavras do artigo de Eugen Styx, "Moritz Meltzer im Bekenntnis zur Kunst", elucida a incursão do poeta estudioso na estética do expressionismo e na questão do compromisso daquele artista.³⁶ Em 1920, no n. 5, de fevereiro, Mário de Andrade confronta-se com "Natur und Expressionismus", cogitações de Worringer sobre o "belo" na precariedade da moda e a diferença entre arte e natureza, cada qual regida pelas próprias leis.³⁷ Nesse número da revista alinham-se, ainda, pesquisas sobre a deformação da natureza em artistas do passado vinculadas a uma leitura contemporânea, e sobre as conquistas da arte dos primitivos quanto à percepção do espaço, na abstração, já assimiladas pelos cubistas. Alguns dos artistas ali destacados percutem no "Prefácio interessantíssimo" (Rodin, por exemplo), quando o leitor cuida da diferença entre o "belo" da arte e o "belo" da natureza e da lição do passado. Na mesma revista alemã, o leitor capta, na temática social, as contradições candentes, a angústia, o sofrimento dos deserdados da fortuna, bem como as cenas do submundo nas telas de Munch, Eugene Zak, Seewald etc. Traduções de palavras e trechos sinalizados resultam da leitura que, suspeita-se, combina-se a momentos de atenção à poesia de Baudelaire, aspecto não estudado agora.

Em 1920, conjectura-se que dois textos teóricos, "Der Quell der Kunst", de H. Ritter, e "Die Kunst und ihre Publikum", de Karl Heckel ("A fonte da arte" e "A arte e seu público"), teriam se distinguido para o poeta leitor na *Deutsch Kunst und Dekoration*, ambos ilustrados com arlequins.³⁸ No primeiro, quatro homens posam de

---

³⁵ Mário de Andrade possui a sequência completa dos números entre 1920 e 1929, somado o número único dos anos 1919 e 1930, da revista que saiu em Darmstadt entre 1897 e 1935.

³⁶ Ver o artigo de Styx, "O compromisso de Moritz Meltzer com a arte", na *Deutsche Kunst und Dekoration* (Darmstadt, v. 22, n. 12, p. 281-286, Sept. 1919).

³⁷ WORRINGER. Natur und Expressionismus.

³⁸ RITTER. Die Kunst und ihr Publikum; e HECKEL. Der Quell der Kunst, na revista de Darmstad, *Deutsche Kunst und Dekoration*, v. 23, n. 6, p. 361-362, März 1920, e n. 7-8, p. 62-63, Apr.-Maio 1920, respectivamente.

arlequim, descontraídos, na fotografia "Máscaras para a festa dos artistas", cotejando a ideia desenvolvida no artigo: o conhecimento na arte. Karl Heckel postula que Eros e Vontade não são suficientes para a produção de uma obra de arte, pois o "resultado criativo" depende da síntese entre o sentimento e a vontade, a vontade criadora, fonte do trabalho artístico, localizada no inconsciente, onde se aloja a intuição. H. Ritter constata, como feição do modernismo, a existência de uma luta aberta entre o artista e o público hostil, novas proposições. Ao artista, então, competiria agir como um verdadeiro revolucionário, tenaz na desmistificação das ilusões do leigo. A foto do arlequim esguio, manequim de vitrine, andrógino, moldado à Modigliani pela artista bonequeira Lotte Pritzel, secunda Ritter.

Quantos losangos fazem uma *Pauliceia desvairada*?

Outros losangos filtram outros arlequins renovadores e impõem ocorrências adjacentes na montagem dessa obra cheia de facetas em movimento, transfigurando, no verso harmônico e na polifonia poética, a pulsação, a multiplicidade e as contradições do presente em São Paulo, cidade brasileira que se divisa moderna e cosmopolita pela industrialização. Esses são os que enfeixo nesta homenagem a Eneida Maria de Souza, crítica iluminada, pesquisadora generosa e mulher que sabia vestir sedas.

Referências

ANDRADE, Carlos Drummond de; ANDRADE, Mário de. *Carlos & Mário*: *correspondência de Carlos Drummond de Andrade e Mário de Andrade*. Organização de Lélia Coelho Frota. Apresentação e notas às cartas de Carlos Drummond de Andrade de Silviano Santiago. Rio de Janeiro: Bem-Te-Vi Produções Literárias, 2002.

ANDRADE, Mário de. Inverno. In: *Há uma gota de sangue em cada poema*. In: *Obra imatura*. Estabelecimento do texto de Aline Nogueira Marques. Edição coordenada por Telê Ancona Lopez. Rio de Janeiro: Agir, 2009. p. 38.

ANDRADE, Mário de. *Poesias completas*. Rio de Janeiro: Nova Fronteira, 2013.

ANDRADE, Mário de. Teutos mas músicos. In: *Música, doce música*. São Paulo: Martins, 1963. p. 314-318. (Obras Completas, VII).

BATISTA, Marta Rossetti (org.). *Correspondência Mário de Andrade & Anita Malfatti*. São Paulo: IEB/Edusp. No prelo.

CAMPOS, Augusto de. *Invenção: de Arnaut e Raimbaut a Dante e Cavalcanti*. São Paulo: Arx, 2003.

DEGOTT, Bertrand. Le Comique en vers chez Rostand: le sous-rire du lecteur. *Études Françaises*, v. 51, n. 3, Montréal: Les Presses de l'Université de Montréal, p. 77-97, 2015. Disponível em: https://doi.org/10.7202/1034132ar. Acesso em: 5 maio 2023.

FONSECA, Maria Augusta. Ensaio de leitura sobre dois poemas de *Pauliceia desvairada*. In: *Por que ler Mário de Andrade*. São Paulo: Globo, 2013. p. 123-124.

FONTES, Hermes. As ondas. In: *Apotheoses*. 2. ed. Rio de Janeiro: Livraria Francisco Alves, 1915.

HECKEL, Karl. Der Quell der Kunst. *Deutsche Kunst und Dekoration*, Darmstad, v. 23, n. 7-8, p. 62-63, Apr.-Mai 1920.

KIMORI, Lígia Rivello Baranda. *"Sou passadista, confesso": Mário de Andrade leitor dos parnasianos brasileiros e franceses*. 2019. 790 f. 2 v. Tese (Doutorado em Literatura Brasileira) – Faculdade de Filosofia, Letras e Ciências Humanas, Universidade de São Paulo, São Paulo, 2019. Orientadora: Telê Ancona Lopez.

LOPEZ, Telê Ancona. A biblioteca de Mário de Andrade, seara e celeiro da criação. In: ZULAR, Roberto (org.). *Criação em processo: Ensaios de crítica genética*. São Paulo: luminuras/Fapesp, 2002, p. 45-72.

LOPEZ, Telê Ancona. A estréia poética de Mário de Andrade. *O Estado de S. Paulo*, São Paulo, 23 maio 1971. Suplemento Literário.

LOPEZ, Telê Ancona. Fragmentos de um diálogo: Mário de Andrade e a cultura alemã. *Manuscrítica: Revista de Crítica Genética*, São Paulo, n. 15, 2007.

LOPEZ, Telê Porto Ancona. *Mario de Andrade: entrevistas e depoimentos*. São Paulo: T.A. Queiroz, 1983.

LOPEZ, Telê Ancona. Riqueza de pobre. *In*: SCHWARZ, Roberto (org.). *Os pobres na literatura brasileira*. São Paulo, Brasiliense, 1983. p. 123-128.

LOPEZ, Telê Ancona. Uma estreia retomada. *In*: ANDRADE, Mário de. *Obra imatura*. Estabelecimento do texto de Aline Nogueira Marques. Edição coordenada por Telê Ancona Lopez. Rio de Janeiro: Agir, 2009. p. 63-78.

MARQUES, Aline Nogueira. Restituir *Obra imatura*. *In*: ANDRADE, Mário de. *Obra imatura*. Estabelecimento do texto de Aline Nogueira Marques. Edição coordenada por Telê Ancona Lopez. Rio de Janeiro: Agir, 2009. p. 11-25.

MORAES, Marcos Antonio de (org.). *Correspondência Mário de Andrade & Manuel Bandeira*. São Paulo: IEB/ Edusp, 2001.

PAULA, Rosângela Asche de. *O expressionismo na biblioteca de Mário de Andrade: da leitura à criação*. 2007. 171 f. Tese (Doutorado em Literatura Brasileira) – Faculdade de Filosofia, Letras e Ciências Humanas, Universidade de São Paulo, São Paulo, 2007. Orientadora: Telê Ancona Lopez.

RITTER, Heinrich. Die Kunst und ihr Publikum. *Deutsche Kunst und Dekoration*, Darmstad, v. 23, n. 6, p. 361-362, März 1920.

SIQUEIRA, Vera Beatriz. Um outro moderno? As exposições de Segall, Malfatti e Goeldi no início do modernismo brasileiro. *In*: ENCONTRO NACIONAL DA ANPAP: PANORAMA DA PESQUISA EM ARTES VISUAIS, 17., 2008, Florianópolis. *Anais…* Florianópolis: UDESC, 2008. v. 1. p. 15-26.

STERZI, Eduardo. O trovador. *In*: FONSECA, Maria Augusta; ANTELO, Raul. *Lirismo + crítica+ arte = poesia (Um século de* Pauliceia desvairada*)*. São Paulo: Sesc, 2022. p. 103-116.

STYX, Eugen. Moritz Meltzer im Bekenntnis zur Kunst. *Deutsche Kunst und Dekoration*, Darmstadt, v. 22, n. 12, p. 281-286, Sept. 1919.

WORRINGER, Wilhelm. Natur und Expressionismus. *Deutsch Kunst und Dekoration*, Darmstadt, v. 23, n. 5, Feb. 1920.

DEDICATÓRIAS

A paixão segundo Pedro Nava

André Botelho

– *Nada menos de duas almas. Cada criatura humana traz duas almas consigo: uma que olha de dentro para fora, outra que olha de fora para dentro... A alma exterior pode ser um espírito, um fluído, um homem, muitos homens, um objeto, uma operação.*
Machado de Assis.
O espelho (esboço de uma nova teoria da alma humana).

O vidro me manda a cara espessa dum velho onde já não descubro o longo pescoço do adolescente e do moço que fui, nem seus cabelos tão densos que pareciam dois fios nascidos de cada bulbo. Castanho. Meu velho moreno corado. A beiçalhada sadia. Nunca fui bonito mas tinha olhos alegres e ria mostrando dentes dum marfim admirável. Hoje o pescoço encurtou, como se massa dos ombros tivesse subido por ele, como cheia em torno de pilastra de ponte. Cabelos brancos tão rarefeitos que o crânio aparece dentro da transparência que eles fazem. E afinaram. Meu moreno ficou fosco e baço. Olhos avermelhados, escleróticas sujas. Sua expressão dentro do empapuçamento e sob o cenho fechado é de tristeza e tem um quê da máscara de choro do teatro. As sobrancelhas continuam escuras e isso me gratifica porque penso no que a sabedoria popular conota à conservação dessa pigmentação. Antes fosse. São duas sarças espessas que quando deixo de tesourar esticam-se em linha demoníaca. Par de sulcos fundos saem dos lados das ventas arreganhadas e seguem com as bochechas caídas até o contorno da cara. A boca também despenhou e tem mais ou menos a forma de um V muito aberto. Dolorosamente encaro o velho que tomou conta de mim e vejo que ele foi configurado à custa de uma espécie de desbarrancamento, avalanche, desmonte – queda dos traços e das partes moles deslizando sobre o esqueleto permanente. Erosão.
Pedro Nava

Retratista primoroso, experimentador das artes plásticas, uma das vocações da juventude que tanto concorreu para o tipo de narrador em que se transformaria na maturidade, Pedro Nava deixou imagens marcantes dos seus familiares, amigos, companheiros de geração ou simplesmente conhecidos.[1] Como esquecer Nhá Luiza, sua avó materna, que domina a cena em *Balão cativo* (1973), ou os muitos retratos dos colegas e professores do colégio e internato Pedro II, no Rio de Janeiro, em *Chão de ferro* (1976), ou os companheiros da juventude modernista em Belo Horizonte, em *Beira-mar* (1978)?

Pedro Nava foi mais contido, porém, em relação a si mesmo, do que é notável exceção esse impressionante autorretrato feito no quinto volume das suas *Memórias*, *Galo-das-trevas*. Surpreendido no espelho indiscreto do banheiro no meio de mais uma madrugada insone no apartamento da Rua da Glória, Rio de Janeiro, quando se punha a escrever suas memórias, o retratista mostra-se extremamente corajoso, ainda que irônico, e mesmo algo impiedoso, consigo mesmo. Não apenas porque se deixa surpreender sem rebuço pelo trabalho do tempo, mas, sobretudo, porque parece fazer recair sobre si a dúvida em relação ao esforço a que vinha se dedicando na escritura das suas *Memórias*: a busca do tempo perdido.

Terá sentido esse esforço? Difícil responder. Mas é justamente esse o espaço da liberdade da literatura em que Pedro Nava soube se mover tão bem, lutando, como memorialista, contra a morte e o esquecimento, para ao mesmo tempo esquecer e fazer esquecer, e não apenas lembrar. Esquecimento: esse segredo da memória. Ademais, o acesso a um mundo perdido implicará sempre certo anacronismo, posto que a busca do tempo é realizada no presente (da escritura) e somente a partir dele.[2] Anacronismo gostosamente consciente em Nava, aliás, que não hesita em suspender a narrativa para expor ao leitor essa espécie de engrenagens procedimentais e metanarrativas imprescindíveis a toda a engenharia textual, por assim dizer, na recuperação e recriação do passado. Como nessa passagem de *Galo-das-trevas*:

---

[1] SOUZA. Nava se desenha; SOUZA. A morte na Glória.

[2] NAGEL; WOOD. *Anachronic Renaissance*.

> Sem saber como, em vez de retomar estas memórias onde as tinha deixado, ou seja, na última linha do *Beira-mar* – neste capítulo de meu quinto volume, procedi a verdadeira subversão do tempo e aqui estou falando de velho, nestes idos de 1978. Faz mal não. Tem ocasião de voltar, retomar o fio da meada. Agora continuemos um pouco na minha época atual – porque o sucedido nela vai governar muito o modo de retomar contar o pretérito.[3]

São cenas de escrituras, nas quais o narrador se coloca deliberadamente sob o foco da atenção do leitor, momentos muito especiais da narrativa que condensam elementos biográficos, históricos, estéticos e conceituais extremamente significativos e relevantes para a compreensão das *Memórias*, de Pedro Nava, como um todo, como tão bem indicou Eneida Maria de Souza em notável ensaio: "A morte na Glória", de 2004. O que torna o autorretrato de Pedro Nava com que abrimos nosso estudo ainda mais interessante e seu papel especificamente em *Galo-das-trevas* ainda mais importante é o fato de, ao menos por um momento, não termos segurança sobre de quem é o autorretrato: se do autor Pedro Nava em-carne-e-osso, por assim dizer, ou se do narrador das *Memórias* que dá vida, literária. A criação do narrador das *Memórias* é um dos seus elementos estéticos mais complexos e marcantes, e talvez não seja mero acaso que justo nesse volume, após deixar-se entrever em seu próprio processo de envelhecimento, colocando em risco com isso o equilíbrio sempre tão delicado da dualidade autor/narrador, a narração passe a se dar por meio de um narrador em terceira pessoa, e não mais em primeira pessoa, como nos quatro primeiros volumes.

Os finais

Galo-das-trevas e *O círio perfeito* são os livros da maturidade nos quais são contadas as experiências profissionais de Nava. Ambos os volumes seguem uma organização próxima entre si, mas diferente dos volumes anteriores. Em *Galo-das-trevas*, temos duas partes: "Negro", contendo um único capítulo, "Jardim da Glória à beira-mar plantado",

---

[3] NAVA. *Galo das trevas*, p. 111.

em que se verifica uma narrativa altamente reflexiva sobre a própria prática memorialística de Pedro Nava, com passagens notáveis sobre seu trabalho noites adentro no apartamento da Glória; e "O branco e o marrom", com os capítulos "Santo Antonio do Desterro", contando seus primeiros tempos de atividade profissional na sua Juiz de Fora natal, e "Belorizonte belo", com a narrativa de sua atividade profissional na capital mineira.

O círio perfeito, o último volume publicado em vida, dá continuidade à narrativa de sua vida profissional, contando as atividades desenvolvidas novamente em Belo Horizonte, no capítulo novamente intitulado "Belorizonte belo", como o último do volume anterior; no interior de São Paulo, em "Oeste paulista"; e, enfim, no Rio de Janeiro, cidade onde Pedro Nava se estabeleceu profissional e afetivamente de modo definitivo, em "Campo de Santana". Todo o volume é enfeixado pela expressão "O branco e o marrom", que já dava título à segunda parte do volume anterior. Trata-se de metáfora utilizada por Nava para se referir aos dois tipos de médicos que conheceu em sua longa prática profissional: o ético e o não ético. E que, também, num certo sentido, repõe a oposição estrutural entre positivo e negativo que já aparecia desde *Baú de ossos* referida às famílias paterna e materna do memorialista.

Essa mudança de narrador em *Galo-das-trevas* tem sido interpretada como um artifício de proteção do escritor, versão divulgada ostensivamente pelo próprio Nava, uma vez que a temporalidade do eixo principal dos eventos narrados nos últimos volumes se aproximava – perigosamente – do tempo da própria escritura e de sua publicação. Como teria dito Nava, citado em artigo de jornal da época: "Ao passar as memórias da primeira para a terceira pessoa, pretendi que o personagem funcionasse como meu *alter ego*, mas no sentido de me resguardar. O objetivo do recurso era me disfarçar e me esconder como autor. Acabei não resistindo e assumi de uma vez a personalidade de Egon Barros da Cunha".[4]

Acrescenta, porém, que os fatos narrados seriam "absolutamente verdadeiros" e que ele, Pedro Nava, responderia integralmente por eles:

---

[4] NAVA *apud* FIGUEIREDO. Galo das trevas: Pedro Nava na terceira pessoa, p. 9.

"Tudo que me impressionou me marcou de uma forma ou de outra na vida, ou que eu vivi, é reconstituído com exatidão e fidelidade. A terceira pessoa sou eu, como personagens de minhas lembranças, mas isento de constrangimentos".[5] Assim, da sua perspectiva, lança mão de recursos ficcionais não exatamente para ficcionalizar a narrativa das memórias, mas antes para lhe garantir certa objetividade: "me vali de um recurso de ficção para restaurar a realidade". Curioso que, para reforçar o compromisso com a verossimilhança realista, Nava, ou o narrador em primeira pessoa, com o qual já estávamos habituados e que sai de cena na primeira parte de *Galo-das-trevas*, quando presenciamos a criação de Egon, chegue a afirmar que teria recebido desse "primo" cinco pastas de cartolina com roteiro minucioso e documentado de sua vida e trajetória profissional, base para sua narração a partir daquele momento. Exatamente como fazia Nava, que acondicionava seus "bonecos" – os esboços e documentos de toda sorte que há muito vinha produzindo e colecionando – em pastas de cartolina coloridas, em tons pastéis.

A mudança de narrador não foi, porém, recurso ficcional isolado na fatura de *Galo-das-trevas*. Nava teria também misturado eventos e pessoas, fundido alguns e dividido outros, acrescentando-lhes e, sobretudo, subtraindo-lhes traços mais característicos de modo a deixá-los protegidos, sem possibilidade de identificação direta – recurso que, segundo então também admite, já teria mobilizado na recriação de algumas personagens em *Beira-mar*, o volume anterior das *Memórias*. Para despistar o seu leitor contemporâneo, Nava desloca, funde e apaga traços, o que, para o caricaturista exímio que foi, não terá sido tarefa em nada complicada. Sua própria cidade natal, Juiz de Fora, para onde vai trabalhar após se formar, é transmudada em "Desterro", aonde Egon teria ido para trabalhar, bem como seus topônimos, ruas, familiares, moradores, personagens quase anônimos, casas comerciais, lutas políticas, situações diversas. Como o próprio Nava exemplifica: "Há no *Galo das Trevas* um funeral minuciosamente descrito. Passa-se em Desterro, mas na verdade não é a descrição de um enterro

---

[5] NAVA *apud* FIGUEIREDO. Galo das trevas: Pedro Nava na terceira pessoa, p. 9.

a que eu tenha assistido. É a recriação de pelo menos meia dúzia de enterros a que assisti, inclusive em Belo Horizonte e até no Rio. É um enterro-síntese".[6]

Como tradicionalmente os narradores em primeira pessoa tendem a tornar a "verdade" mais relativa, uma vez que nós, leitores, vemos sempre da perspectiva deles,[7] um narrador em terceira pessoa parecia poder assim trazer mais objetividade à narração dos "fatos" da vida profissional de Nava, campo aberto de disputas e com conflitos – tema ainda mais acirrado no último livro publicado em vida do autor e penúltimo das suas *Memórias*, *O círio perfeito*. O que explica também, do seu ponto de vista, a fusão ou a divisão de personagens uns nos outros.

Há um realismo a toda prova nas *Memórias*, presente também de modo decisivo em *Galo-das-trevas*. Neste, a narrativa dos inícios da vida profissional será feita de uma perspectiva bastante crítica que trai justamente o olhar do médico aposentado que, apesar de uma bem-sucedida carreira que lhe garantiu reconhecimento, respeito e renome, também envolveu dificuldades, dissabores e desafetos. As dificuldades enfrentadas pelo neófito num mundo marcado por interesses, vaidades, hierarquias e favorecimentos pessoais próprios da política oligárquica da Primeira República, aparentemente alheios ao ofício para o qual havia se preparado. Aparência que será sistematicamente desmentida a cada episódio, com alto custo subjetivo do protagonista, que, guiado pelo narrador, vai aprendendo com os ciúmes e as inimizades despertadas pela força e pelo idealismo da sua juventude. Mais uma vez, o sentido da narrativa é mais amplo, contendo a sua própria sociologia, por assim dizer, uma vez que o sofrimento individual é o meio para a descoberta das forças sociais mais amplas que organizam a medicina como campo profissional, e do delicado jogo entre a ortodoxia dos estabelecidos e a heterodoxia dos que acabam de chegar.

Como se sabe, a descoberta das estruturas que organizam os interesses e as vaidades num mundo aparentemente harmonioso é o mote

---

[6] NAVA *apud* FIGUEIREDO. Galo das trevas: Pedro Nava na terceira pessoa, p. 9.

[7] SCHWARZ. A poesia envenenada de Dom Casmurro.

crucial do melhor romance realista, que teve em Balzac um dos seus artífices, e que Pedro Nava conhecia tão bem. Afinal, não será mera coincidência que a narrativa dos inícios da vida profissional de José Egon Barros da Cunha possa ser lida como a do escritor Lucien de Rubempré, o herói de *As ilusões perdidas*. Mas, embora "ilusões perdidas" pudesse ser um bom título dessa segunda parte de *Galo-das-trevas*, Nava preferiu "O branco e o marrom", que não deixa de remeter ao cromatismo moral do título de outro artífice do romance realista, *O vermelho e o negro*, de Stendhal. Aqui, trata-se também das tentativas de um jovem (Julien Sorel) de subir na vida, apesar do seu nascimento plebeu, por meio de uma combinação de talento, trabalho duro, mas também hipocrisia para, ao fim e ao cabo, ser traído por suas próprias paixões. Seja como for, os primeiros anos de exercício da medicina, em que o narrador leva o herói até as portas da maturidade, coincidindo com os primeiros disparos, em Belo Horizonte, da Revolução de 1930, são tratados de modo realista no sentido do romance com grande habilidade.

É verdade, por outro lado, que nem sempre a mudança de narrador parece tão bem-sucedida em *Galo-das-trevas*, o mesmo podendo ser notado em relação às dissimulações de personagens e situações rememoradas na narrativa. Mas também aqui podemos aprender com as aparentes fragilidades de fatura, cheias de consequências para a compreensão do sentido da narrativa como totalidade. Assim, por exemplo, em vários momentos, Nava, ou o narrador em primeira pessoa dos volumes anteriores das *Memórias*, irrompe na narrativa. É o que acontece, entre outras vezes, na primeira viagem de Egon ao interior de Minas, até então narrada, como esperado, na terceira pessoa. Mas, quando a pequena comitiva chegou à casa do Major Jacinto, Pedro Nava toma inesperadamente o lugar do viajante: "Entrei com o Tiãozinho e logo uma senhora se adiantou toda de negro, pálida, cabelos pretos apanhados numa trança de mandarim que lhe escorria pelas costas".

Todavia, não me parece suficiente considerar essas irrupções ou os efeitos aparentemente desencontrados de outros recursos empregados como defeitos estéticos ou contrabando espúrio das técnicas do romance para o relato memorialístico, até porque me parece inexistirem condições para que se possa identificar algo como um "gênero" literário "puro". O contrário, portanto, do que pareceu a Wilson Martins, que, em resenha publicada no Caderno B do *Jornal do Brasil* de 20 de fevereiro de 1982,[8] compulsa esta e toda sorte de situações em que a voz do narrador em primeira pessoa ou a do próprio Nava autor irrompem inesperadamente em *Galo-das-trevas*, bem como outros recursos empregados na dissimulação de personagens e situações rememoradas, para assinalar as deficiências estéticas de Nava, que corromperiam a "autenticidade" do seu relato.

A justaposição de temporalidades dispersas, dimensões de significado e relatos, já o sabemos, é característica crucial das *Memórias*, de Pedro Nava, e as distancia da forma canônica do gênero memorialístico até então praticado no Brasil, aproximando sua literatura do jogo intertextual nosso contemporâneo, tão marcado pelo baralhamento de vozes, pela diversidade, pelo hibridismo, pela negociação de identidades. A força própria de *Galo-das-trevas* está, a meu ver, justamente no jogo entre um *alter ego* e toda sorte de artifícios ficcionais mobilizados com maior ou menor êxito para dissimular os fragmentos das experiências vividas, trabalhados na segunda parte, e a autoexposição do autor e do narrador, feita na primeira parte, em que Nava deixa entrever todo o tortuoso processo de escrita das *Memórias*, com sua personalidade errática, fraturada, consumida. Mas que também nos dá a ver as cenas de escrita de suas *Memórias*, uma espécie de suspensão hermenêutica, uma metanarrativa dentro da narrativa.

Cenas de escrita

No autorretrato do memorialista Pedro Nava, autor e narrador, surpreendido no espelho, a relação entre memória e velhice se consuma. Não por acaso, ele figura na primeira parte de *Galo-das-trevas*, que, considerando a economia interna de todo o ciclo memorialístico naveano, representa como que uma pausa metanarrativa e reflexiva em relação à escrita das memórias ("gênero" narrativo) e sua própria matéria-prima, as experiências vividas filtradas pela memória – suas

---

[8] MARTINS. Em busca do tempo perdido.

lembranças e seus esquecimentos. E, para o efeito expressionista alcançado no autorretrato destacado, terá concorrido também, ao lado do talento do desenhista e pintor que confere sentido plástico à narrativa, a habilidade naturalista do médico experiente. O anatomista tão detalhista, de que temos notícia nas belas páginas de *Beira-mar*, sobre o aprendizado dessa arte na Faculdade de Medicina de Minas Gerais. E que, quando chega a hora, não hesita em descrever o seu próprio envelhecimento como decadência, fugacidade da juventude; ainda que quase se deixe levar, vaidoso, pelos sinais de virilidade entrevistos em alguns traços persistentes segundo a sabedoria popular – sabedoria que, aliás, tanto prezou e foi também importante para sua épica memorialística.

Na primeira parte de *Galo-das-trevas* se encontram algumas das melhores cenas de escrita das *Memórias* como um todo, e a meditação do autor/narrador sobre a passagem do tempo, seu envelhecimento e a busca do tempo perdido por meio da escrita. É um momento muito especial da narrativa. São elas que nos interessam aqui mais de perto. A metanarrativa e a reflexividade que dão forma a certa meditação sobre o tempo e sobre a escrita das memórias a ele relacionadas, presentes na primeira parte do livro, se não chegam a colocar contra a parede as possibilidades e os limites das *Memórias* como gênero narrativo, ao menos deixam à mostra, como vimos discutindo, essa dualidade autor/narrador, cujo baralhamento é uma das forças da ficção.

Não resisto, então, mesmo sabendo-a longa, a citar o início de outra bela cena de escritura das *Memórias*, na qual, no meio de mais uma noite insone em seu apartamento, explicita-se a agência dos objetos familiares sobre Pedro Nava, essas ruínas do passado sistematicamente colecionadas que o ajudam a se metamorfosear em narrador:

> Entro em minha sala de jantar com passos de veludo. À noite, só, tenho medo pânico do ruído de minha sola no chão. Respiro baixo – como ladrão. As coisas familiares tornam-se estranhas e fantasmais, mesmo luz acesa. O relógio armário vacarmiza com seus tic – estalos – tac a tempos iguais do pêndulo cá e já logo lá e a lua do mostrador me manda além das três e meia das horas, o sem-número de caras que as procuraram no tempo e que não

procuram mais saber quantas são. Se fosse uma raridade de antiquário, não me diria nada. Mas é um de armário que bate as horas para minha gente há mais de cem anos. Pertenceu a Cândido José Pamplona, meu bisavô. Rodrigo Melo Franco de Andrade, que gostava de sua linha de velho móvel, sempre que vinha a minha casa ia vê-lo, acertava por ele os ponteiros do seu e explicava que aquele tipo era duns relógios ultraprecisos, de fabricação inglesa, entrados no país entre 1820 e 1840. Com sua autoridade de diretor do patrimônio dava idade assim venerável ao meu antigo pêndulo. Da casa de meus bisavós ele passou para a de minha avó paterna e das mãos desta para as de minha tia Alice Sales. Dela me veio. Lembro do dia que fui tirá-lo num armazém do cais do porto, chegado do Ceará: máquina, pesos, um feixe de tábuas do que fora o armário. Fi-lo restaurar, pu-lo de pé, mandei regulá-lo, armá-lo. Dei a corda, impulsionei a báscula e o tique-taque começou a pulsar para mim os segundos que contara para os meus. Tio Sales que bricolava, tinha passado sua caixa de pinho-de-riga a uma tinta marrom cujo óleo se impregnara de tal modo à madeira que foi impossível deixá-la visível e aos seus belos veios e nós. Tive de mandar repintá-la. Escolhi dourados, ramos de flores, tendo por campo aquela cor de sangue. Logo que ele começou a bater, devorou os silêncios e os demais ruídos de minha casa e a olhá-lo, leio no seu mostrador o testemunho da morte dos meus mais velhos – todos encantados no seu bojo tornado carne palpitante pelo grená que lhe dei. No princípio ele era uniforme. O tempo corrompendo oxidando mofando a tinta deu-lhe inesperada riqueza de tonalidades e aqui e ali apresentam-se agora as várias gradações do rubro. Há quinas carmesim, superfícies purpurinas, cor de cereja, de rosa, de amora, cantos de coral, de carmim, de goles. Os quatro pés estão encarnados. Alto, tocando o teto, ereto, certo, preciso, seguro, implacável – meu relógio vermelho bem aguentaria (como o do príncipe próspero) confrontar também a morte e vê-la pichelingue, despojar-me de madrugada minuto e mais minuto. Esvazia meu haver e aumenta o seu enquanto engrola na boca de sombra seca – estch'era teu, agor'el' é meu, estch' era teu agor'el' é meu, estch'era teu…[9]

---

[9] NAVA. *Galo das trevas*, p. 56-57.

Sabemos do anacronismo envolvido em toda busca (empreendida no presente) de um passado sabidamente perdido para sempre que forja a literatura memorialística. As cenas de escrita das *Memórias* que, latentes e mais episódicas no ciclo naveano em geral, ganham o primeiro plano da narrativa na primeira parte de *Galo-das-trevas* são emblemáticas a esse respeito. Elas mostram, num jogo intertextual fino com o paradigma da memória involuntária de Proust (e de Marcel, o narrador de *Em busca do tempo perdido*), como esse procedimento anacrônico tem por base os vestígios do passado que ganham materialidade nos objetos que agenciam a memória. O percurso em nada linear que vai da lembrança e do esquecimento à escritura das memórias passa e é em grande parte articulado por meio de objetos materiais, como casas, sua localização, divisões interiores, divisão social do espaço, mobílias, roupas, joias, retratos, atividades domésticas, experiências culinárias etc. Os objetos materiais, como nos ensina José Reginaldo Santos Gonçalves, não apenas preenchem funções práticas indispensáveis no dia a dia, mas também desempenham funções simbólicas as mais relevantes. Condição que lhes assegura poder na vida social: "o poder não só de tornar visíveis e estabilizar determinadas categorias socioculturais, demarcando fronteiras entre estas, como também o poder, não menos importante, de constituir sensivelmente formas específicas de subjetividade individual e coletiva",[10] argumenta o antropólogo.

É certo que a passagem do tempo é um dos motivos principais de todas as *Memórias*, sem o qual evidentemente não existiria sequer essa prática de si. Tomando como eixo apenas uma das dimensões das *Memórias*, a da história da formação sentimental, moral e intelectual de Pedro Nava, a partir da qual as muitas outras vão ganhando sentido na narrativa, pode-se até dividir os volumes da seguinte forma: *Baú de ossos* (1972) e *Balão cativo* (1973) tratam dos antepassados, da sua família e da sua infância; *Chão de ferro* (1976) e *Beira-mar* (1978) tratam da sua formação educacional, são os livros da sua adolescência e juventude; *Galo-das-trevas* (1981) e *O círio perfeito* (1983), além de

---

[10] GONÇALVES. *Antropologia dos objetos: coleções, museus e patrimônios*, p. 35.

Cera das almas, o livro que daria continuidade à série, mas que foi interrompido pelo suicídio do autor, tratam da sua atuação profissional como médico, são os livros da sua chegada à maturidade.

Essa organização é válida desde que não se ignorem outras dimensões mais amplas e menos óbvias que as *Memórias* também encerram. Mesmo o relato acerca de si próprio não deve levar a imaginar que a narrativa das *Memórias* seja linear. Na verdade, ela é marcada por recorrentes suspensões do eixo temático e cronológico principal, a partir das quais histórias variadas ganham o primeiro plano da narrativa, e vão se entrelaçando. Justamente por isso sentem-se a mão hábil do narrador mantendo os infinitos fios das *Memórias* e sua maestria, que consegue conduzir o leitor com segurança, ainda que sem privá-lo de momentos de vertigem, pelo denso emaranhado da memória. Aliás, narradores no plural, como vimos.

Essa pode ser a deixa para realçar ainda mais *À la recherche du temps perdu*, uma das referências eruditas cruciais de Pedro Nava na literatura e, se não na vida, na própria prática do gênero memórias. O romance monumental, escrito entre 1908-1909 e 1922 e publicado entre 1913 e 1927 em seis volumes, já foi comparado a uma catedral, tendo recriado decisivamente o tema e a narrativa da busca e recuperação do passado, tão caro ao memorialismo. Imagem que, guardadas as diferenças, também poderia se aplicar à obra desse francófono assumido em literatura que foi Pedro Nava, e leitor mais do que atento, reincidente e apaixonado de Proust, que, em *Beira-Mar*, confessa ter lido, até àquela altura, seis vezes o livro-monumento sobre a busca do tempo perdido.

São muitas as presenças de Proust na obra de Nava, umas mais fáceis de apontar, como as temáticas, e outras mais difíceis de rastrear, a despeito da recorrência de referências explícitas. Como às relativas às concepções da prática do escritor e do memorialista, bem como ao desafio de recuperar o passado por meio do árduo trabalho da escrita, de ativar as suas imagens sedimentadas na memória por meio da arte de narrar, a que ambos os autores se lançaram. Presenças que remetem mais para o caráter polifônico, dialógico e intertextual da literatura, e de outras artes, cujas realizações presentes sempre dependem também de realizações passadas com as quais dialogam direta ou indiretamente, do que de qualquer ideia simplificada de recepção, influência ou cópia. Talvez por isso, Pedro Nava não tenha deixado também de suprimir certas referências mais diretas em que traçava o paralelo entre sua obra e a de Marcel Proust, como se pode constatar da leitura cotejada entre os livros publicados e seus originais datiloscritos. Como nesta passagem de *Baú de ossos* sobre um dos retratos do avô paterno, Pedro da Silva Nava, em que a referência a Proust, transcrita em itálico a seguir, é suprimida da versão final editada do livro: "É por ser neto do retrato que sou periodicamente atuado pela necessidade de ir a São Luís do Maranhão – *com a mesma intensidade de que o narrador de Proust punha no desejo de ir à quase impossível Veneza e no de ter coito com a inacessível femme de chambre do Madame Putbus*".

Embora a prática de si memorialista tenha muitos e variados sentidos em Pedro Nava, a consciência da passagem do tempo é sempre candente. Como, aliás, expressa tão bem a anotação feita a lápis, datada de 2 de janeiro de 1970, com a letra do escritor à página 201 dos originais do que viria ser o terceiro capítulo de *Baú de ossos*: "2.I.1970. Um mês sem tocar nas memórias e preparando dois trabalhos médicos. A 29.XII.69 morte de tia Bibi que completaria 90 anos a 25. Foi a última da família de meu pai. Hoje sou o mais velho… o tempo urge". Não parece fortuito, porém, que o motivo, a passagem do tempo, ganhe assim mais espaço nos últimos volumes das *Memórias*, bem como a reflexividade do narrador em relação ao próprio "gênero" memória. Nava sabia estar chegando ao fim (relativamente planejado) da sua narrativa épica à medida que se aproximava de sua vida adulta e profissional, embora o curso de sua vida individual seja apenas um dos eixos da narrativa.

Jogo de espelhos, de mostra e esconde que, evidentemente, torna ainda mais complexas, dinâmicas e sedutoras as relações entre real e ficção, ou confissão e invenção, nas *Memórias*, de Nava – elas mesmas terreno pouco aprazível para aqueles que buscam fronteiras demarcadas, arestas aparadas, divisões reificadas, imaginação disciplinada, cada qual no seu quadrado. É claro que, em literatura, não há ingenuidade no que se mostra ou no que se esconde, ainda que tampouco os sentidos das palavras possam ser inteiramente reduzidos às intenções – boas ou más – do/s narrador/es.

As memórias de Pedro Nava se revelam instigantes, entre outros motivos, porque, sendo *suas* as memórias, elas também podem ser, em parte, as *nossas* memórias, seus leitores de ontem e de hoje. Ao narrar as suas histórias e as dos seus, Pedro Nava entrelaça de tal modo os fios que os ligam à vida brasileira que fica difícil estabelecer exatamente onde acaba esta e onde começam aquelas. Foi isso que observou seu amigo e leitor atento Carlos Drummond de Andrade, ao comentar, dias após a morte de Nava, o método das memórias a propósito dos originais deixados inacabados pelo amigo suicida de 81 anos, em artigo publicado no *Jornal do Brasil*, em 27 de setembro de 1984, uma quinta-feira:

> O método mais rigoroso presidia à feitura dos capítulos, que eram fartos, desbordantes, em períodos fechados e rítmicos, um tanto à maneira, ou antes, ao espírito musical do seu mestre Proust, mas rigorosamente concebidos e executados como um imenso vitral em que a vida brasileira e a vida individual apareciam tão interligadas que não se podia estabelecer, criticamente, onde acabava esta e começava aquela: lição e exemplo de individualismo atuante e liberto de si mesmo, da vida intensamente vívida, e febril, passionalmente integrada na vida comum.[11]

"Individualismo atuante e liberto de si mesmo"... Difícil imaginar definição melhor para o autor/narrador das *Memórias*, artes de uma memória que não se deixou disciplinar inteiramente por uma noção moderna de "eu" altamente individualizada, mas que, dividido e multiplicado nos outros, deixa-se surpreender também como parte de experiências e coletividades sociais mais vastas. O sujeito da narrativa, tal como laboriosamente construído no texto, passa a ser então uma mediação ou via de acesso a essa totalidade que, num mesmo movimento, constitui-o individualmente e também o transcende. Por isso, as memórias de Pedro Nava, embora compreendam as memórias do indivíduo "Pedro Nava", da "sua" família, dos "seus" amigos e dos "seus" companheiros de geração, não se limitam a esse

---

[11] ANDRADE. A obra inacabada.

tipo de relato. Pelo modo como a narrativa recupera essas experiências, conferindo-lhes sentidos mais amplos por meio de certos recursos que cabe especificar adiante, as memórias de Pedro Nava generosamente como que se abrem, no tempo e no espaço, de modo a permitir que também sejam de alguma maneira as nossas memórias. Longe de apenas iluminarem o indivíduo e sua biografia, ou mesmo aquele que se constrói como narrador, as *Memórias*, de Pedro Nava, oferecem uma narrativa por meio da qual é possível surpreender um vasto panorama do Brasil.

E, embora elas sejam monumentais, nossa identificação às *Memórias* parece favorecida mais no detalhe do que no eixo central da narrativa. Detalhe, esse recurso estético é fundamental justamente para enfocar, registrar uma impressão, fazer lembrar. E nas *Memórias*, de Pedro Nava, os detalhes parecem muito ligados aos sentidos. Memórias sensoriais – olhos, ouvidos, olfato, tato – percorrendo por dentro as histórias que o narrador quer nos dar a conhecer, de tal modo que, apesar das diferenças evidentes, o sabor da feijoada descrita já é o sabor da feijoada que nós efetivamente comemos um dia, por exemplo. E assim, não raro, num jogo fascinante de estranhamentos e reconhecimentos, o narrador das memórias de Pedro Nava como que nos surpreende em pleno ato de leitura recuperando involuntariamente nossas próprias lembranças. Afinal, não são os sentidos justamente os meios por meio dos quais percebemos e reconhecemos os outros, o ambiente em que nos encontramos e, assim, a nós mesmos?

Para a composição desses detalhes, contribuiu muito o extenso e diversificado material que Pedro Nava foi colecionando ao longo da vida, além dos relatos orais colhidos nas rodas familiares e dos amigos, e de que se serviu para escrever suas *Memórias*. São livros, diários, recortes de jornais, genealogias, receitas de cozinha, bulas de remédio, fotos, álbuns de retratos, quadros, desenhos, caricaturas, croquis, mapas. O colecionamento desse material e o cuidado em seu acondicionamento em pastas, fichários e cadernos de anotações que depois serviam de suporte aos planos de trabalho dos capítulos dos seus livros, a que chamava de "bonecos" ou "esqueletos", sugerem uma longa e metódica preparação para e na escrita das *Memórias*.

Após traçar esses planos de trabalho, Nava passava propriamente à escrita: escrevia à máquina no lado esquerdo de uma folha dupla de papel almaço sem pauta, deixando o lado direito para correções, enxertos e diversas observações; bem como para colagens e desenhos que reforçam a memória visual do autor e da obra que vai criando, não sem reforçar também a tensão entre escrita e figuração. O zelo e o capricho com o material colecionado e com a preparação para e na escrita das *Memórias* se fizeram acompanhar, como era de se esperar, por igual desvelo com a publicação dos seus volumes. Assim, por exemplo, em carta datada de 24 de novembro de 1980 a Daniel Pereira, editor da José Olympio, para onde havia levado sua obra, Nava se dá ao trabalho de copiar trecho de carta mais antiga endereçada ao mesmo editor, datada de 23 de maio de 1978, na qual dava instruções precisas sobre a diagramação e a impressão dos seus originais, o que ele fazia, conforme afirma, a cada vez que entregava "a Vces. um livro-filho".[12]

A fugacidade do tempo recuperado

Memória de velho, chama que se apaga. Logo chegaríamos ao final da publicação das *Memórias*. E, no entanto, a sensação de incompletude que fica é incontornável. Permanecerá sempre assim, por certo. E por uma espécie de paradoxo, porque a busca do tempo perdido jamais se completa, a experiência vivida não pode ser restituída em sua total significação. É contra essa precariedade inevitável que Pedro Nava se lançou, na tentativa ao menos de reter o jorro da memória. Fez-se um narrador exímio na exploração do enunciado performativo, aquele que não se limita a descrever um estado de coisas, mas que busca institui-lo imediatamente junto ao leitor.

Apesar disso, ou melhor, justamente por tudo isso, a sensação de incompletude se intensifica. Ainda mais quando lembramos que, ao se suicidar, em 1984, Pedro Nava deixava a publicação de sua obra

---

[12] NAVA, Pedro. Carta a Daniel Pereira, 23 de maio de 1978. Acervo Pedro Nava. Museu da Literatura Brasileira, FCRB, Rio de Janeiro.

inacabada. "Antecipaste a hora. Teu ponteiro enlouqueceu, enlouquecendo nossas horas", lamentou o amigo da vida inteira, Carlos Drummond de Andrade, no poema "A um ausente", no livro póstumo *Farewell*, de 1996. Ainda assim, esses últimos títulos de Nava revelam muito de um sentido pretendido pelo autor para sua narrativa. Se somarmos esses dois últimos ao anterior, o quinto volume, *Galo-das-trevas*, completam-se as alegorias retiradas de elementos litúrgicos muito precisos da Igreja Católica Apostólica Romana, e também de outras igrejas cristãs ocidentais. "Galo das trevas" é o candelabro de 13 velas de uso durante a Semana Santa que se apagam, uma a uma, na medida em que vão sendo rezadas as orações e os salmos do ofício das trevas, que recordam ritualmente a paixão e a morte de Jesus Cristo. "Círio perfeito" é o Círio Pascal, a vela branca que representa, por sua vez, a luz de Jesus Cristo, um símbolo da sua ressurreição e presença visível na Terra. Diz-se que o círio deve ser aceso com fogo ateado recentemente, fora do templo, no início da vigília pascal. E que, antes de acendê-lo, o sacerdote deve gravar uma cruz na cera, inscrevendo um A (alfa) acima e um Ω (ômega) abaixo dela, primeira e última letras do alfabeto grego, para simbolizar, talvez, gênese e apocalipse, mas também que o Cristo é o mesmo ontem, hoje e sempre. Não é o caso, porém, de investigarmos nos detalhes os usos alegóricos dessa simbologia que Nava, mesmo sendo pessoalmente agnóstico, soube explorar como poucos em termos de uma das matrizes culturais brasileiras. Mas é bom lembrar esse sentido de permanência e perenidade a propósito de *O círio perfeito*, justamente o último volume publicado em vida por Nava, antes do gesto voluntário e derradeiro que tirou a sua vida. E é por isso mesmo que, de alguma forma, as *Memórias* também são a Paixão de Pedro Nava e, por meio dela, de toda uma geração, da história brasileira e da nossa sociedade contemporânea em sua emergência, bem como de todo um mundo que nela passa a existir e a respirar.

O êxito das *Memórias* parece ligado decisivamente ao fato de Pedro Nava ter conseguido, como poucos, conjugar a arte de contar à arte de viver, e ele parece mesmo ter vivido com prodigiosa intensidade tudo aquilo que nos restitui por meio da narrativa. Afinal, o narrador é justamente aquele que consegue trocar por palavras as experiências vividas, na conhecida definição dada por Walter Benjamin.[13] Narrar permitiu a Pedro Nava manter viva a tensão entre passado e presente, mortos e vivos, subjetivo e objetivo, individual e coletivo, particular e geral, o Brasil e o mundo. Narrar permitiu a Nava sobreviver a si mesmo. E, lidas hoje, as suas *Memórias* também constituem um instigante espaço de comunicação entre diferentes temporalidades da sociedade brasileira, entre o seu presente, passado e futuro.

Nessa sua/nossa Paixão, não por acaso, a violência que nos une, conferindo sentido histórico a uma experiência social, cultural e política na sociedade brasileira, tão bem trabalhada por Nava na concepção da narrativa e na composição de episódios e personagens de todas as *Memórias*, radicaliza-se e irrompe nesse volume também como uma forma particular de modelagem da própria subjetividade individual do narrador. Nas mãos de um médico renomado, a narrativa passa a ser manejada como instrumento de corte, de incisão, de sutura para expor, do seu ponto de vista inteiramente parcial, virulento mesmo, seus desafetos profissionais e seus dissabores existenciais como corpos abertos, doentes ou já mortos. Com essas mesmas mãos hábeis, tirou sua vida, mas já também as mãos do escritor consagrado, num banco de rua no bairro carioca da Glória, onde vivia.

Pouco notadas pela crítica especializada até aqui, as cenas de escrita nas *Memórias* são como que aberturas contundentes muito significativas para o entendimento do problema estrutural da narrativa: é impossível sequer ensaiar qualquer abordagem das *Memórias* sem reconhecer as dificuldades que seus críticos têm encontrado em classificá-las ordeiramente em um gênero literário específico ou unívoco. Memória ou imaginação? Documento ou ficção? No lugar de uma escolha exclusiva apressada, porém, cumpre antes reconhecer que a força e o alcance próprios das *Memórias* parecem estar justamente na heterogeneidade e na ambiguidade que lhes são constitutivas. Sua capacidade de interpelação está, assim, no jogo entre documento e ficção que provoca e que faz da memória um

---

[13] BENJAMIN. O narrador.

campo plástico e do passado gestos revividos postos em ação pela narração. Método que exigiu de Nava em medidas semelhantes, na verdade, praticamente indistinguíveis, a pesquisa, a inventividade e a longa meditação estética envolvida no árduo trabalho da escrita. E a crítica literária especializada tem feito notar a presença antes estrutural do que ocasional, e antes meditada do que inconsciente, de recursos estéticos próprios aos textos ficcionais nas *Memórias*. São justamente os recursos ou artifícios estéticos que ajudam a formalizar certas circunstâncias individuais ou familiares rememoradas na narrativa das *Memórias* em elementos profundamente significativos como modos de existência coletiva e brasileira. Então, como a vela do candelabro ritualístico do catolicismo, a definição das *Memórias*, de Nava, permanece em fogo ardente, incomodando especialistas e podendo deleitar leitoras e leitores.

Post scriptum

Uma das maiores especialistas e leitoras de Pedro Nava, e também das mais queridas, Eneida Maria de Souza permanecerá nos incitando a não responder a essa pergunta com a qual encerrava este ensaio. Tomo a liberdade, agora, de encerrá-lo com uma nota mais pessoal. Conheci Eneida Souza há muitos anos como intérprete de Pedro Nava. Ela foi e será para mim sempre a crítica de Nava. Seus textos sobre o memorialista não apenas são incontornáveis, como também permanecem cruciais para a compreensão da fatura do texto, da prática memorialística, da subjetividade e mesmo do contexto histórico e social de seu conterrâneo. Depois de nos conhecermos pessoalmente, pude me beneficiar também, além da leitura dos seus textos críticos, da convivência com a autora. E mesmo ampliando consideravelmente meu contato com a sua obra, percebendo sua diversidade interna, Nava sempre esteve no centro da nossa conversa inacabada. Eneida foi sempre muito generosa comigo e com os meus alunos que seguiram o caminho por ela antes percorrido. Quando organizava a edição de *Beira-mar* para a Coleção Archives, deu-me a honra de me pedir um artigo para o aparato crítico da edição. Tenho esse arquivo digital e nossa correspondência com suas observações preciosas. Elas confirmavam o que já conhecia dela até ali, e foi intensificado nos últimos anos, na convivência mais próxima que tive a sorte de ter na montagem e na coordenação do projeto "MinasMundo: o cosmopolitismo na cultura brasileira", que compartilhamos com outros colegas. Infelizmente isso se deu à distância, por conta da emergência sanitária imposta pela pandemia de covid-19. Nessas conversas, Eneida não se mostrava nem um pouco preocupada em demarcar abordagens, separar campos disciplinares ou defender sua intepretação. Grande dama e intelectual que era, sabia lidar com a diferença. Assumindo o risco de banalizar meu gesto na paráfrase, como que "em busca do tempo perdido", que já não terei com a colega admirada, aproveitei esta oportunidade para reapresentar um texto meu mais recente que dá início a um tema que vinha conversando com a Eneida nos últimos tempos e que, lembro-me bem, explicitei para ela quando organizávamos juntos, com Rafael Lovisi Prado, um de seus últimos orientandos, creio, o dossiê sobre Silviano Santiago para a revista *Aletria*. Minha curiosidade crescente pelas cenas de escrita nas memórias de Nava e no memorialismo em geral. Mais do que um registro sobre o enfrentamento do desafio de prender palavras no papel (ou na tela do computador), tópica relativamente comum na prática literária (porque prefiro não chamar memorialismo de gênero), essas cenas de escrita produzem uma espécie de presentificação, uma comunicação performática que vai afetando toda a malha das letras e, através dela, o/a leitor/a, e que, talvez, possa ser aproximada daquilo que Hans Ulrich Gumbrecht[14] discute como "materialidade da comunicação" e a possibilidade de a dimensão fática vir a superar a dimensão semântica, i. e., o binômio sujeito-objeto. Cenas de escrita como "ação de presença". Para isso, reposicionei minha reflexão, exercitando-a numa tentativa dialógica de "reescrita" de um dos textos de Eneida Maria de Souza sobre Pedro Nava de que mais gosto: "A morte na Glória". Fica aqui minha pequena homenagem à maior das minasmundistas!

---

[14] GUMBRECHT. *Produção de presença: o que o sentido não consegue transmitir.*

Referências

ANDRADE, Carlos Drummond de. A obra inacabada. *Jornal do Brasil*, Rio de Janeiro, 27 set. 1984.

BENJAMIN, Walter. O narrador. *In*: *Walter Benjamin, Max Horkheimer, Theodor Adorno, Jürgen Habermas: textos escolhidos*. São Paulo: Abril Cultural, 1975. p. 21-35. (Os Pensadores; v. XLVIII).

FIGUEIREDO, Wilson. Galo das trevas: Pedro Nava na terceira pessoa. *Jornal do Brasil*, Rio de Janeiro, 11 jul. 1981. Caderno B, p. 9.

GONÇALVES, José Reginaldo Santos. *Antropologia dos objetos: coleções, museus e patrimônios*. Rio de Janeiro: IPHAN, 2007.

GUMBRECHT, Hans Ulrich Gumbrecht. *Produção de presença: o que o sentido não consegue transmitir*. Rio de Janeiro: Contraponto; PUC-Rio, 2010.

MARTINS, Wilson. Em busca do tempo perdido. *Jornal do Brasil*, Rio de Janeiro, 20 fev. 1982. Caderno B, p. 11.

NAGEL, Alexander; WOOD, Christopher S. *Anachronic Renaissance*. New York: Zone Books, 2010.

NAVA, Pedro. *Galo das trevas*. São Paulo: Companhia das Letras, 2014.

SCHAWRZ, Roberto. "A poesia envenenada de Dom Casmurro". In: *Duas meninas*. São Paulo: Companhia das Letras, 1997.

SOUZA, Eneida Maria de. A morte na Glória. *Semear* (PUCRJ), Rio de Janeiro, v. 10, p. 55-68, 2004.

SOUZA, Eneida Maria de. Nava se desenha. *In*: SOUZA, Eneida Maria de; MIRANDA, Wander Melo (orgs.). *Arquivos literários*. São Paulo: Ateliê Editorial, 2003. p. 183-202.

Com quantos paus se faz uma canoa?

Silviano Santiago

À querida Eneida, responsável pela edição crítica de *Beira-Mar*.

Comecemos por uma pergunta, aparentemente enigmática: com quantos paus se faz uma canoa? Ao ser associada a uma fala para jovens escritores ou jovens estudantes de literatura, essa pergunta ganhará obrigatoriamente um sentido metafórico bastante previsível. Não será difícil descodificar a metáfora. Com quanto paus se faz uma canoa: com quantos paus se faz uma obra de arte literária? Por outro lado, o título metafórico tem a intenção de lembrar ao leitor do livro de literatura que ali está também tudo aquilo que o autor gostaria de ter esquecido ou não quis lhe dizer no momento em que lhe entregou uma obra de arte sob a forma comercial de livro. Todo livro, como qualquer edifício, exige andaimes durante a sua construção. Pronto, um ou o outro, os andaimes desaparecem como que por um golpe de mágica.

Os vários paus com que se faz uma canoa são, no fundo, anotações de leitura, rascunhos, borrões de palavras e frases, acréscimos na margem ou na entrelinha, resumos de cenas ou capítulos futuros, páginas abandonadas, versões negligenciadas etc., etc. Todos esses textos soltos, fragmentados, muitas vezes incoerentes ou contraditórios, passageiros em suma, colocam-nos de imediato no terreno pedregoso em que se misturam lembrança, esquecimento e amnésia. Toda essa mistura existiu e muito concretamente foi abandonada pelo criador para que existisse no seu lugar a obra literária acabada. O livro em estado comercial.

Antes de dar início a nossa reflexão sobre o produto final da criação literária, seria conveniente e justo dar adeus a um personagem caro a todo historiador, em particular ao historiador Peter Burke, que o inventou. O personagem se chama *Sr. Lembrete*. Demos adeus ao Sr. Lembrete, esperando reencontrá-lo na frase final. O Sr. Lembrete – informa-nos o citado historiador em *Variedades de história cultural* – é um "cobrador de dívidas", cuja "tarefa oficial [é] a de lembrar às pessoas o que gostariam de ter esquecido". E o eminente historiador da cultura acrescenta: "uma das mais importantes funções do historiador é a de ser um lembrete".

Uma edição crítica de obra-prima da literatura universal, como as que encontramos hoje no mercado dos textos clássicos das literaturas nacionais, é feita sob a responsabilidade do Sr. Lembrete, e, por isso, no prefácio, nos estudos, nas inúmeras notas de pé de página e nos sucessivos anexos não deixa nada, absolutamente nada de fora do que foi *inútil/útil* no autoritário processo da criação.

Mas hoje não queremos lhes falar na qualidade de historiador de uma obra de arte literária. Queremos tentar acompanhar as várias teorias que falam da criação literária.

Voltemos por isso à pergunta inicial: com quantos paus se faz uma canoa?

Ela pode receber uma primeira resposta radical. Como toda afirmação radical, a resposta é, ao mesmo tempo, insatisfatória e satisfatória, e por isso mesmo ela será simples e misteriosa. Ei-la, e me lembro, evidentemente, do conto "A terceira margem do rio", do admirado Rosa: faz-se uma canoa com um único pau.

Não é difícil adivinhar que, por detrás da resposta, está a ideia de *gênio*. O escritor imagina e escreve admiravelmente bem, administra tal conhecimento geral da literatura que sua criação é perfeita. No entanto, um escritor pode dominar todas as regras do gênero literário escolhido (romance, conto, poema e até peça teatral), pode ter estudado a fundo as figuras de retórica, se carece de gênio, o resultado final, o produto que vai sair das suas mãos e virar livro, será mediano, medíocre, fraco, e pode até ser pífio. O que é o gênio? Entramos em terreno viscoso e pouco propício a fabulações racionais. Não lhes disse que a resposta radical é simples e misteriosa?

Poucos meses antes de falecer, em conversa com Eckermann, seu discípulo, o não menos genial Goethe tentava justificar o fato de *A teoria das cores* ser livro difícil de propagar junto ao público. Goethe vai se valer de uma comparação para dizer o que quer dizer. Afirma ele, na tradução lusitana de Luís Silveira, que, da mesma forma como não basta que aquele seu livro seja lido e estudado para se assimilar a teoria que o informa, assim também "as leis da poesia e da pintura podem, até certo ponto, ser transmitidas, mas para se ser um bom poeta ou pintor é preciso ter-se gênio, e esse é que se não pode transmitir" (anotação datada do dia 21 de dezembro de 1831).

O gênio, diz-nos Goethe, é algo de *intransmissível*, algo de pessoal e intransferível também. É fundamento do criador solitário, do talento combativo, garantia do produto fora de série, para recorrer à gíria dos nossos dias.

Ao final do século XIX, o poeta Stéphane Mallarmé nos adverte de maneira límpida e mais enigmática: "O esplêndido gênio eterno não tem sombra".

Continuemos, no entanto, a leitura do diário de Eckermann onde o deixamos. Goethe acrescenta que o gênio, apesar de todo o poder que carreia consigo, não é suficiente para que o "espírito produtivo" alce o criador à condição de artista. Citemos, já que eu também pertenço à ordem dos discípulos: "Porque assim como mesmo com todas as regras e todo o gênio se não chega a ser pintor sem um ininterrupto exercício, assim também, com a *Teoria das cores* [...]".

O indivíduo pode ter gênio, maravilha das maravilhas!, mas não chegará a manufaturar uma canoa sem "um ininterrupto exercício". Talvez fosse a esse *ininterrupto exercício* que o poeta Paul Valéry, meu mestre e discípulo confesso de Mallarmé, estivesse se referindo ao afirmar de maneira quase que paradoxal: "O talento sem gênio é pouca coisa. O gênio sem talento não é nada". Lembro o filme de Jean Cocteau. O mais genial poeta do grupo de personagens dramatizados escreve um livro em branco. A palavra escrita requer o talento. Não o livro de poemas.

No início do século XX, o romancista André Gide *emulava* (esse verbo se encontra em todas as artes poéticas) o estilo seco e elegante de Stendhal, tomando como máxima a máxima do autor de *O vermelho e o negro*: "Escrever todos os dias, com gênio ou sem". O ininterrupto exercício, de que fala Goethe, o talento, de que fala Paul Valéry, ao suplementarem a genialidade, criam, por sua vez, os seus próprios fantasmas, que são os obstáculos a serem, ou não, transpostos no dia a dia da criação. Estamos nos referindo aos constrangimentos impostos pelas regras de toda e qualquer arte poética, obstáculos que o escritor voluntariamente coloca a sua frente para poder suplantá-los; estamos nos referindo também aos bloqueios que atacam o criador, bloqueios que são produzidos pelo acaso da criação e do talento, obstáculos involuntários e muito pessoais. Pelo caminho da fabricação dum poema ou dum romance, surgem obstáculos voluntários, surgem obstáculos inconscientes, o talento tem de saber enfrentá-los como um atleta preparado. O gênio sozinho não sabe como ultrapassá-los, muitas vezes soçobra no silêncio.

Em biografia que redigiu sobre músicos famosos, escreve o romancista Stendhal, que o romancista André Gide imitava: "Só é homem de gênio aquele que encontra um tão agradável gozo em exercer a sua arte, aquele prazer que continua a trabalhar apesar de todos os obstáculos". Não importam as comportas que se opõem ao correr do rio da criação, o gênio saberá deitá-las abaixo. Ou não. Continua Stendhal: "Coloquem diques contra essas torrentes, aquele que deve transformar-se num rio famoso saberá bem como derrubá-los".

A aparente simplicidade que se encontra no fluir das grandes notáveis literárias é, no fundo, um disfarce não pessimista – otimista, por que não? – que resguarda da vista do leitor as dificuldades e os delírios da criação.

Caminhemos para mais duas comparações. As dificuldades, os empecilhos, os estorvos e os delírios da criação podem ser tomados ou como semelhantes às dores do parto ou como semelhantes ao fruto do trabalho de composição.

Reparem que estamos abrindo espaço para que se intrometam outros dois paus para que se faça uma canoa – as dores do parto e o trabalho diuturno.

Essas duas concepções da atividade criadora – dores e trabalho, repito – tentam explicar, cada uma à sua maneira, o caminho que o escritor segue para atingir a forma desejada. Em raciocínio um tanto esquemático, digamos que a ela se chega de maneira *orgânica* (a metáfora do parto, ou seja, um embrião original se desenvolve naturalmente) ou de maneira *mecânica* (a metáfora do relógio, ou seja, as partes aparentemente soltas são articuladas numa composição artificial). Uma obra de arte pode ser construída como o corpo materno constrói outro e semelhante corpo, ou pode ser construída como um operário especializado constrói, ou monta, um relógio.

Fixemo-nos na primeira comparação. Segundo René Wellek, na sua substantiva *História da crítica moderna*, é Goethe quem adota a "analogia do organismo" para explicar o fenômeno da criação artística. Ele o faz para diferençar a obra de arte de um "mero exercício de técnica ou da mera expansão da sensibilidade". De tal forma é sublime a forma interior alcançada pelo artista que, no pensamento de Goethe, ela vai justificar as imperfeições de língua e da técnica externa. A forma interior da obra de arte se assemelha a um segundo cosmo, a uma segunda natureza. A obra de arte "é completa, perfeita por si mesma", Wellek comenta as palavras de Goethe. De tal forma é completa e perfeita, que temos de abstrair do julgamento da obra qualquer conotação de tipo ético. A estética prescinde da ética.

E exemplos de contemporâneos nossos não faltam para aclarar a posição de Goethe: pensemos no poeta Ezra Pound e no romancista Louis-Ferdinand Céline, ambos comprometidos e defensores do fascismo durante a Segunda Grande Guerra. Citemos novamente a fonte germânica do nosso raciocínio: "O belo nas belas artes aparece sem nenhuma consideração pelo bem ou pelo mal que possa causar puramente por si mesmo e pela sua beleza".

Em muitas e variadas reflexões de pensadores e escritores, a criação literária será explicada pelo processo por que passa a mulher durante a gestação e a concepção. As várias fases da produção duma obra retiram a sua elucidação de metáforas orgânicas, tomadas, por sua vez, do campo semântico humano e evolutivo que recobre o processo de procriação pela fêmea, de que o parto é o momento crucial.

Ao retomar e criticar a compreensão que Goethe tinha dos gregos, um conhecido texto de Friedrich Nietzsche não está isento dessas comparações. No ensaio "O que devo aos antigos", incluído no volume *O crepúsculo dos deuses*, Nietzsche grifa primeiro a frase em que diz que Goethe não foi capaz de compreender os gregos, para em seguida afirmar que lhe faltou entender a realidade fundamental do instinto grego, que é a "vontade de vida". E continua:

Todos os pormenores do ato da geração, da gravidez e do nascimento inspiravam aos gregos sentimentos elevados e solenes. Na ciência dos mistérios, a *dor* é sagrada: e era o "trabalho do parto" que a tornava sagrada – todo o devir, todo o crescimento, tudo aquilo que nos garante um futuro *exige* que haja dor... As "dores do parto" são indispensáveis à alegria eterna da criação, à eterna afirmação da vontade de vida... (aspas e grifos do filósofo).

Paul Valéry, um dos poetas mais sensíveis ao fenômeno da criação literária, estava atento a um aspecto bem pouco dionisíaco que cerca, no entanto, a gestação da obra de arte. É dele, como vimos, a fala propulsora da distinção entre gênio e talento. Depois de ter feito a distinção, ele estabelece associações para cada um dos membros. O *Gênio*, diz ele, combina com impaciência e transbordamento. O *Talento*, acrescenta ele, combina com paciência e maturação. Sobre a primeira associação dirá no "Esboço de uma serpente": "*Génie! Ô longue impatience!*". Sobre a segunda associação temos o poema "Palme" (v. a coleção Charmes), em que desenvolve a comparação entre o amadurecimento orgânico do fruto e a maturação do poema. Ali se lê:

Paciência, paciência,
Paciência no azul!
Cada átomo de silêncio
É a possibilidade de um fruto maduro.

Na dialética do gênio e do talento, da impaciência e da paciência, do transbordamento e da maturação, em que momento o artista corta o cordão umbilical da obra?

Valéry nos responde, dizendo que não existe poema *acabado*, já que ele será sempre passível de retoque. Existe poema *abandonado* pelo autor.

Expelido por força das circunstâncias, abandonado, o escrito vira texto e, segundo a comparação platônica retomada por Jacques Derrida nos seus escritos filosóficos, passa a circular entre os leitores sem os cuidados do seu pai, o autor. O texto literário, *sozinho* e *desamparado*, diz por si mesmo o que só ele pode repetir a cada um, qualquer que seja, que dele se aproxime. Escreve Derrida: "Escrever é retirar-se. Não para a sua tenda para escrever, mas da sua própria escritura. Cair longe da sua linguagem, emancipá-la ou desampará-la, deixá-la caminhar sozinha e desmunida. Abandonar a palavra. Ser poeta é saber abandonar a palavra. Deixá-la falar sozinha, o que ela só pode fazer escrevendo".

Nesse circuito tautológico, o leitor tem de abrir uma fenda por onde passar, por onde quer passar a fim de penetrar no íntimo do texto do outro, para interpretá-lo, para torná-lo tão seu quanto o tinha sido do autor. Pela leitura eu faço meu o texto que é do outro.

Passemos à segunda comparação. Faz-se uma obra de arte do mesmo modo como um operário especializado constrói, por exemplo, um relógio. Ao retornar à analogia mecânica de forma, aproveitemos o viés teórico instaurado por Platão e Derrida. Lembremos que, ao adotar a analogia do organismo, Goethe irá ilustrar por ricochete o lado oposto do caminho que tinha escolhido. Em outras palavras, irá denegrir as teses que defendem a feitura mecânica da obra de arte. Goethe declarará de alto e bom som a "repulsa" que tem pelas analogias tiradas de reunião, composição ou ajuntamento de partes. Confirma Wellek: "Falando do *Don Juan* de Mozart, [Goethe] fica muito indignado com a palavra 'composição', a que chama 'vil' e que lhe sugere cozinha, 'como se fora um pedaço de bolo feito de ovos, farinha e açúcar'".

Sejamos bem explícitos: segundo os defensores da analogia orgânica, uma justaposição de achados felizes, ainda que dentro de uma composição firme, tensa e forte, não faz uma obra de arte. Para eles, de nada vale saber como compor os achados felizes, isto é, como organizá-los a partir de uma reflexão lúcida e fria sobre os materiais.

A analogia do trabalho artístico com o trabalho do arquiteto é que, nos tempos modernos, vai sempre contra-atacar o mau humor, a postura negativa de Goethe e dar amparo e luz à analogia *mecânica* de forma. A composição está, pois, associada à forma exterior (e não à interior, como no caso da analogia orgânica) da obra de arte. O trabalho de composição, como diria entre nós João Cabral de Melo Neto, estaria associado não à espontaneidade da criação, mas à artificialidade da construção artística, ao *artefato* de arte enquanto tal.

A forma é exterior ao artista, ela não representa, portanto, um certo *íntimo* (do humano) que se expressa por palavras.

Em célebre conferência pronunciada em 1952 e intitulada "Poesia e composição: a inspiração e o trabalho de arte", João Cabral de Melo Neto resgatou das profundezas do inferno goetheano a positividade da *composição* na gênese da obra de arte. Para ele, os poetas do transe apenas proporcionam ao leitor o "espetáculo do seu próprio autor", enquanto os frutos do trabalho de arte, dos trabalhos de arte que são fruto da composição, encontram vida independente. Falam por si mesmos. Leiamos João Cabral na citada conferência: "E é ainda o trabalho [de arte] que vai permitir [ao poeta] desligar-se do objeto criado. Este será um organismo acabado, capaz de vida própria. É um filho, com vida independente, e não um membro que se amputa, incompleto e incapaz de viver por si mesmo".

Há um fascinante oximoro no título de um dos livros de João Cabral que explica de maneira sintética a sua opção. O título do livro: *Psicologia da composição*. O vocábulo "psicologia" não traz à baila a personalidade do poeta, o íntimo do autor; tem antes como objeto algo que não tem corpo natural e orgânico, ou seja, o objeto da indagação psicológica para João Cabral é a *composição* literária, e não o autor.

As nossas reflexões sobre os paus de que se serve o artista para construir sua canoa poderiam tornar-se infindáveis. Suspendamo-las para complementá-las, debatendo um problema paralelo, que é o da técnica de reproduzir a escrita, da técnica que está à disposição do criador nos dias de hoje. Estamos falando dos instrumentos – máquina de escrever ou computador – que suplementam o trabalho da mão, da caneta e da tinta. Adeus, manuscritos, rascunhos, anotações e cartas!

Carlos Drummond de Andrade narra a Mário de Andrade a sua primeira experiência de escrever diretamente à máquina. Carlos Drummond, para os que não sabem, sempre escreveu a mão os seus poemas, os seus textos. Era sua esposa, exímia datilógrafa desde os tempos do bairro Floresta, quem os, por assim dizer, passava a limpo. Drummond abre e fecha a carta que escreve a Mário no dia 1º de janeiro de 1931 com anotações sobre o novo processo de escrever. Leiamos o início da carta: "Julgo importantíssimo acrescentar que esta é a primeira carta datilografada que escrevo na minha vida – e você não imagina a dificuldade cômica e irremediável com que vou pescando por uma a uma as letras de cada palavra, utilizando-me apenas dos indicadores. Tenho vontade de escrever BARBEIRO!!!". E conclui: "Estou exausto com o esforço de músculos e a atenção que a Remington exige de mim. Paro aqui".

Em estudo já clássico, *O cinematógrafo das letras*, Flora Süssekind analisa o confronto entre a produção literária brasileira, que vai de 1880 a 1920, com "uma paisagem tecnoindustrial em formação". Afirma que "não se trata mais de investigar como a literatura *representa* a técnica, mas como, apropriando-se de procedimentos característicos à fotografia, ao cinema, ao cartaz, transforma-se a própria técnica literária".

São pitorescas e instigantes as palavras de Mário de Andrade sob o efeito da compra de uma máquina de escrever, a *Manuela*, assim chamada para homenagear o querido amigo que era Manuel Bandeira. Aliás, é em carta ao pernambucano que Mário de Andrade narra a experiência: "Engraçado, por enquanto me sinto todo atrapalhado de escrever diretamente por ela [máquina de escrever]. A ideia foge com o barulhinho, me assusto, perdi o contato com a ideia. Isso: perdi o contato com ela [a máquina e/ou a ideia]. Não apalpo ela. Mas isso passa logo, tenho a certeza, e agora é que você vai receber cartas bonitas de mim".

Flora associa a carta a famoso poema de *Losango cáqui*, significativamente intitulado "Máquina-de-escrever":

> B D G Z, Remington.
> Pra todas as cartas da gente.
> Eco mecânico
> De sentimentos rápidos batidos.
> Pressa, muita pressa. [...]
> A interjeição saiu com o ponto fora de lugar!
> Minha comoção
> Se esqueceu de bater o retrocesso.
> Ficou um fio
> Tal e qual uma lágrima que cai
> E o ponto final depois da lágrima.
> Porém não tive lágrimas, fiz "Oh!"

>Diante dos teus cabelos fogaréu.
>A máquina mentiu!

Flora Süssekind comenta que "a mediação da máquina, dos tipos padronizados, das batidas rápidas é não apenas assunto do poema, mas aquilo que lhe dá forma. E não se trata mais aí de ocultar a mediação, mas, ao contrário, de exibi-la, de explicitar o processo de composição gráfico-poético do texto".

Do ponto de vista da criação literária, acontecimentos causados pelo impacto do computador no trabalho dos escritores, romancistas e poetas aguardam a inteligência crítica dos nossos jovens pesquisadores. Sem dúvida, tecerão comentários tão fascinantes e instigantes quanto os feitos por Flora. No entanto, podemos prever que, pelo lado da crítica textual, ou seja, do lado do historiador, esses mesmos acontecimentos auspiciosos poderão surpreender negativamente os arquivistas do futuro, os que se dedicarão a colecionar anotações de leitura, primeiros rascunhos, resumos, páginas corrigidas etc., para realizar uma edição crítica da grande obra literária. O computador terá *deletado*, o neologismo se impõe, tudo que teria sido a memória da obra acabada, do livro.

Tudo indica que, com o computador, o texto final da grande obra literária perderá grande parte da sua memória, aquela de que falávamos nos primeiros parágrafos. A não ser que se alertem os criadores para o perigo. Lembram-se do Sr. Lembrete, a que foram apresentados no início desta fala. Que bom tê-lo de volta, Sr. Lembrete. Digam aos jovens criadores que não deletem as primeiras anotações, os rascunhos, as correções. Com eles é que se escreve a história extraordinária da composição dum romance, dum poema.

Colaboradores deste volume

Ana Chiara
Professora de Literatura da UERJ.

Ana Lúcia Almeida Gazzola
Professora Emérita da UFMG.

André Botelho
Professor de Sociologia da UFRJ.

Eliane Marta
Professora Emérita da UFMG.

Eneida Leal Cunha
Professora de Literatura da UFRJ.

Marcelino Rodrigues da Silva
Professor de Literatura da UFMG.

Márcia Marques de Morais
Professora de Literatura da PUC-Minas.

Marcos Antonio de Moraes
Professor de Literatura do IEB-USP.

Marília Rothier Cardoso
Professora de Literatura da PUC-RJ.

Myriam Ávila
Professora de Literatura da UFMG.

Nádia Battella Gotlib
Professora de Literatura da USP.

Rachel Esteves Lima
Professora de Literatura da UFBA.

Rafael Lovisi Prado
Doutor em Estudos Comparados (UFMG).

Raul Antelo
Professor de Literatura da UFSC.

Reinaldo Marques
Professor de Literatura da UFMG.

Roberto Said
Professor de Literatura da UFMG.

Roniere Menezes
Professor de Literatura do CEFET-MG.

Sandra Regina Goulart Almeida
Reitora da UFMG.

Silviano Santiago
Professor Emérito da UFF, escritor.

Telê Ancona Lopez
Professora de Literatura Brasileira do IEB-USP.

Vera Casa Nova
Professora de Literatura da UFMG.

Wander Melo Miranda
Professor Emérito da UFMG.

Eneida de Baliza no desfile de 7 de Setembro da Escola Normal (hoje Escola Maria de Lucca Pinto Coelho), em Manhuaçu (MG), aos 14 anos. (Foto: Arquivo de família.)

Este livro foi composto com tipografia Adobe Garamond Pro
e impresso em papel Off-White 80g/m² na Formato Artes Gráficas.